EL PORVENIR DEL SOCIALISMO

EL PORVENIR DEL SOCIALISMO

CLAUDIO KATZ

Katz, Claudio
El porvenir del socialismo. – 1ª. ed. –
Buenos Aires: Imago Mundi–Herramienta, 2004.
256 p. ; 22x15 cm.
ISBN 950-793-026-4
1. Socialismo. I. Título
CDD 320.531

Ediciones Imago Mundi
Constitución 3105
C1254ABA Ciudad Autónoma de Buenos Aires
E–mail: ale@ar.inter.net

Ediciones Herramienta
Av. Rivadavia 3772 1º "B" – C1204AAP
Ciudad Autónoma de Buenos Aires
E–mail: revista@herramienta.com.ar
www.herramienta.com.ar

Diseño, diagramación y armado: Gráfica Punto Sur
E–mail: graficapuntosur@fibertel.com.ar - Tel. (011) 4954-7498

Tapa: Mario a. de Mendoza
Corrección: Mercedes Casas

INTRODUCCIÓN

En la última década la discusión sobre el socialismo perdió relevancia. Mientras que el análisis crítico del capitalismo se renovó en varios planos, las reflexiones sobre el proyecto de una nueva sociedad han sido escasas. El tema no está de moda en el ambiente académico, ni en los medios de comunicación y tampoco es abordado en la izquierda. Las razones de este silencio son evidentes. Primero, la implosión del "socialismo real" desanimó a un vasto número de militantes e intelectuales que apostaba a la renovación de ese sistema. Luego, el giro hacia el capitalismo desalentó a los viejos defensores del "campo socialista" y también a sus críticos de izquierda. Por eso en la actualidad todos prefieren mirar hacia otro lado y a lo sumo debatir el balance de lo ocurrido, sin ninguna referencia a la reconstrucción del proyecto socialista.

Pero, ¿qué sentido tiene batallar contra la opresión capitalista sin desarrollar un proyecto alternativo? ¿Qué grado de credibilidad ofrecen los cuestionamientos al presente que no incluyen opciones para el futuro? Omitiendo el socialismo, el proyecto político emancipatorio pierde contenido. Por eso hay que superar la desazón política y el pesimismo intelectual, retomando la elaboración del programa de una nueva sociedad.

Una actitud defensiva era comprensible durante la primera mitad de los 90, pero no se justifica en la actualidad. El shock creado por el colapso de la URSS no puede eternizarse en la izquierda, cuando ha perdido peso entre los ideólogos de la clase dominante y ejerce una decreciente influencia sobre la nueva generación de luchadores sociales. Este sector de militantes no participó de la experiencia del "socialismo real", ni compartió la ilusión en la rehabilitación de esos regímenes.

El desprestigio del neoliberalismo y la reaparición de consignas anticapitalistas en los movimientos de protesta ha creado un clima propicio para reelaborar el proyecto socialista. Pero hay que complementar la crítica del capitalismo con la formulación de alternativas, acompañando los planteos "anti" con nuevos abordajes "pro". De lo contrario, los cuestionamientos tenderán a deslizarse hacia la resignación frente a un sistema que es rechazado, pero parece imbatible. La nueva opción no emergerá de la reivindicación nostálgica de la tradición socialista, sino de la actualización de este proyecto para el siglo XXI.

Algunos autores descalifican esta elaboración argumentado que un escenario anticapitalista no está a la vista en un futuro próximo. Pero, ¿qué distancia separa el porvenir de la realidad inmediata? ¿Cómo se mide esa temporalidad? La única forma de conectar ambos momentos es señalando los caminos para alcanzar la meta estratégica. Si se aclaran cuáles son los puentes que podrían ligar el presente con el horizonte deseado, la discusión sobre el socialismo se tornará tan realista como cualquier otro debate sobre opciones al sistema actual.

Prefigurar el futuro concibiendo otra sociedad es una necesidad imperiosa, porque al imaginar el porvenir se amplía el horizonte de lo que puede lograrse. Las utopías adquieren así una significación positiva, ya que permiten avizorar cómo funcionaría una sociedad sin explotación. Estas reflexiones despiertan el interés científico por ensayar nuevas respuestas para los viejos dilemas. Para evitar la aceptación fatalista del capitalismo y superar la crítica puramente nihilista de ese sistema hay que analizar la dinámica del socialismo.

Pero discutir la sociedad futura exige también erradicar las miradas ingenuas del porvenir. El socialismo no surgirá espontáneamente de un colapso terminal del capitalismo, ni creará un régimen sin contradicciones y sólo afectado por las reminiscencias del pasado. La gestión poscapitalista no será una tarea sencilla y algunas disyuntivas de esa administración ya pueden analizarse hoy, partiendo de las experiencias ensayadas durante el siglo XX.

Algunos autores rehúyen esta revisión suponiendo que los nuevos intentos de superar al capitalismo recorrerán senderos totalmente inexplorados. Pero al desconectar el proyecto socialista de sus antecedentes, eluden los problemas reales e ignoran –que en nuevas condiciones y circunstancias– las viejas dificultades de la apuesta emancipatoria volverán a emerger. Por eso resulta decisivo aprender de lo ocurrido y renovar el proyecto socialista a partir de una reflexión de sus propios problemas.

El debate sobre el socialismo no es coyuntural. Forma parte de una agenda permanente de discusiones sobre los principios y objetivos de la izquierda. Pero en la actualidad este abordaje se plantea de un modo completamente diferente a los análisis predominantes durante los años setenta y ochenta. Durante ese período la referencia de aplicación de cualquier modelo eran la URSS, Europa Oriental o China. Esta opción ha desaparecido o se encuentra en vías de extinción y cualquier replanteo del socialismo exige reconocer las nuevas condiciones capitalistas. Pero esta realidad también facilita la renovación de la lucha por otra sociedad. Éste es el punto de partida de nuestro enfoque.

¿Cómo abordar actualmente el problema del socialismo? ¿De qué forma se plantea este horizonte? En los cuatro capítulos del texto se indagan distintos aspectos del pasado y del porvenir de este proyecto.

En el primer ensayo analizamos los tres grandes procesos históricos de construcción de una sociedad igualitaria: el comunismo, el socialismo y la transición. La meta comunista constituye el norte estratégico de los marxistas frente a los propósitos mercantiles de los liberales, los programas de regulación económica de los antiliberales y los mitos redentores de los fundamentalistas.

En nuestra opinión, los obstáculos para erigir una sociedad comunista no son antropológicos, sino políticos, sociales e ideológicos. Si se lograra remover estas barreras quedaría abierto el camino para erradicar las formas de explotación dominantes. El comunismo no puede germinar al interior del capitalismo porque la concurrencia por la ganancia sofoca el desenvolvimiento de las formas cooperativas y solidarias de trabajo. Un futuro comunista es posible, pero no presentaría las sencillas características que numerosos autores imaginaron en los últimos 150 años. El funcionamiento de esa sociedad sería mucho más complejo que una simple "administración de las cosas".

El período socialista que anticiparía el comunismo debería caracterizarse por un proceso dual de expansión de la propiedad pública y de avance de la gestión popular. Los fundamentos objetivos de esta socialización ya son perceptibles en las tendencias de la economía contemporánea hacia la centralización productiva. Pero el socialismo conformaría una forma avanzada de autoadministración de la población, radicalmente opuesta a la "economía mixta" que actualmente controlan los empresarios. Por esta razón no se desenvolvería masificando la distribución de acciones entre los ciudadanos, sino introduciendo conquistas sociales que contribuyan al surgimiento de un "hombre nuevo". Este objetivo –que constituye el pilar ético de un proyecto socialista– complementa el cimiento científico de este programa.

El avance de la mundialización refuerza el carácter global de esta propuesta, pero también confirma que el debut del socialismo sería un proceso muy variado y dependiente de las condiciones específicas en cada país. Por eso es tan importante el período de transición que permitiría en los países periféricos crear las premisas económicas y sociales de esta alternativa. La dimensión de las crisis y la polarización imperialista podrían empujar a esas naciones a liderar la introducción de medidas anticapitalistas, repitiendo una secuencia ya observada durante el siglo XX. Pero el desarrollo de este cambio exigiría combinar el plan con el mercado durante un prolongada etapa inaugural. Por este camino se tornaría factible la construcción de la nueva sociedad en las regiones subdesarrolladas.

En ese período intermedio la gestión de los sectores estratégicos de la economía debería quedar sujeto a procedimientos de planificación centralizados y descentralizados. El radio de acción mercantil quedaría acotado, pero abarcaría a numerosas ramas aún inmaduras para la socialización. En cualquier opción resultaría esencial desenvolver una democracia real (y no el formalismo constitucional predominante) para que esta transformación pueda progresar. La democracia genuina es el único mecanismo viable para corregir los errores, facilitar la participación popular y asegurar la discusión de alternativas. Sin democracia efectiva no hay transición posible al socialismo.

El segundo ensayo presenta un balance del socialismo real, discute la naturaleza de esos regímenes y evalúa en qué punto se encuentra el tránsito hacia el capitalismo en esas regiones. Se describen los elementos de transformación revolucionaria que estuvieron presentes en varias circunstancias y se retrata también cómo esos rasgos fueron sofocados por el despotismo burocrático. En nuestra opinión, el denominado sistema comunista nunca alcanzó siquiera el estadio previo del socialismo, pero tampoco estuvo caracterizado por la vigencia del capitalismo de Estado. Las relaciones mercantiles y salariales se desenvolvían en esos países en un cuadro de ausencia de propiedad privada de los medios de producción que impedía la acumulación sostenida de capital.

Partiendo de esta caracterización, retomamos la vieja discusión sobre el carácter de la URSS y destacamos por qué la adecuada noción inicial de "Estado obrero burocratizado" quedó desactualizada. Ese concepto ignoraba la consolidación de una capa explotadora, sobredimensionaba los atributos de la planificación y subvaloraba la regresión de la conciencia socialista. Esos regímenes constituían en realidad formaciones burocráticas, corroídas por crecientes desequilibrios internos. Aunque la discusión sobre estos sistemas ya no suscita el interés de otra época, la revisión de este problema es vital para clarificar la naturaleza del capitalismo y del socialismo.

Esta indagación permite analizar a la restauración en curso en el ex bloque socialista como un proceso dual de avance objetivo de la propiedad privada y aceptación subjetiva del capitalismo. Esta dinámica –que es consecuencia de la frustración provocada por los reiterados fracasos de renovar el viejo régimen– ha dado lugar a un proceso muy desigual de implantación del capitalismo en cada país. Evaluamos este aspecto recurriendo a varios criterios centrados en el rumbo del poder político, el peso de las nuevas clases dominantes, el tipo de coordinación económica y las formas de la crisis.

Utilizando este enfoque investigamos cómo se ha reimplantado el capitalismo en Rusia de manera incompleta y en un cuadro de regresión social y carencia de legitimidad política. Con esta transformación se ha instaurando un régimen rentístico y predatorio que augura una perspectiva periférico–dependiente para el país. En cambio, el pasaje al capitalismo en China se desenvuelve por otra vía, a través de su promoción desde arriba por un régimen que todavía se autodenomina socialista. Es muy controvertido definir en qué punto se encuentra esta involución porque los desequilibrios regionales, sociales y agrarios que emergen de la acumulación privada amenazan la continuidad de este proceso. En nuestra opinión, el contraste entre la caótica situación rusa y la controlada reconversión china no obedece a intereses diferentes de las elites dominantes, ni a distintos grados de resistencia popular. Es la vigencia de marcos económicos y estrategias políticas disímiles lo que explica ese contrapunto.

También analizamos por qué la restauración se encuentra ya concluida en Alemania, aunque es incierto si el costo económico justificará en el futuro la anexión de la ex RDA. El avance del capitalismo se sostiene en Hungría, Polonia y la República Checa en la expectativa popular de acceder al nivel de vida predominante en Occidente. Pero esta ilusión es utilizada para apuntalar el proyecto imperialista de forjar una "Europa potencia" atropellando las conquistas sociales en el viejo continente. Por eso en las regiones más periféricas de Europa, la restauración se impone directamente a través de la violencia y la desintegración social.

Por último, estimamos que la implantación del capitalismo se encuentra frenada en Cuba porque en la isla prevalece una decisión colectiva de mantener la independencia nacional y las conquistas sociales. Este resultado constituye una verdadera hazaña, pero no zanja la perspectiva del país. La disyuntiva entre la restauración enmascarada o autoritaria y la renovación socialista se mantiene pendiente.

El tercer ensayo indaga los modelos de transición socialista debatidos en el pasado y replanteados en la actualidad. La principal referencia de este análisis es la controversia que se desenvolvió en la naciente Unión Soviética para definir una estrategia económica que combinara saltos en la producción con el mejoramiento del nivel de vida. Pensamos que Bujarin y Preobrazhensky plantearon dos opciones compatibles para lograr ese crecimiento balanceado y que Trotsky sugirió una síntesis, que podría servir de base para la superación futura de las deformaciones padecidas en el socialismo real.

En este capítulo analizamos los problemas de la gestión burocrática centralizada y los desajustes creados por la búsqueda de metas cuantitativas, en desmedro de la eficiencia y del equilibrio entre la inversión y el consumo. En la URSS se registraron los defectos más extremos de este modelo, cuya enfermedad de origen fue la eliminación anticipada del mercado. Entendemos que es equivocado atribuir el fracaso de la planificación compulsiva a las ventajas militares del imperialismo o al subdesarrollo de la informática, omitiendo las nefastas consecuencias de la gestión burocrática y el despotismo político.

El modelo descentralizado –lejos de corregir estas distorsiones– preparó la reconversión de la burocracia en clase propietaria. A este resultado condujo la ausencia de control popular sobre la administración autónoma de las empresas. Para ilustrar esas consecuencias detallamos tres casos. Primero, estudiamos la autogestión yugoslava, que fracasó porque extendió la rivalidad comercial privada a las empresas públicas e introdujo una asfixiante competencia entre los trabajadores. En segundo lugar, analizamos las reformas en Hungría, que en vez de acotar la expansión mercantil al ámbito privado simulaban el mercado en el sector estatal y abandonaron el objetivo de la socialización. Finalmente, evaluamos la *Perestroika*, que a diferencia del pasado no fracasó por la oposición de la *nomenklatura* central, sino por la inclinación capitalista de todas las fracciones de la burocracia. Este giro apropiador del sector social que impulsaba las reformas determinó el fin de esos ensayos en todo el Este europeo.

El balance de estas experiencias es vital para replantear modelos futuros de socialismo. En nuestra opinión, corresponde retomar la hipótesis de una larga transición en la periferia, que podría acelerarse con el avance internacional del socialismo pero no debería basarse en una expectativa de acelerada abundancia. El desenvolvimiento de un período intermedio resultaría conveniente para acelerar el crecimiento y debería incluir el uso parcial del mercado, cuya acción no debe confundirse con el capitalismo. Durante la transición habría que compatibilizar también la preservación acotada de la acción mercantil con una batalla estratégica contra la alienación monetaria.

Por otra parte, nuestra reflexión aborda la revisión del modelo libertario –que aporta incitantes argumentos a favor de una sociedad igualitaria pero ignora los pasos requeridos para alcanzar ese objetivo–. En este terreno se sitúa también la evaluación del rol que podrían cumplir las cooperativas en un proyecto emancipatorio. En nuestra opinión, las metas colectivistas de estas asociaciones enfrentan bajo el capitalismo el insalvable obstáculo de la concurrencia. Por eso el florecimiento de la economía solidaria requiere la vigencia de un sistema de planificación democrática.

En nuestro balance de lo ocurrido en la década pasada asignamos gran importancia a las circunstancias políticas de ese período, tanto en el plano internacional (ascenso neoliberal, crisis de la izquierda occidental) como regional (asimilación de la burocracia al capitalismo, destrucción de las expectativas igualitaristas en el Este). Estos procesos fueron determinantes de la restauración y por eso el cambio de estas condiciones inaugura un nuevo horizonte para el socialismo.

El cuarto ensayo aborda ciertos problemas teóricos, indagando inicialmente la pertinencia de una disciplina económica para investigar la transición al socialismo. Destacamos por qué esta teoría es necesaria para afrontar las disyuntivas de la planificación y también explicamos cuales son sus diferencias con una economía política del socialismo. Señalamos que su objeto de estudio son los problemas previos a la maduración poscapitalista y que sólo en una etapa posterior –cuando la disolución de las relaciones mercantiles transparente la vida social– las categorías de la economía política se tornarían prescindibles.

Partiendo de estas aclaraciones, investigamos los tres problemas clásicos de la economía planificada: el cálculo, el estímulo y la innovación. Analizamos por qué la discusión del primer tema debió referirse al capitalismo y no al mercado y describimos cómo la objeción neoclásica fue refutada demostrando que un planificador puede imitar eficientemente la formación mercantil de los precios. Pero también puntualizamos los equívocos que genera la aplicación de este razonamiento a una gestión planificada, especialmente cuando se sustenta este análisis en la vigencia de la ley del valor. Destacamos que el cuestionamiento de las fantasías neoclásicas puede realizarse sin reivindicar como alternativa el manejo burocrático vigente en la ex URSS. En nuestra opinión, el cálculo planificado fue distorsionado por una administración compulsiva y esta deformación no podía corregirse perfeccionando el equipamiento informático. La eficacia del plan requiere el control democrático y la participación popular.

Por otra parte, debatimos la propuesta de utilizar los bonos de trabajo, destacando que su aplicación en la maduración socialista contribuiría a la desalienación mercantil. Pero entendemos que la introducción prematura de esos certificados sólo transparentaría una situación de racionamiento. Un modelo de transición podría igualmente incluir cierto sistema de cálculo dual –en términos contables y de mercado– para contrarrestar la manipulación burocrática y garantizar que los precios administrados reflejen la realidad de los costos.

En nuestro repaso del tema de los incentivos recordamos que los neoclásicos objetaron la falta de estímulos en una economía planificada, pero ignoraron el efecto de este mismo problema sobre las corporaciones capitalistas. En su reivindicación actual del incentivo mercantil desconocen el carácter relativo de la escasez y la posibilidad de instrumentar una provisión gratuita de ciertos bienes básicos. Por el contrario, en nuestro texto describimos cómo la extensión de los estímulos morales contribuiría a superar el individualismo competitivo en un futuro socialista. Sabiendo que sólo el avance del bienestar permitiría prescindir por completo del estímulo pecuniario, promovemos el desarrollo de la conciencia igualitarista en la dirección establecida por las posturas del "Che".

Finalmente, al analizar el problema del cambio tecnológico señalamos que la ortodoxia cuestiona la capacidad innovadora de la planificación, pero restringiendo esta facultad a los capitalistas. Por eso desconocen la existencia de impulsos a la invención desconectados de la

Introducción

rentabilidad e ignoran también la posibilidad de ensayar un esquema de negociación coordinada de la innovación, que combine estímulos específicos con reconocimientos sociales. Al retomar esta última propuesta, retratamos cómo el despotismo centralista, la autarquía económica y la competencia con los Estados Unidos distorsionaron las prioridades de la innovación en la URSS.

El quinto ensayo explica por qué el proyecto socialista requiere instaurar una democracia genuina. Este nuevo sistema suplantaría la estructura política actual al servicio de las clases dominantes por un régimen de efectiva soberanía popular. La democracia capitalista no es un simple procedimiento, ni un mecanismo de extensión de los derechos ciudadanos. Es una forma de gobierno que reproduce la supremacía de la burguesía. Por eso neutraliza las conquistas populares y distorsiona el sufragio universal.

El vaciamiento actual de ese sistema expresa la pérdida de gravitación del conjunto de los ciudadanos frente a la elite burocrática que maneja el poder junto a las grandes corporaciones. Este deterioro de la democracia burguesa refleja la decreciente influencia del status cívico sobre la posición social de los individuos. La propia dinámica de la acumulación socava la credibilidad del régimen representativo, al divorciar el universo político de la esfera económica. Esta fractura explica el desprestigio del sistema constitucional en los países centrales y su aguda crisis en las naciones periféricas.

La obtención de nuevos derechos cívicos motorizó históricamente mayores demandas sociales. Pero la tensión entre el capitalismo y la democracia plena emerge a la superficie en todos los momentos de intensificación de la lucha de clases. En esas circunstancias se verifica que la vigencia del régimen constitucional no conduce a la humanización del capital. La constatación de estas limitaciones ha conducido –en el campo de la socialdemocracia– a la resignación o a la adaptación al curso neoliberal. Pero igualmente no deben subvalorarse las conquistas democráticas. La interpretación puramente instrumental de la gestión política de la clase dominante impide percibir la proyección socialista de los logros populares.

La función de la democracia socialista sería crear las instituciones que pavimenten el salto hacia el comunismo. Este proyecto tiene alcance mundial y comenzaría a materializarse a medida que el actual despotismo imperialista sea reemplazado por relaciones equitativas entre los países.

La democracia socialista debería incluir formas directas e indirectas para ensamblar la ciudadanía social con la emancipación política. Este modelo requiere la vigencia de mecanismos de participación, representación y control popular. El objetivo sería combinar la democracia en el lugar de trabajo con formas activas de sufragio para la adopción de las principales decisiones.

El sistema piramidal de partido único es una modalidad de totalitarismo. En la ex URSS favoreció a las capas privilegiadas y excluyó la participación popular. En Europa Oriental constituyó una implantación externa sostenida en mecanismos policíacos. En China facilita el tránsito actual hacia el capitalismo. A la luz de estas experiencias es evidente que la democracia socialista implica la vigencia del multipartidismo. Esta necesidad deriva del carácter heterogéneo de las clases que participan en una transformación anticapitalista y de la existencia de cambiantes etapas de ascenso y repliegue de la intervención popular.

La peculiaridad del modelo cubano estriba en la elevada legitimidad de las instituciones de la revolución. Pero la regimentación oficial bloquea la vigencia de una democracia plena. Las tradiciones antiimperialistas y la prioridad de introducir avances sociales no justifican esas limitaciones.

En la medida que todo régimen político expresa la supremacía de una clase social, la dictadura del proletariado es un rasgo subyacente de la transición al socialismo. Pero esta caracterización no define el régimen político de ese pasaje. El proyecto consejista no es viable en la sociedad contemporánea porque se apoya exclusivamente en la democracia directa. Sólo es legítimo recurrir a un régimen de excepción bajo ciertas circunstancias y para hacer frente a las conspiraciones reaccionarias. Como esta opción es indeseable, sólo cabría utilizarla de manera transitoria. Este rechazo al ejercicio de un poder tiránico no implica, sin embargo, postular la rendición frente a las clases opresoras.

El modelo libertario basado en la democracia directa contempla el protagonismo popular, pero ignora que la representatividad de los organismos autogestionados declina junto al repliegue de la movilización. Tampoco reconoce la conveniencia de cierta estabilidad de los funcionarios, ni la necesidad de formas indirectas de democracia para diseñar colectivamente un plan económico. Un largo proceso de socialización es indispensable para eliminar toda forma de opresión estatal.

La democracia socialista debería asimilar las experiencias del consejismo, la democracia directa y las formas representativas para facilitar un avance conjunto de la igualdad política y social.

En las conclusiones del libro presentamos un epílogo que ilustra cómo la elaboración de autores marxistas provenientes de distintas tradiciones está contribuyendo a concebir un nuevo modelo de transición socialista. Este programa no figura aún en la agenda de la nueva generación de luchadores que emerge junto a los renovados cuestionamientos del capitalismo. Pero es una perspectiva que despunta en varios escenarios nacionales y del movimiento por otra mundialización.

Es probable que el lector perciba que en este libro se han soslayado ciertos temas esenciales del proyecto socialista. En dos planos esta omisión es voluntaria: el diagnóstico de la situación actual del capitalismo y la estrategia política de sustitución de este sistema. Hemos dejado de lado el primer aspecto porque ha sido tratado en varios textos recientes[1] y abordaremos próximamente el segundo problema. Este estudio incluirá el análisis de las instituciones políticas contemporáneas y de las formas de la democracia socialista.

En el texto que presentamos hemos optado por indagar qué es el socialismo y cómo podría desenvolverse en el futuro. Elegimos este tema porque nos pareció indispensable clarificar esta perspectiva antes de discutir los caminos para alcanzar esa meta. En nuestra opinión, debatir cómo podría funcionar una sociedad crecientemente igualitaria constituye una reflexión prioritaria, luego de la traumática experiencia registrada en el socialismo real.

Muchos simpatizantes de la causa emancipatoria se preguntan si ese proyecto anticapitalista es realizable. Esperamos que los argumentos expuestos en estos cuatro ensayos contribuyan a esclarecer que ese objetivo conveniente es también alcanzable. Para que "otro mundo sea posible" el socialismo es necesario.

---

1   Un panorama de esta elaboración puede consultarse en: "Capitalismo contemporáneo: etapa, fase y crisis". *Ensayos de Economía*, Facultad de Ciencias Humanas y Económicas, vol. 13, n° 22, 2003, Medellín, Colombia y "El imperialismo del siglo XXI". *Desde los Cuatro Puntos*, n° 48, enero 2003, México.

CAPÍTULO I

COMUNISMO, SOCIALISMO Y TRANSICIÓN

METAS Y FUNDAMENTOS

La explotación, la competencia y las crisis periódicas generadoras de pobreza, sufrimientos y desempleo empujan a batallar por el socialismo. Mientras estos padecimientos persistan en los países desarrollados y alcancen dimensiones catastróficas en las naciones periféricas, el proyecto emancipatorio se mantendrá a la orden del día.

Durante décadas el socialismo fue equivocadamente presentado como un resultado inexorable de la evolución humana. Este proceso necesario y posible era visto como una ley del desarrollo o como una fuerza incontenible de la historia, cuyo triunfo se daba por descartado. El derrumbe de la URSS ha enterrado estas creencias positivistas y el proyecto socialista vuelve a plantearse acertadamente en términos de hipótesis, desafío u opción civilizatoria a la barbarie actual.

La construcción de una sociedad poscapitalista ya no es interpretada como un destino predeterminado del progreso humano, sino como la alternativa más favorable para los oprimidos. Esta opción es conveniente porque augura menos costos y riesgos sociales que la continuidad del capitalismo.

Pero rechazar la caricatura del socialismo como un curso natural del género humano implica también desechar la inexorabilidad simétrica del capitalismo. Este reconocimiento es decisivo, ya que los mayores cuestionamientos actuales del socialismo provienen de la reivindicación fatalista del sistema vigente. Se presenta a este régimen como si fuera un dato inamovible de la organización social.

El socialismo constituiría un largo proceso de liberación de los oprimidos que sería desarrollado paulatinamente. No emergería automáticamente con el derrocamiento del capitalismo como premio a la captura popular del poder. Este desenlace sólo determinaría el punto de partida de una prolongada transformación social.

Es sabido que al cabo de sucesivas polémicas con los utopistas, Marx se resistía a describir en detalle los rasgos de la sociedad futura. Pero estableció una distinción básica entre una primera etapa socialista y un período comunista posterior. Aunque esta diferenciación fue siempre objeto de controversias, contribuye a reflexionar sobre un curso posible del devenir emancipatorio.[1] Un proceso de socialización creciente guiaría el desarrollo de ambos períodos, a través de la expansión de la propiedad pública y la ampliación de la gestión popular. Este desenvolvimiento supondría un curso dual de cambios radicales en el funcionamiento de la economía y giros históricos en el grado de participación popular.

Marx concebía al socialismo como un período de enlace entre el capitalismo y el comunismo. Estimaba que durante esa etapa se afirmaría la socialización de la producción, mientras que en la distribución continuaría rigiendo la remuneración al trabajo realizado. Esta forma de pago –aún inequitativa– precedería a la aplicación de la fórmula comunista de "retribuir a cada cual de acuerdo a sus necesidades".

Pero hay que considerar estos conceptos sólo como indicaciones. La socialización no será un proceso uniforme, sino mixturado, es decir pleno de anticipaciones y retardos en la aproximación al objetivo igualitario. Por ejemplo, una forma parcialmente comunista de cobertura de las necesidades básicas de cada familia (con independencia del trabajo realizado) debería ser el punto de partida de cualquier proyecto poscapitalista. Pero al mismo tiempo cabe imaginar una vigencia prolongada de escalas salariales diferenciadas, que configurarían un cuadro muy distante del pago por la labor realizada. Esta aplicación plástica de los criterios de Marx seguramente estará a tono con las transformaciones que ha registrado el capitalismo y con las conquistas populares que precederán al inicio del socialismo.

---

1 Chattopadhyay, por ejemplo, sostiene que la diferenciación entre el socialismo y el comunismo como dos etapas claramente delimitadas fue una idea de Kautsky seguida por Lenin y no un concepto de Marx. Chattopadhyay, Paresh. "The economic content of socialism. Marx vs. Lenin". *Review of Radical Political Economics*, vol. 24, n° 3-4, 1992.

EL OBJETIVO COMUNISTA

Marx estimaba que el avance del igualitarismo socialista tendería a desembocar en la sociedad comunista. Concebía a esta evolución como un producto de la abundancia y del bienestar vigentes en un contexto de autoadministración ciudadana. Los individuos lograrían emanciparse de la desigualdad clasista y de la opresión estatal, una vez concluido el proceso de sustitución del patrón mercantil de organización económica por criterios de asignación planificada de los recursos.

Junto a la superación de los niveles de producción y consumo predominantes bajo el capitalismo desaparecería la escasez de los bienes esenciales. De esta forma, las nuevas modalidades de autogobierno reemplazarían a los últimos vestigios de administración estatal. La organización comunista emergería así de avances económicos (transformación del proceso productivo), sociales (radical mejoramiento del nivel de vida) y políticos (extensión de la autoadministración).

Algunos críticos cuestionan este diseño argumentando que es inútil fantasear sobre el porvenir y discutir sobre lo desconocido. ¿Pero la prefiguración del futuro no está presente en cualquier proyecto político? ¿Son acaso más realistas las propuestas neoliberales de construir una sociedad mercantil de intercambios transparentes, total disponibilidad de la información y plena vigencia de la competencia? ¿Son más sensatas las tesis heterodoxas de "humanizar" las relaciones capitalistas con regulaciones estatales y establecer reglas equitativas que subordinen la dinámica del beneficio a los requerimientos sociales?

Ningún programa político prescinde de proyectar hacia el futuro el tipo de sociedad que ambiciona. Es cierto que en su práctica cotidiana los representantes de las clases dominantes actúan de manera pragmática, relativizando, contradiciendo y desmintiendo los objetivos que postulan. Pero nunca abandonan por completo estos enunciados, porque el ejercicio del poder exige recurrir a esas creencias para recrear la expectativa popular en el capitalismo.

El comunismo es para los marxistas una referencia tan insoslayable como el libre mercado para los neoliberales o la regulación pública para los antiliberales. Abandonado este propósito, los socialistas pierden su norte estratégico. No basta luchar contra el capitalismo, hay que explicar cuál es el objetivo final de esa batalla.

Aclarar por qué la meta comunista es deseable constituye el punto de partida de cualquier debate sobre las dificultades que presenta la lucha por esa perspectiva. Antes de analizar cómo alcanzar ese objetivo hay que acordar sobre su conveniencia. La lucha por el comunismo tiene sentido, porque es deseable la construcción de una sociedad sin explotadores ni explotados, que permitirá al género humano emerger de su larga prehistoria.

Es perfectamente factible combinar el análisis del comunismo posible con las reflexiones sobre el comunismo lejano.[2] Al mismo tiempo que se teoriza sobre un porvenir conveniente, corresponde indagar los caminos a recorrer para alcanzar esa meta. Pero analizar los puentes sin explicitar y reivindicar el destino buscado no tiene mucho sentido.

Un socialismo pragmático y conformista –es decir carente de objetivos comunistas– no puede convertirse hoy en día en un proyecto atractivo para las nuevas generaciones, ni tampoco puede rivalizar con el renacimiento religioso.[3] Frente al desafío planteado por el resurgimiento del islam revolucionario, el antiimperialismo místico y las utopías redentoras del fundamentalismo, los marxistas necesitan actualizar su proyecto emancipatorio.

Esta renovación supone, ante todo, explicar por qué el comunismo no es una profecía[4], ni tampoco un fin teleológico irracional[5] resultante de algún pensamiento finalista de Marx.[6] A lo sumo estas objeciones cabrían para las interpretaciones naturalistas y dogmáticas, que aún hoy presentan al comunismo como un estadio inexorable de la evolución social.

Dejando de lado esas caricaturas, la meta de una sociedad sin clases y sin Estado no es más teleológica que cualquier otro proyecto de emancipación. A diferencia de las visiones burguesas del futuro, incluye un objetivo de superación de la opresión social. Pero como todos los programas de construcción de otro porvenir, se apoya en la caracterización de tendencias del capitalismo y en objetivos deseables para la humanidad.

El proyecto comunista no es irracional porque tiene basamentos lógicos y se apoya en fundamentos analíticos. Tampoco es profético, ya que su posible realización descansa en la acción conciente de los trabajadores y no en la añorada irrupción de fuerzas divinas o naturales. Como, además, este proyecto no augura paraísos, ni propone remedios mágicos para milenios de sufrimientos humanos, resulta desacertado asociarlo con una ilusión finalista. El comunismo sólo propone un horizonte ulterior al largo camino del socialismo. Subraya que en ese pro-

---

2 Es la disyuntiva que analiza Andreani Tony. "Le socialisme de marché: problèmes et modelisation" Bidet, Jacques; Kouvélakis, Eustache. *Dictionnaire Marx Contemporaine*. París, PUF, 2001.

3 Malewski sugiere la importancia de este problema. Malewski, Jan. "Guerre: une victoire au lendemains incertains". *Inprecor* nº 482, mayo -junio 2003.

4 Como supone Paramio, Ludolfo. "El materialismo histórico como programa de investigación", en *Sociedad* nº 1, octubre 1992, Buenos Aires.

5 Como imagina Elster, Jon. *Una introducción a Karl Marx*. Madrid, Siglo XXI, 1991. (Cap. 6 y 10).

6 Como interpreta Feinmann, José Pablo. " Opinión sobre el *Manifiesto Comunista*". *Página 12*, 22 de febrero de 1998, Buenos Aires.

ceso surgirían las condiciones para que la explotación cese de gobernar la vida de la inmensa mayoría de la sociedad.

EL DEBATE ANTROPOLÓGICO

Existen viejos cuestionamientos antropológicos del comunismo que destacan la inadecuación de sus principios de cooperación y solidaridad al carácter egoísta y competitivo de la naturaleza humana. Apoyándose en el modelo neoclásico de *homo economicus* –racional, calculador e individualista– estas objeciones descalifican el intento de sustituir el capitalismo por un sistema de apropiación social de la producción colectiva.

Pero esta crítica identifica la conducta de cualquier individuo con el comportamiento empresario, como si todas las personas actuaran en función de maximizar el beneficio. No registra que esos rasgos corresponden sólo al molde capitalista y no a características comunes e inmutables de todos los individuos.

En torno a ciertas singularidades de la naturaleza humana (autoconciencia, intencionalidad, lenguaje, uso y fabricación de herramientas), el patrón de conducta de las personas ha cambiado sustancialmente a lo largo de la historia. En el transcurso de esa evolución no ha prevalecido siempre el estereotipo mercantil que imaginan los neoliberales, puesto que a partir de esos rasgos permanentes del comportamiento, la acción de los individuos ha quedado moldeada por el marco histórico. Esta adaptación evidencia el carácter cambiante y flexible de esa conducta.

El proyecto comunista –tal como fue formulado– toma en cuenta esta mutabilidad al concebir la posibilidad de un proceso simultáneo de transformación de la sociedad y de las personas, que refuerce los rasgos cooperativos de los individuos en desmedro del egoísmo competitivo. Los obstáculos para desarrollar este cambio son principalmente políticos e ideológicos y no antropológicos, es decir que se sitúan en la esfera de la conciencia de los sujetos. Los dificultades del programa comunista provienen de las experiencias, las convicciones y las percepciones de los individuos y no derivan de limitaciones intrínsecas de la especie humana.[7]

Para los neoliberales, el comunismo resulta inconcebible porque desconocen esta capacidad de transformación del género humano y la consiguiente posibilidad de erradicar la opresión y la violencia que destruye la sociabilidad. Simplemente proyectan hacia el futuro el comportamiento habitual de los representantes de la clase dominante. ¿Pero no es ingenuo contraponer a la caricatura neoliberal del individuo calculador una imagen igualmente simplificada del altruismo humano?

---

7   Udry, Charles André. "Socialismo". *Viento Sur* nº 50, junio 2000.

¿No es infantil oponer al mito del *homo economicus* la ilusión de un *hombre nuevo* comunista, completamente ajeno al utilitarismo y al consumismo?

Algunos autores[8] consideran que los marxistas han incurrido frecuentemente en este error al plantear refutaciones angelicales de los argumentos reaccionarios. Por eso estiman que un modelo de *homo deseante* (en perpetua insatisfacción) y *homo socialis* (constituido en relación a sus pares y no en función del mercado) constituyen prefiguraciones más realistas del proyecto comunista.

Esta acertada observación es compatible con otros enfoques críticos que demuestran como un *homo reciprocans* (conductas generosas y retributivas entre los individuos asociados) ha Estado más presente a lo largo de la historia que el *homo economicus* de los cultores del capitalismo.[9] Aunque la sociabilidad del individuo no es transparente e inmediata, constituye un rasgo visible que permite imaginar la posibilidad de promover las conductas cooperativas en que se apoyaría la sociedad comunista.

Pero revisar críticamente las presentaciones ingenuas del comunismo y reconocer que la transformación de las conductas será un largo proceso, no implica desechar la necesidad de una ética del *hombre nuevo* para encarar cualquier acción socialista. Un proceso de cambio tan radical es inconcebible fuera de un marco político que impulse el desenvolvimiento de la conciencia revolucionaria. Por eso el voluntarismo de Lenin y el igualitarismo de Guevara son componentes claves de un proyecto liberador que exige sacrificios, heroísmo y esperanzas.

El rescate del espíritu del Che frente a la mezquindad individualista no es un inútil resabio romántico, sino un componente central del molde humano pregonado por los comunistas.[10] El eco que encuentra este comportamiento solidario entre las nuevas generaciones de críticos al neoliberalismo confirman la vigencia de los valores del *hombre nuevo.*

El ideal comunista supone imaginar una sociedad sin explotados ni explotadores y batallar por erigirla. Esta capacidad de concebir el porvenir y ensayar su realización a través de la praxis colectiva es también una cualidad antropológica del *homo sperans.* Las utopías más fecundas siempre estimularon este deseo de emancipación y así ampliaron el horizonte de lo realizable, introduciendo posibilidades hasta ese momento ignoradas. La falta de realismo que caracterizó a las enunciacio-

---

8 Andreani, Tony. *Le socialsme est (à) venir.* París, Sylepse, 2001. (Parte 2ª cap. 2).

9 Este concepto es expuesto por Bowles, Samuel; Gintis, Herbert. "Ha pasado la moda de la desigualdad". *Razones para el socialismo.* Barcelona, Paidos, 2002.

10 Lowy, Michael. "Le socialisme de Ernesto Che Guevara". *Inprecor* 475-476. octubre-noviembre 2002.

nes iniciales de esas propuestas fue posteriormente corregida. Pero para alcanzar ese nivel de formulación maduro esas ideas debieron surgir previamente como rudimentarias anticipaciones. Bajo esa forma elemental rompieron el molde conformista y permitieron incorporar nuevas percepciones al universo de lo que resultaba posible.

El utopismo ha constituido frecuentemente el punto de partida insoslayable de cualquier proyecto emancipador. Si este programa perdura como ilusión desligado de fundamentos objetivos y cursos de acción prácticos su aporte también se diluye. Pero el ideal comunista necesita hoy una inyección de los sueños y las pasiones que propició el utopismo. Este aliciente es vital para erradicar el pragmatismo y superar el pesimismo.

Quienes acuerdan con el proyecto de desenvolver un *homo socialis* a veces destacan la impredecible extensión temporal de este proceso.[11] Pero el principal punto de controversia sobre el comunismo no gira en torno a los tiempos de su implementación. Antes de analizar la hipotética duración de esta transformación hay que aceptar la conveniencia y factibilidad de este proyecto. Y aquí el problema más polémico es definir si la modificación del comportamiento humano debe preceder al cambio radical de la sociedad o si, por lo contrario, se requiere superar el marco opresivo del capitalismo para desenvolver esa evolución. La tesis marxista postula que la continuidad de ese régimen de explotación reproduce al *homo economicus* e impide el surgimiento del *hombre nuevo*. Por eso se necesita erradicar el capitalismo, para que un futuro de igualdad sea posible en algún momento del desarrollo social.

¿UN COMUNISMO YA?

Existe una reformulación radical del proyecto comunista que propone anticipar la construcción de esa sociedad. Se plantea sustituir la meta futura por un programa inmediato, invirtiendo la secuencia tradicional y afirmando que ese objetivo se puede materializar ya mismo. Este enfoque propugna L. Séve,[12] cuando declara muerto al socialismo, pero vivo al comunismo.

¿Pero cómo adelantar una transformación de semejante envergadura histórica? ¿Cómo anticipar un proceso tan compleja y de largo plazo? Séve interpreta que los cambios registrados en el funcionamiento del capitalismo contemporáneo permiten concretar ese salto. Señala

---

11 Esta preocupación plantea Wesiskkopff, Thomas. "Toward a socialism for the future". *Review of Radical Political Economics*, vol. 24, n° 3-4, 1992.
12 Séve, Lucien. "La cuestión del comunismo". *Tesis XI*, año 1, n° 2, junio 1997, Montevideo.

que las previsiones de Marx ya son transformaciones palpables de la sociedad actual: el tiempo de trabajo necesario tiende a perder peso como barómetro del desarrollo económico, se expanden los servicios y el trabajo asalariado declina.

Pero Séve omite que el comunismo fue siempre concebido como un sistema antagónico al capitalismo y que requiere la desaparición previa de este régimen para comenzar a desenvolverse. Jamás fue imaginado como un sistema integrado a su antítesis capitalista, ni como una estructura coexistente al interior de ese modo de producción Bajo el capitalismo sólo existen prefiguraciones en germen del proyecto igualitario, que expresan embrionariamente tendencias objetivas de la economía contemporánea o evoluciones latentes de las fuerzas productivas.

Pero el comunismo no puede emerger si el capitalismo perdura, porque las leyes de la acumulación impiden que los rasgos socializantes prosperen. Mientras la explotación, la competencia y la ganancia regulen la actividad productiva no habrá forma de construir una economía solidaria. Para viabilizar este objetivo, el criterio de rentabilidad debe ser sustituido por nuevos principios de satisfacción de las necesidades sociales.

Por eso es falso presentar como indicios de comunismo algunos rasgos potenciales de socialización económica, que sólo pueden aflorar sin desarrollarse bajo el dominio actual del capital. En este sistema, el trabajo asalariado, lejos de disolverse, tiende a expandirse y a generalizarse, mientras que los servicios se mantienen sometidos a la brújula de la ganancia y el tiempo de trabajo continúa rigiendo el curso de la productividad y del valor de las mercancías.

Séve simplemente denomina comunismo a un tipo de relaciones económicas que no guarda ningún parentesco con el proyecto de la sociedad emancipada. Su proyecto no requiere transiciones porque sencillamente excluye todas las metas del programa marxista. Pero si en cambio se busca construir un régimen liberado de la opresión estatal y clasista, el socialismo es necesario y lo único que ha muerto son las deformaciones de ese propósito.

Paradójicamente, la tesis del comunismo ya presenta cierto parentesco con viejas ideas cooperativistas de transformación paulatina del capitalismo y consiguiente erección en su interior de estructuras ajenas a la ganancia. Pero esta familiaridad es limitada. El planteo de Séve se encuentra más próximo a las caracterizaciones posindustrialistas, que postulan la existencia de un proceso de disolución espontánea de los cimientos en que actualmente se asienta la propiedad privada de los medios de producción.

Estos enfoques destacan la aparición de un nuevo tipo de producción inmaterial e informacional, que opera en torno a redes y sanciona un nuevo predominio de formas laborales reguladas por la inteligencia, el deseo y los afectos. En esta tesis se apoya la expectativa de un espontáneo alumbramiento comunista, resultante de la socialización que impulsa la nueva economía del conocimiento y la subjetividad.[13] ¿Pero cómo podría surgir ese tipo de comunismo en un sistema que ya perdió sus rasgos capitalistas? Si en la era de la información la dinámica de la acumulación ha quedado sustraída del dominio del lucro y la explotación, también se han disuelto los fundamentos para una transformación socialista.

Pero los teóricos posindustrialistas nunca han podido explicar cómo se consumó el pasaje del capitalismo al nuevo estadio informacional. No aclaran cuáles son los principios que han sustituido a las leyes del capital en la regulación de la economía contemporánea, no ilustran de qué forma el conocimiento reemplazó a la propiedad como fuente de poder, ni indican cómo las redes suplantaron al mercado en la gestión de la producción. En síntesis: no demuestran que el capitalismo se extinguió y, por lo tanto, tampoco brindan elementos para refutar la vigencia del socialismo como proyecto necesario para avanzar hacia el comunismo del porvenir.

Quizás en la sociedad futura las redes del trabajo afectivo ocupen un lugar significativo y la subjetividad regule algunos procesos productivos. Pero esta eventualidad exige la previa eliminación de la propiedad privada de los medios de producción y la extinción de la explotación. Sin socialismo tampoco habrá comunismo.

VISIONES DEL COMUNISMO

Durante un siglo y medio el comunismo ha Estado presente como perspectiva, esperanza, deseo e impulso, en las luchas populares de millones de trabajadores. Surgió como un "fantasma que recorría Europa", cuando la tradición republicana de igualdad política empalmó con el nuevo propósito socialista de eliminar la opresión clasista.

Cada generación imaginó un camino diferente para arribar a una sociedad liberada de la explotación. Marx suponía que este rumbo quedaría abierto con triunfos revolucionarios en Francia, Alemania y Gran Bretaña. Apostaba a que estos triunfos inaugurarían una acelerada expansión internacional del socialismo que conducirían con cierta celeridad al comunismo.

Pero el triunfo de la Revolución Rusa en un país atrasado –carente de condiciones materiales, sociales y culturales para completar la construcción del socialismo– modificó esa visión inicial y dio lugar a una segunda expectativa comunista. Esta esperanza se basaba en un esperado

---

13 La tesis informacionalista son postuladas por Castells, pero Negri las retoma al plantear su versión de comunismo espontáneo. Negri, Antonio. "Valor y deseo". *El Rodaballo*, n° 6-7, otoño-invierno 1997. Negri, Antonio; Hardt, Michael. *Imperio*. Buenos Aires, Paidos, 2002. (Cap. 13 y 16).

ensamble de las conquistas en la URSS con victorias socialistas estratégicas en los países desarrollados. Los dirigentes bolcheviques pensaban
edificar la nueva sociedad mediante un enlace con los regímenes poscapitalistas en Europa occidental.

Pero el afianzamiento del stalinismo en los años treinta modificó radicalmente esta perspectiva. El comunismo ya no fue presentado como
un objetivo futuro, sino que pasó a ser asimilado a la realidad vigente
en la URSS y este tercer enfoque se consolidó durante la posguerra con
la conformación del bloque socialista. Los éxitos industriales, científicos y educativos eran vistos como evidencias de la nueva realidad comunista, cuyo grado de avance era mensurado en función de los logros
alcanzados por la URSS frente a su competidor norteamericano. Ya nadie recordaba que el comunismo se forjó como un proyecto de emancipación, totalmente incompatible con el subdesarrollo económico y la
opresión política prevalecientes en el socialismo real. El esperado pasaje del reino de la necesidad al reino de la libertad quedó reducido a
un slogan completamente divorciado de la realidad.

Este contraste comenzó a ser reconocido y discutido cuando en los
años sesenta y setenta decayeron las alabanzas a los "éxitos de la Unión
Soviética". En ese período se afianzó una cuarta imagen del comunismo, como proyecto futuro resultante de tres procesos: avances en el
bienestar y la democratización de los regímenes del Este, triunfos revolucionarios en la periferia y ciertas conquistas socialistas en países centrales. Se volvió a concebir a la nueva sociedad como una meta de largo
plazo, asentada en diferentes tipos de victorias anticapitalistas.

Pero la implosión de la URSS pulverizó esta esperanza y el desmoronamiento de los últimos vestigios de ensayos socialistas provocó una
dramática oleada de pesimismo en la izquierda. Esta decepción sepultó
cualquier reflexión sobre el comunismo durante la década pasada hasta
que una nueva oleada de críticas del capitalismo comenzó a resucitar el
análisis del comunismo. En esta revisión alimenta una quinta visión de
este proyecto.

LA ACTUALIZACIÓN TEÓRICA

En el nuevo cuadro hay que separar lo perdurable de lo obsoleto en
los debates sobre el proyecto liberador. Conviene particularmente evitar
las extrapolaciones fuera de contexto que oscurecen el análisis. Lo que
dijeron Marx, Lenin, Trotsky, Guevara debe ser doblemente leído por referencia a la teoría general del comunismo y como expresión de un debate específico de la batalla por el socialismo. Reivindicar a libro cerra-
do cualquiera de estas herencias sólo aumenta la impresión de irreali-
dad que rodea a algunas defensas dogmáticas del proyecto liberador.

Quizás un aspecto clave de la actualización del programa comunista
sea reconocer la creciente complejidad de la sociedad del futuro. Si en

ese porvenir la satisfacción plena de las necesidades sociales sustituye a los padecimientos de la escasez, los individuos desplegarán potencialidades hasta ahora desconocidas, creando universos multifacéticos y enriquecidos por una diversidad de conflictos. Y si en esa sociedad las clases sociales y el Estado se extinguen, seguramente se ampliará una nueva modalidad de la esfera pública precedente junto a la expansión de la acción política.

Este progreso conduciría a un ensanchamiento significativo de la vida social y a la aparición de instancias de procesamiento de la acción colectiva. Por eso cabe imaginar que en esa situación se registrará una extensión de imprevisibles formas de mediación de la actividad ciudadana. Construir una democracia sin dominación supondría este desenvolvimiento de la sociabilidad y del radio de influencia de la política junto al despliegue del universo comunista.

Pero como este porvenir implicaría una participación colectiva cada vez más preponderante en la gestión de la sociedad, identificar ese futuro con el pasaje del "gobierno de las personas a la administración de las cosas" constituye un error. Esa imagen tecnocrática está anclada en una visión saintsismoniana que ha perdido vigencia.[14]

La actualización del comunismo incluye finalmente un debate terminológico. ¿Es conveniente mantener la misma denominación para un proyecto que ha soportado el trauma político de la última década? Algunos autores[15] opinan que la palabra "comunista" tiene una connotación negativa y proponen su abandono. Pero este desprestigio también afecta al socialismo, a la democracia y a las banderas libertarias. Todas estas denominaciones cargan con una pesada herencia de frustraciones y fracasos.

En realidad, la renovación de los símbolos no puede anticiparse, ni decidirse al margen de la lucha. Sólo en esa experiencia serán retomados, recreados o sustituidos los viejos estandartes del pasado. Con independencia de la denominación que asuma en el futuro, lo importante hoy es discutir el contenido del proyecto comunista.

---

14 Varios autores han desarollado detalladamente esta caracterización. Véase Texier, Jacques. "Formes de l´état moderne". *Critique Communiste* n° 161, invierno de 2000-2001. Losurdo, Domenico. "Marx, Christophe Colomb et la révolution d´octobre". *Cent ans de marxisme*. Congrès Marx International, PUF, 1996. Artous, Antoine. "Citoyenneté, démocratie, communisme". *Contretemps*, n° 3, febrero 2002, "Dèmocratie et émancipation sociale" *Critique Communiste* n° 159-160, verano-otoño de 2000, " Révolution et démocratie" *Critique Communiste* n° 161, invierno de 2000-2001. Maler, Henri. "Pour une démocratie sans domination". *Contretemps*, n° 3, febrero de 2002.

15 Corcuff, Philipe. "Le pari d´un social - démocratie" *Critique Communiste* n° 159-160, verano-otoño de 2000.

EL PROCESO DE SOCIALIZACIÓN

El devenir socialista se asienta objetivamente en el desenvolvimiento de tres tendencias del capitalismo contemporáneo hacia la centralización del capital, la socialización del trabajo y la distribución de las pérdidas de las grandes empresas entre el conjunto de la sociedad. Esta evolución se ha verificado en el curso del último siglo y alcanzó mayor contundencia en las últimas décadas.

Al concentrar gigantescas masas de capital y controlar el grueso de la actividad económica, las grandes corporaciones mundializadas dominan la acumulación a escala global. Este predominio ha reforzado la organización centralizada del trabajo y la estructuración de la producción y la circulación de los bienes en torno a la actividad de las grandes empresas. La recurrente competencia que muchos autores[16] acertadamente resaltan como una tendencia del capitalismo contemporáneo coexiste con la parcial neutralización de la lógica mercantil en el funcionamiento de las corporaciones, cuya gestión interna no está directamente orientada por el vaivén exterior de los precios.

Por otra parte, la intervención del Estado para socializar pérdidas –mediante el traspaso al sector público de las compañías en bancarrota– confirma que el capitalismo actual asume rasgos centralizados, que desmienten todas las fantasías neoliberales de diseminación de la competencia en pequeña escala. Prevalece una concurrencia monopólica apuntalada por acciones estatales que favorecen los intereses de las grandes firmas. Por eso han madurado las condiciones para erradicar la propiedad privada de los medios de producción y adaptar el desarrollo económico a formas de organización poscapitalistas. El socialismo ofrece una solución positiva a la contradicción que opone el desarrollo de las fuerzas productivas al marco vigente de obsoletas relaciones capitalistas.

El avance del socialismo debería mensurarse evaluando el traspaso de actividades reguladas por el mercado hacia modalidades de gestión planificada. Esta transferencia sería resuelta por la decisión mayoritaria de los trabajadores, los usuarios y los consumidores, a medida que se pueda constatar cuáles son las actividades que por el grado de eficiencia alcanzado pueden ser traspasadas al sector público.

El debut de la socialización no exigiría la introducción de la propiedad pública en toda la economía, pero sí en los resortes claves de la producción. Se desarrollaría con el progreso de la productividad y la consiguiente reducción progresiva de las actividades que se desenvuelven en la esfera mercantil. Pero como este proceso requeriría un alto nivel de intervención popular, el avance de la socialización también de-

---

16 Por ejemplo Carnota, Oscar. "La cuestión del mercado en la Unión Soviética". *Realidad Económica*, n° 96, 5to. bimestre 1990, Buenos Aires.

bería expresarse en el plano político en el grado de autogobierno alcanzado por la población. Este índice sería indicativo de la incidencia real alcanzada por la mayoría popular en la adopción de las decisiones que afectan a la sociedad.

Adoptando estos criterios, cualquier referencia al socialismo autoritario, estatista o burocrático constituye un verdadero contrasentido. Un sistema será poscapitalista cuando logre consumar un salto cualitativo en el nivel de libertad y autodeterminación de los pueblos. Sólo este tipo de "socialismo por abajo" sería compatible con el objetivo de la sociedad emancipada. En ese marco, la explotación, la competencia y el beneficio cesarían de regular el desarrollo social y quedaría abierto un horizonte para la progresiva disolución del mercado, el Estado y las clases sociales.

EL SOCIALISMO NO ES "ECONOMÍA MIXTA"

Existe una vieja confusión de origen socialdemócrata entre el socialismo y el capitalismo regulado. Esta visión identifica a ambos sistemas o los presenta como etapas de una misma evolución. Roemer retoma esta asimilación al caracterizar que los regímenes con alta ingerencia estatal son precursores del socialismo contemporáneo. Clasifica en este campo a los modelos vigentes en Suecia o el Sudeste Asiático y a las experiencias de planificación de Japón o Francia. Sugiere que el socialismo es afín a todas las variantes de economía mixta adversas al neoliberalismo.[17]

Pero al cabo de 70 años de keynesianismo ya no es admisible esta confusión. Bajo el capitalismo, la intervención estatal no persigue objetivos socialistas, sino que apuntala la acumulación privada. Es un mecanismo destinado a favorecer a grupos capitalistas, a través de auxilios a los sectores con dificultades. La inversión pública es el clásico instrumento que utiliza el Estado para favorecer indirectamente a esos grupos empresarios.

Esta función estatal complementaria de las actividades capitalistas se verifica también cuando se traspasan al sector privado las empresas rentables que gestiona el sector público y se mantiene el manejo estatal de los segmentos menos lucrativos. Lejos de promover un horizonte socialista de autogobierno de los trabajadores, este tipo de economía mixta refuerza el poder de las clases dominantes.

Los modelos intervencionistas alcanzan mayor amplitud en los sectores (o países) más afectados por la depresión y la pérdida de compe-

---

17 Roemer, John. "¿Puede haber socialismo después del comunismo?" *Revista Buenos Aires*, diciembre 1995, Buenos Aires. Roemer, John. *Un futuro para el socialismo*. Barcelona, Crítica, 1995. (Cap. 4, 1 y 22).

titividad. En estas situaciones, el Estado auxilia más abiertamente al capital. Cuando, debido al cambio de circunstancias económicas, los banqueros e industriales ya no necesitan este socorro se pasa del modelo estatizante al esquema privatizador y del capitalismo regulado al neoliberal. Este giro ha predominado en la última década y por eso el ejemplo sueco no se generalizó a los países desarrollados y el coreano no se extendió a la periferia.

Roemer omite esta función del estatismo porque interpreta que "la propiedad pública no es una condición" para el socialismo. En su opinión, en ese sistema regiría una "variada gama de formas de propiedad".[18] Pero siguiendo este criterio, cabría plantear que tampoco la propiedad privada de los medios de producción constituye la condición del capitalismo y por ese camino resultaría imposible distinguir el agua del aceite. Por ejemplo, la explotación, la competencia y el beneficio, ¿a qué sistema corresponden? En la esclavitud y el vasallaje, ¿qué modo de producción predominaba?

Aunque no basta con instaurar la propiedad pública sobre los sectores estratégicos de la economía para despejar el camino hacia el socialismo, no es posible avanzar en esa dirección sin partir de ese cimiento. Un sistema poscapitalista no puede comenzar a desenvolverse sin erradicar la presencia dominante de los banqueros e industriales que gobiernan en Japón, Suecia, Francia y el Sudeste Asiático. Un indicador de la madurez del socialismo es el grado de sustitución de los propietarios privados por formas colectivas de gestión y control social.

La propuesta de combinar el socialismo con el mercado que tradicionalmente postulaba Roemer aparece ahora diluida en su explícita reivindicación del capitalismo. El autor parece indicar que el desarrollo de este último sistema se ha vuelto una condición necesaria para el surgimiento posterior del socialismo. Pero pregonar las ventajas futuras de un régimen propiciando la conveniencia inmediata de su opuesto no tiene mucho sentido. Construir el capitalismo para favorecer la emergencia del socialismo es un proyecto insensato. Nadie puede demostrar que apuntalando la explotación y la competencia se desarrollará la igualdad y la solidaridad.

Al utilizar el término socialismo para ilustrar las virtudes de la economía mixta, Roemer desecha el primer sistema y promueve alguna modalidad de capitalismo antiliberal. Plantea, por lo tanto, una discusión sobre la meta y no sobre los rumbos. Por eso su tesis es parcialmente independiente del colapso de la URSS y más bien retrotrae a viejas polémicas sobre la conveniencia del socialismo.

18 Roemer, John. *Un futuro para el socialismo, op. cip.* (Cap. 2).

EL SOCIALISMO NO ES SÓLO REDISTRIBUCIÓN

Roemer interpreta que en su modelo la presencia de mecanismos de redistribución de ingresos constituyen anticipos del socialismo.[19] Interpreta que estos instrumentos facilitan la preparación de ese estadio, si se implementan "estrategias igualitarias" que fuercen a los capitalistas a "resignar derechos de propiedad a favor de los dividendos sociales". Especialmente la instauración de impuestos progresivos –que reduzcan la pobreza y disminuyan las diferencias salariales– así como la implantación de ingresos básicos universales contribuirían a esta perspectiva.[20]

Es indudable que el escenario que proyecta representaría una conquista popular, aunque no implicaría el inicio del socialismo. Pero para lograr esos avances sociales bajo el capitalismo hay que enfrentar complejas disyuntivas. Basta observar lo ocurrido durante la última década, cuando la legislación social fue atacada por el neoliberalismo, para notar cómo la crisis y la competencia empujaron a los capitalistas a atropellar a los asalariados y los desempleados.

A la luz de esta experiencia, surge el interrogante: ¿Cómo conciliar un proyecto redistributivo con la preeminencia del beneficio que rige al funcionamiento del capitalismo? Todas las evidencias de polarización creciente de los ingresos ilustran la manifiesta dificultad actual para compatibilizar ambos objetivos.

En varios de los modelos estatistas sugeridos por Roemer, la meta redistributiva jamás fue la prioridad de la política económica. En Japón, la intervención estatal siempre jerarquizó la rentabilidad y los incrementos salariales aparecieron bajo el impulso de conquistas sindicales o como efectos del incremento de la productividad. A través de la gestión pública, la clase dominante ensayó distintas vías para disciplinar la fuerza de trabajo. En el Sudeste Asiático, el látigo patronal ha sido mucho más explícito y la explotación salvaje se extendió a toda la región a medida que nuevos oferentes de mano de obra barata se incorporaban al gran mercado de la brutalidad fabril. ¿O acaso se puede presentar a las fábricas de Taiwán, Corea, Indonesia o Filipinas como modelos de un capitalismo humanizado?

La redistribución es factible bajo el capitalismo, pero durante períodos transitorios, en ciertas circunstancias políticas y en selectos países. Existe un antagonismo entre el capital y el trabajo que obstruye estructuralmente estas mejoras, que habitualmente surgen de un choque social: cuando los trabajadores imponen conquistas los capita-

---

19 Roemer, John. *Idem.* (Cap. 2, 6 y 14). Véase también Wright, Eril Olin. "Propuestas utópicas reales para reducir la desigualdad de ingresos y riquezas". Gargarella, Roberto; Ovejero, Félix. "El socialismo todavía". *Razones para el socialismo, op. cit.*

20 Roemer, John. "Estrategias igualitarias". *Idem.*

listas retroceden y viceversa. Pero ambas partes sólo pueden ganar conjuntamente si los costos de la confrontación son exportados y solventados por otros pueblos del mundo.

Roemer omite estas contradicciones y oculta que la intensificación de la competencia erosiona la equidad, porque las empresas rivalizan por aumentar la tasa de explotación a través de una concurrencia que socava la cooperación entre los trabajadores. Por eso su reivindicación del capitalismo conduce a subordinar las metas de la justicia social a las exigencias del beneficio.

Las conquistas sociales introducen nuevos desequilibrios en el funcionamiento del capitalismo. Si en el corto plazo permiten expandir el consumo o atenuar la sobreproducción, en perspectiva obstruyen la rentabilidad. Por eso el neoliberalismo surgió con tanta fuerza al decaer la etapa keynesiana. Bajo el capitalismo, los logros sociales en materia previsional, laboral o social siempre están amenazados por una contraofensiva de la clase dominante, y por esta razón el socialismo es necesario. Sólo bajo el socialismo, los conflictos asumirían otras características ya que no habrá capitalistas con derecho a atropellar los avances obtenidos por la mayoría de la población.

EL ACCIONARIADO NO CONDUCE AL SOCIALISMO

Las propuestas redistribucionistas de Roemer incluyen la conformación de un mercado de acciones disponible para todos los ciudadanos. Considera que una Gran Bolsa permitiría optimizar la asignación equitativa de los recursos, a través de la conversión de los activos de las compañías en cupones pertenecientes a la población. Un banco público supervisaría el comportamiento de todas las firmas, mientras que la creación de un gigantesco mercado de valores aseguraría la eficacia espontánea de la economía. La gestión indirecta de millones de individuos definiría el rumbo de las empresas.[21]

Otros teóricos también sugieren que esta masificación del accionariado facilitaría un proceso de paulatina socialización de la economía. Pero en ningún casos se vislumbra a este proceso como una ruptura con el modo de producción actual. La tesis predominante es adaptar las transformaciones registradas bajo el capitalismo contemporáneo a nuevas formas de gestión y control social.[22]

Roemer no define con claridad el alcance de su propuesta. Por momentos sugiere una ampliación de los mercados accionarios existentes

---

21 Roemer, John. *Un futuro para el socialismo, op. cit.* (Cap. 9).
22 Bensaïd plantea una contundente crítica a esta visión. Bensaïd, Daniel." Le domaine publique contre la privatisation du monde". *Contretemps*, nº 5, septiembre 2002.

recogiendo ejemplos capitalistas específicos (el caso de Alaska). Pero en otras reflexiones parece referirse a iniciativas que jamás se han puesto en práctica.[23] Tomando en cuenta su defensa de la economía mixta, el accionariado que actualmente propone debe interpretarse como un dispositivo a introducir dentro del capitalismo.

Aquí radica el punto más controvertido de la "economía de cupones". No es lo mismo un modelo de *vouchers* para empresas nacionalizadas una vez erradicado el capitalismo, que ampliar los mercados bursátiles dentro de ese sistema. El primer proyecto implica una generalización de la propiedad pública, mientras que el segundo no requiere ningún cambio significativo del modo de producción predominante.

Para superar estas confusiones hay que plantear de manera contundente que bajo el capitalismo ninguna forma de accionariado favorece el igualitarismo o aproxima a los ciudadanos al socialismo. La fantasía de erigir un capitalismo popular distribuyendo títulos es un mito de los thatcheristas. Este proyecto oculta que el pequeño tenedor de acciones se encuentra en desventaja frente a especuladores expertos, que manejan especialmente las corrientes de compra y venta de papeles. Este tipo de estafas nunca fueron neutralizadas con regulaciones bursátiles, ni con reglamentos del Banco Central.

Pero el problema clave es la ausencia de poder efectivo por parte de los pequeños accionistas sobre el comportamiento de las empresas. Si los dueños de las compañías siguen siendo los capitalistas: ¿qué influencia real sobre la firma le otorgaría la tenencia de *vouchers* a trabajadores que cobran salarios, son explotados y pueden ser despedidos de esas mismas empresas?

Es falso suponer que la distribución de acciones mejora la situación de los asalariados. En muchas situaciones de quiebra, este mecanismo sirve para transferir la crisis a los trabajadores. Cuando los empleados se hacen cargo de una firma desvalorizada –adquiriendo parcial o totalmente el paquete accionario– tienden a resucitarla recurriendo a su propia autoexplotación. Si logran reavivar a la compañía pueden terminar vendiendo sus acciones a nuevos capitalistas, y si fracasan, habitualmente se hacen cargo de los costos de liquidación de ese emprendimiento. Experiencias de este tipo se han verificado en todos los países.

Los proyectos de accionariado popular y de socialización de la propiedad –a partir de la acumulación familiar de acciones– ocultan estas experiencias. Constituyen fantasías que tienden a florecer en los períodos de euforia accionaria y se diluyen en los ciclos bajistas. Pero sus promotores nunca recuerdan que el ahorro de los trabajadores constituye apenas un recurso para compensar las desventuras provocadas

---

23 Roemer John. "Estrategias igualitarias", *op. cit.* Roemer, John. "¿Puede haber socialismo después del comunismo?", *op. cit.*

por los despidos y las reducciones salariales. En ningún caso sirven para convertir a los asalariados en protagonistas de la acumulación.

La mayor refutación reciente de las fantasías del capitalismo popular se verificó en los ex países socialistas que ensayaron alguna distribución de *vouchers*. Roemer reconoce este fracaso y lo describe para el caso de la República Checa, dónde los cupones repartidos a toda la población en 1992 fueron al año siguiente acaparados en un 50% por nueve grandes fondos de inversión.[24] Este resultado es lapidario porque resume los resultados habituales de otros intentos de igualitarismo accionario.

FUNDAMENTACIÓN ÉTICA

El proyecto de enlazar la economía mixta con el socialismo a partir de la redistribución del ingreso y el accionariado se basa en el principio de lograr cierta igualdad de oportunidades para todos los individuos. Esta equiparación supone dotar a todas las personas de posibilidades más equitativas para desenvolverse en la sociedad, a través de su acceso a los bienes y recursos disponibles.

Para alcanzar esa meta, los socialistas siempre han planteado la necesidad de transformar el régimen de propiedad. Pero la nueva tesis redistributiva propone un camino más afín a la izquierda liberal, a través de cambios en la gestión pública, la distribución del ingreso y la tenencia de acciones en el marco del capitalismo.[25]

Esta visión se inspira en las teorías desarrolladas por el marxismo analítico . Sus partidarios buscaban fundamentar el enfoque socialista en el funcionalismo (Cohen), el individualismo metodológico (Elster) y las concepciones normativas de la explotación (Roemer).[26] A partir de los '90 estos planteos también incorporaron una justificación ética a la batalla por el igualitarismo. Afirmaron que el marxismo tradicional había omitido o relegado esa dimensión de la propuesta emancipatoria.

Pero el nuevo replanteo intenta llenar un hueco inexistente, porque el fundamento clásico del socialismo ya contiene un ideal ético de justicia. El objetivo de la igualdad social está explícitamente presente en la denuncia de la explotación y en la meta de construir una sociedad comunista. Esta acción apunta a lograr la equidad real de los individuos

---

24 Roemer, John. *Un futuro para el socialismo, op. cit.* (Cap. 8) Otros análisis de este mismo proceso también reconocen el contundente fracaso de este experimento. Wright, Eril Olin. "Propuestas utópicas reales para reducir la desigualdad de ingresos y riquezas", *op. cit.*

25 Roemer, John. *Un futuro para el socialismo, op. cit.*(Cap. 1,3, p. 7).

26 Roemer, John. *Valor, explotación y clase.* México, Fondo de Cultura Económica, 1989. (Cap. 10 y 11).

mediante la retribución a los trabajadores de acuerdo a sus necesidades y no en función de su aporte laboral. Afirmar que el proyecto marxista tradicional carece de pilares éticos implica desconocer esta explícita propuesta de efectiva igualdad.

Pero es probable que la acusación apunte hacia otra dirección y cuestione la interpretación fatalista del objetivo comunista, como un producto automático de la acción de fuerzas históricas. En esa visión efectivamente se presenta al socialismo como un resultado de procesos ciegamente objetivos y por lo tanto ajenos a los deseos, las voluntades, las creencias o los valores de los individuos.

Esta caracterización estuvo presente en el pasado en muchas exposiciones del devenir socialista. Especialmente las lecturas reduccionistas del conflicto que opone al desarrollo de las fuerzas productivas con las relaciones de producción inspiró la idea de un proceso autopropulsado e inexorable. Pero como ocurre con todas las distorsiones, el desacierto no invalida la tesis original y no se puede tirar al bebé con el agua sucia. El proyecto socialista asigna gran relevancia a los impulsos éticos y siempre remarca que las contradicciones objetivas del capitalismo sólo crean las condiciones para el surgimiento de la nueva sociedad. El socialismo no emergerá espontáneamente de los desequilibrios económicos, sino de la acción conciente de los trabajadores y de su organización política como clase independiente.

El cimiento ético del socialismo se basa en una concepción positiva de la libertad (asociarse con el otro en pos de la igualdad social) completamente opuesta al enfoque negativo de las teorías liberales (la igualdad jurídica divorciada de la equidad social). Sólo en el primer enfoque el bien común constituye un objetivo real y conquistable a través de la lucha colectiva, porque la obtención de esa meta presupone la eliminación de las normas competitivas que perpetúan la desigualdad social.

La izquierda liberal se aproxima a veces a esta visión socialista, especialmente cuándo reniega de la tradición antiigualitaria. Pero nunca reconoce que las metas de la equidad son incompatibles con el capitalismo e ignora que este sistema recrea intrínsecamente la desigualdad social, al sostenerse en la explotación del trabajo asalariado y la competencia entre empresarios. Por eso los principios igualitarios sólo podrán comenzar a realizarse en una sociedad emancipada de la tiranía del beneficio.

Quienes acusan al marxismo tradicional de carecer de pilares éticos argumentan que el socialismo científico "prescinde de los valores que guían a la acción política".[27] Pero en esta actividad, los marxistas no presentan grandes singularidades. Simplemente comparten los principios

---

27 Elster, John. *Una introducción a Karl Marx*. Madrid, Siglo XXI, 1991. (Cap. 3,6, 10).

de solidaridad, justicia y libertad que defienden todos los participantes de la lucha social. Lo peculiar del proyecto socialista es el complemento científico que aporta a esa reivindicación de valores igualitarios. Este segundo cimiento esclarece la dinámica objetiva del capitalismo y justifica a partir de allí la necesidad del socialismo.

Es tan contraproducente ignorar la primer dimensión ética como desconocer la segunda esfera científica. Esta última omisión conduce a reiterar el tipo de utopías que Marx cuestionaba en el siglo XIX frente a quienes imaginaban que una nueva sociedad surgiría como simple resultado de la buena voluntad. Ese socialismo quimérico suponía que bastaba la coincidencia en torno a los valores igualitarios para eliminar las desgracias de la opresión. Los creyentes en esta visión ignoraban que la humanización de la vida social es intrínsecamente incompatible con la dinámica explotadora del capitalismo. Y este mismo desconocimiento perdura hoy entre los herederos de esas creencias.

El marxismo se desenvolvió avanzando desde el "socialismo utópico hacia el socialismo científico" y es incorrecto revertir este camino regresando al pasado. Pero tampoco alcanza con actualizar el tránsito ya recorrido. En el siglo XXI hay que desarrollar una fundamentación convergente de ambos componentes del proyecto socialista.

Existe un pilar ético sustentado en los valores solidarios que se promueven para el futuro y se practican en el presente de militancia política y acción comunitaria. Existe otro pilar científico que indaga los desequilibrios del capitalismo contemporáneo y estudia las proyecciones socialistas de estas conmociones. Las múltiples corrientes del marxismo se alimentan de esta tradición científica y de estos valores éticos.[28]

¿UN SEGUNDO MEJOR?

Algunos partidarios del socialismo ético defienden esta propuesta como un "segundo mejor". Plantean que mantener en alto los valores comunitarios luego del fracaso de la URSS es una forma de sustituir el ideal frustrado. Pretenden preservar en el plano de las actitudes lo que no se ha podido implementar en la práctica. Y aunque reconocen que esta propuesta no genera entusiasmo, interpretan que es la única vía para conservar hoy un proyecto socialista.[29]

28 Callinicos destaca que este doble cimiento implica también la vigencia de un doble parámetro de evaluación. El pilar científico debe juzgarse con patrones de verificación empírica y coherencia lógica y el sostén ético-político está sujeto a la evaluación usual de los éxitos y los fracasos. Callinicos, Alex. "Où va le marxisme anglo-saxon?". Bidet, Jacques; Kouvélakis, Eustache. *Dictionnaire Marx Contemporaine, op. cit.*
29 Cohen, G.A."¿Por qué no el socialismo?" *Razones para el socialismo, op. cit.*

En los hechos, esta postura subordina el objetivo socialista al avance de la equidad en el marco capitalista. Pero no exploran los obstáculos que enfrenta este intento de lograr una igualdad socialista de oportunidades dentro del sistema de opresión. De todas formas, algunos piensan que este camino es el único posible, porque entienden que el tránsito de un *homo economicus* a un *homo socialis* requiere transformaciones previas e institucionales muy graduales.[30]

Pero al no registrar hasta que punto el capitalismo constituye un impedimento para poner en marcha este cambio, tampoco notan la falta de realismo de su propuesta. Sin remover el sistema social vigente, no hay forma hacia la equidad, porque la explotación del trabajo, la expropiación del ahorro popular y la polarización del ingreso impiden esa equiparación social.

Es cierto que las conquistas logradas a través de la lucha limitan las desigualdades, pero este éxito nunca traspasa ciertos límites. El capitalismo siempre amenaza los logros inmediatos y atropellará mañana lo que concede hoy. El sistema de dominación vigente tiende a reproducir las inequidades y a potenciar la explotación, expandiendo el desempleo y la exclusión.

Por estas razones no se puede encarar la lucha por la igualdad social como un segundo mejor. Si un objetivo inicial no es realizable, ¿por qué suponer que podría alcanzarse el sustituto? Su menor envergadura no asegura esa obtención. Y si la segunda meta menos ambiciosa tampoco es conseguida, ¿hay qué apostar a un tercer mejor? Esta sustitución de propósitos cada vez menos ambiciosos constituye un procedimiento habitual de los pensadores neoclásicos para afrontar los obstáculos que enfrenta el enfoque de la utilidad marginal. La extrapolación de esta metodología al universo del marxismo es simplemente improcedente desde el punto de vista teórico y conduce en el plano político –al cabo de sucesivas resignaciones– a la aceptación de la opresión capitalista.

Al centrar la batalla en el terreno de valores como un segundo mejor, algunos autores argumentan que el neoliberalismo ha sabido defender con mayor convicción sus principios que la izquierda. Destacan la necesidad de superar esa timidez, reivindicando vigorosamente el objetivo de la igualdad frente a la glorificación reaccionaria del individualismo competitivo.[31]

Pero este acertado objetivo no justifica la conclusión. No se puede recuperar la autoconfianza en el socialismo si se reduce la batalla al terreno ético y se resigna el programa en otros campos. El auge neolibe-

---

30 Wesiskkopff, Thomas. "Toward a socialism for the future". *Review of Radical Political Economics*, vol. 24, nº 3-4, 1992.
31 Cohen, G.A. "Vuelta a los principios socialistas". "¿Por qué no el socialismo?", *op. cit.*

ral no se ha sostenido sólo en proclamas ideológicas, sino en una ofensiva social, política y económica. Para enfrentar esta arremetida hay que responder con igual fuerza actuando contra el capitalismo y demostrando la superioridad del socialismo.

Lejos de adoptar esta actitud, los socialistas éticos tienden a converger con la izquierda liberal. Este empalme refuerza el desplazamiento del proyecto anticapitalista hacia el universo nebuloso de la promoción de valores radicales frente a las doctrinas conservadoras. Y aunque esta confrontación es importante, allí no se dirime el resultado de la acción popular contra el capitalismo. Este combate no puede desarrollarse aceptando el criterio del mal menor o del segundo mejor. En todo caso, sólo luchando por erradicar todos los males, resulta posible encontrar la mejor solución popular –en cada circunstancia– frente a la opresión que ejercen las clases dominantes.

¿UN SOCIALISMO CON MERCADO?

Quienes imaginan el socialismo como un sistema que reciclará las formas de propiedad en lugar de eliminarlas, también suponen que el mercado perdurará como institución sin diluirse.[32] Estiman que el fin del capitalismo recreará a esa entidad, porque caracterizan que el mercado y la planificación constituyen dos modalidades permanentes de numerosos sistemas.

Partiendo de un enfoque convergente, otros autores observan al capitalismo y al comunismo como dos etapas de un mismo período histórico signado por la modernidad. A partir de esta caracterización, entienden que ambos regímenes comparten instituciones comunes, tan sólo sometidas a formas diferentes de acción en función del tipo de "contrato político–social" predominante.[33]

Pero no logran justificar a partir de esta caracterización por qué el mercado se mantendría en el socialismo y se eternizaría bajo el comunismo. El rol dominante de ese mecanismo bajo el capitalismo se explica por sus funciones en la extracción de plusvalía y en la acumulación. Ambos procesos exigen una intermediación mercantil mucho más desarrollada que la simple compra y venta de mercancías que prevalecía en el precapitalismo. Si el socialismo inaugura la extinción de la explotación del trabajo asalariado y la anulación del beneficio, ¿por qué se reproduciría allí el mercado?

---

32 Roemer, John. *Un futuro para el socialismo, op. cit.* (Cap. 2).
33 Bidet, Jacques. "Le socialisme". *Cent ans de marxisme.* Congres Marx Internacional, PUF, 1996. Bidet, Jacques. "Teoría de la modernidad. La forma contrato". *El cielo por asalto*, nº 3, verano 1991-1992, Buenos Aires.

Comunismo, socialismo y transición

Se puede correctamente afirmar que un largo período de transición incluirá al mercado y precederá a la extinción de las clases y el Estado. Pero este diagnóstico no desmiente que el avance del socialismo implique un decrecimiento del mercado. Este curso no constituye una arbitraria futurología. Es una deducción de las tendencias que acompañarían al proceso poscapitalista, si se logra erradicar la competencia y el beneficio.

Pero la extinción del mercado no es tan sólo una conclusión teórica. Constituye también un objetivo explícito del proyecto comunista para eliminar la injusticia y la desigualdad. Las inequidades sociales pueden reducirse a través de conquistas populares y quedarán drásticamente acotadas si se anula la explotación. Pero su desaparición definitiva exige también eliminar progresivamente el intercambio mercantil.

La perdurabilidad del mercado tampoco debe ser deducida de la vigencia de esta institución en la modernidad, porque este último concepto no es pertinente para ese análisis. El porvenir del mercado debe estudiarse indagando históricamente la evolución social mediante el uso de la noción de modo de producción. Y recurriendo a este concepto, las categorías mercantiles no pueden incluirse de forma indiscriminada en sistemas tan opuestos como son el capitalismo y el comunismo. La sustitución del modo de producción por la modernidad como criterio analítico conduce a ignorar la gravitación de las formas de propiedad en el estudio de los regímenes sociales y a disolver la contextualización histórica de esta investigación.

El concepto de modernidad ha sido objeto de múltiples interpretaciones. Puede entenderse como un proyecto de emancipación humana basado en el culto a la razón y la creencia en el progreso lineal de la historia humana.[34] Puede identificarse filosóficamente con la racionalización, políticamente con el afianzamiento de las instituciones parlamentarias y sociológicamente con el avance del individualismo.[35] También puede ser interpretado como un tipo de experiencia cultural, sensibilidad artística o forma estética.[36]

En cualquiera de estas acepciones, la noción de modernidad puede complementar a la categoría de modo de producción, pero nunca sustituirla como criterio central de indagación histórica. Sólo este último concepto permite clarificar cuáles son las instituciones claves de cada sistema y entender así el lugar que ocupa el mercado en esos regímenes. Partiendo del modo de producción puede aclarase por qué el mer-

34 Sánchez Vázquez, Adolfo. "Posmodernidad, posmodernismo y socialismo". *El cielo por asalto* n° 3, verano 1991-1992, Buenos Aires.
35 Callinicos, Alex. "Socialismo y tiempos modernos". *El cielo por asalto* n° 3, verano 1991-1992, Buenos Aires.
36 Anderson, Perry. *Tras las huellas del materialismo histórico*. (Cap. 3). Madrid, Siglo XXI, 1983.

cado se extendió bajo el precapitalismo, se generalizó en los últimos dos siglos, tendería a decaer con el socialismo y debería desaparecer bajo el comunismo.

Esta secuencia –que se corresponde con tendencias objetivas de cada régimen social– es conscientemente alentada por el proyecto comunista. Esta postura se basa en una categórica previsión: si el mercado perdura también subsistirán los obstáculos para la erección de una sociedad regida por la cooperación y la solidaridad. Disolver progresivamente el mercado es necesario para establecer un nuevo tipo de contrato político–social, que supere la habitual fractura entre lo deseable, lo existente y lo posible. Es un proyecto tendiente a sustituir la formalidad de la democracia y la ficción de la igualdad capitalista por formas efectivas de autoadministración colectiva, que requieren el debilitamiento paulatino del patrón mercantil.

El programa comunista propugna disolver lentamente el mercado para diluir en este mismo proceso los efectos fetichistas de la dominación clasista. El socialismo comenzaría socavando los pilares inmediatos de esta opresión (propiedad capitalista y aparato burgués del Estado), mientras que el comunismo permitiría eliminar por completo esos cimientos, al erradicar la división social del trabajo y anular paulatinamente todos los dispositivos de la alienación mercantil que sofocan la libertad de los individuos.

El punto de partida de este proceso es superar el mito de la eternidad del mercado, comprendiendo que esa institución no es un componente indisoluble de la sociabilidad humana, ni de la civilización. La fetichización mercantil justamente consiste en asignarle a esa entidad atribuciones sobrenaturales, suponiendo que conforma un órgano irremplazable para el desenvolvimiento de la sociedad. Esta sacralización constituye una forma contemporánea de endiosamiento, equivalente al deslumbramiento que provocaban las fuerzas de la naturaleza en los hombres primitivos.

Observar al mercado como un ente perpetuo implica –en última instancia– desconocer el carácter social de las relaciones capitalistas y aceptar la cosificación de las categorías, que ese sistema reproduce a medida que se expande su dominación. Mediante esta recreación se naturaliza la vigencia del capital, la ganancia, el interés o el dinero como instancias económicas suprahistóricas, olvidando su origen mercantil y desconociendo su función capitalista.

El proyecto comunista es una apuesta a favor de la desalienación y la consiguiente emancipación del individuo de todos los fetiches que lo agobian. La eliminación del mercado no constituye de ninguna manera el punto de partida de este proceso, pero es un objetivo de largo plazo, cuya enunciación resulta imprescindible para avanzar hacia el futuro igualitario. La superación de la alienación mercantil constituiría el corolario de un proceso inaugurado con la desaparición de la opresión laboral. Esta sucesión de transformaciones deberían complementarse con la desacralización del dinero, la tecnología y el consumo. Al bregar por estos objetivos se construye desde ahora la conciencia comunista que permitirá erigir ese porvenir.

EL PROBLEMA DE LA TRANSICIÓN

El esquema de transformaciones socialistas que concibió Marx –basado en la expansión internacional de una revolución iniciada en Europa occidental– no se verificó durante el siglo XX. Por lo tanto, una transición corta al socialismo de dos o tres generaciones (el tiempo imaginado para diluir los resabios de la acumulación) tampoco tuvo confirmación histórica.

Pero, en cambio, su previsión de crisis agudas del capitalismo se comprobó plenamente y estas conmociones desembocaron en el derrocamiento de ese sistema en muchas regiones de la periferia. El resultado de esa paradójica situación fue la ausencia de ensayos socialistas en las preparadas economías desarrolladas y la experimentación de ese proyecto en economías inmaduras para desenvolver plenamente ese programa. Pero también estos intentos concluyeron en fracasos, cuando en lugar de iniciar una transición local enlazada con el avance global del socialismo, pretendieron construir el comunismo en un sólo país (o en un bloque de naciones) a través de la competencia económica con el capitalismo avanzado de Occidente.

De estas frustraciones se ha deducido la inconveniencia de ensayar revoluciones prematuras. Se cuestiona especialmente el intento de adelantar el socialismo a su época, afirmando que esa pretensión implica ignorar la existencia de "problemas irresolubles (fuera de su) tiempo y lugar".[37] Pero este balance se basa en una demanda inadmisible: que las sublevaciones populares se adapten al nivel alcanzado por el desenvolvimiento económico-social vigente de cada país. Semejante norma de adaptación de la rebeliones a la madurez productiva de una economía no ha existido nunca y no aparecerá en el futuro. Las revoluciones y las transformaciones sociales no sigue este libreto predeterminado. Jamás se han amoldado a un esquema predeterminado de aparición y no pueden ser juzgadas abstractamente con parámetros tan exteriores al curso de su desenvolvimiento.

La falta de sintonía entre la madurez económica objetiva y la disponibilidad revolucionaria de las fuerzas populares no es un capricho de la historia contemporánea. Constituye un resultado esperable del carácter desigual y combinado de la acumulación capitalista. Este proceso gene-

---

37 Hobsbawn, Eric. "El final del socialismo". *URSS y Rusia. ¿A dónde va China?* Buenos Aires, Actuel Marx, 1988.

ra reiteradas discordancias entre el nivel alcanzado por el desarrollo de las fuerzas productivas y el grado de conciencia política predominante entre las clases oprimidas. Estas contradicciones no pueden resolverse positivamente exhortando a que las revoluciones populares ajusten su ritmo al crecimiento económico. Esperar que los países periféricos se conviertan en naciones avanzadas –para recién allí intentar el desafío socialista– es un proyecto más irrealizable que cualquier experimento prematuro de erradicación del capitalismo.

Cada vez que un proceso de transformación social fue sujetado a lo que demandan las fuerzas productivas el resultado fue nefasto. Cuando esa adecuación permitió preservar al capitalismo, los costos humanos de semejante operación de socorro fueron atroces. En esos casos el precio de la demora siempre ha sido mayor que las desventuras provocadas por el adelantamiento histórico. Mantener en pie al capitalismo cuando han madurado las condiciones políticas para su erradicación conduce a terribles atropellos contra el pueblo. Basta recordar que ninguna reconstrucción capitalista es indolora. Siempre ha Estado signada por la guerra, las matanzas, el desempleo y la explotación.

Quienes objetan la irrupción de revoluciones prematuras, implícitamente suponen que el socialismo no puede debutar sin victorias en los países centrales. Con esta actitud se coloca a los países periféricos frente a la falsa disyuntiva de optar por emancipaciones locales irrealizables o aguardar el auxilio de revoluciones victoriosas en los Estados Unidos, Europa occidental o Japón. Por esa vía se condena a la periferia a padecer la devastación imperialista hasta tanto la emancipación arribe como un maná desde el exterior. Lo único terrible de este esquema es el costo de la espera.

El socialismo es necesario y debe construirse a escala global. El fracaso de los regímenes burocráticos indica que este proceso no puede desenvolverse sólo a escala de un país o bloque regional. La nueva sociedad debería emerger con plenitud a escala mundial y con el sostén de grandes transformaciones en los epicentros del capitalismo desarrollado. Pero de esta conclusión no se deduce una convocatoria a la resignación de la periferia. Que la edificación del socialismo no pueda completarse en una nación subdesarrollada, no significa que tampoco pueda comenzar en los marcos de la nación. No hay que confundir ambos planos. Como la simultaneidad de las revoluciones es muy improbable, el debut del socialismo sería necesariamente local, aunque su desarrollo sea global.

Seguramente los grandes sucesos de la periferia y el centro se combinarán de forma impredecible. Pero advertir sobre las dificultades que enfrenta la construcción de la nueva sociedad en la periferia no es un llamado a descartar este proyecto, ni a esperar pasivamente los éxitos del socialismo en el Primer Mundo. Simplemente es un señalamiento de los pasos transitorios a recorrer en esa región.

Dada la ausencia de antecedentes empíricos, resulta difícil presagiar cuál sería el rumbo del socialismo en los países avanzados. Pero se puede afirmar que requerirá una ruptura radical del marco capitalista y el reemplazo del sistema de explotación vigente por un régimen de propiedad pública en los sectores claves de la producción parar asegurar niveles crecientes de igualdad social. El eje de este proceso sería la obtención de conquistas sociales en un marco de autoadministración popular. En cambio, en el caso de la periferia, observando las experiencias registradas bajo el socialismo real, se puede ir más allá de estas hipótesis y avanzar en el análisis más concreto del rumbo de estas transformaciones.

TRANSICIÓN EN LA PERIFERIA

Los países subdesarrollados carecen de condiciones para convertirse inmediatamente en sociedades socialistas, pero han sido los epicentros de estos intentos por la magnitud de las catástrofes capitalistas que han padecido durante el siglo XX. La periferia ha sido el eslabón más débil del sistema dominante y es previsible que continúe ocupando ese lugar. Aunque el avance de la mundialización universaliza las contradicciones del capitalismo a todos los rincones del planeta, la polarización imperialista convierte simultáneamente cualquier desequilibrio del centro en un terremoto del Tercer Mundo.

Si en el futuro el socialismo triunfa inicialmente en los países desarrollados, todo será más sencillo para las naciones dependientes y desaparecerán las duras disyuntivas que se han debido afrontar hasta ahora. Pero conviene partir del escenario negativo y evaluar cómo desenvolver la estrategia socialista frente a situaciones semejantes a las ya observadas. Es más útil concebir respuestas para un cuadro adverso que para un marco óptimo. Para ello hay que evaluar lo sucedido en el socialismo real en el contexto de subdesarrollo económico en que se ensayaron esas experiencias. Partiendo de este enfoque cabe suponer que muchos problemas ya notados en el pasado volverán a emerger en el futuro.

Una lección central de estos intentos es la necesidad de la transición. Esa etapa resulta indispensable para lograr el plafond mínimo de desenvolvimiento productivo que requiere el debut del socialismo. A ese estadio no llegaron nunca los regímenes que estimaban prescindible ese período intermedio. La función de esa etapa sería crear las premisas económicas (productividad, eficiencia, integración sectorial) y sociales (disponibilidad de bienes de consumo, alivio laboral, mejora educativa) indispensables para el inicio de un rumbo socialista. Durante esa fase hay que completar la inacabada modernización de las naciones semiindustrializadas sin dar la espalda al mercado mundial, promoviendo a las fuerzas sociales que pueden instrumentar estos cambios.

La transición apunta a superar el obstáculo que impone la polarización mundial al desarrollo de la periferia, evitando la ilusión de un crecimiento autárquico en la actual etapa de internacionalización productiva
y financiera. Iniciar este proceso poscapitalista es posible, porque la
masa de asalariados capacitados para encarar esta transformación política ya existe en la mayor parte de los países subdesarrollados.

Una transición exitosa debería sortear múltiples restricciones: cre-
cer sin afectar el consumo, invertir en la industria sin descapitalizar el
agro, introducir patrones mundiales de productividad sin abrir las fronteras a la invasión de mercancías y capitales, fortalecer a la clase trabajadora sin agredir a otros sectores populares. Combinar la acumulación
socialista con el crecimiento balanceado, a través de una política sustentable de industrialización y bienestar, debería ser el propósito de esta etapa. La clase trabajadora de la periferia –acrecentada en número,
organización y educación– puede encarar estos desafíos. La transición
no equivale a crear el socialismo de inmediato, ni a erigir el socialismo
en un solo país. Es un proyecto para abrir el camino hacia la nueva sociedad.

LOS TRES PILARES DE LA TRANSICIÓN

La necesidad de un período de transición previo al socialismo y nítidamente diferenciado del comunismo fue tempranamente comprendi-
do por los dirigentes de la revolución rusa, que distinguieron con distintas denominaciones a esos tres estadios. En los años veinte, Lenin[38],
Trotsky[39] y Preobrazhensky[40] subrayaron, respectivamente, la importancia de una primera etapa de "capitalismo sin capitalistas", cuya duración estimaban prolongada y no inferior a varias décadas. Los líderes
bolcheviques destacaron en distintos momentos la necesidad de crear
las condiciones industriales para el comienzo del socialismo, adaptan-
do los ritmos de su construcción al atraso ruso y al pulso de la revolución europea.

La imposibilidad de realizar saltos directos hacia la nueva sociedad
fue una conclusión directamente extraída de la corta experiencia del

---

38 Véase Lewin, Moshe. "Le siècle sovietique". *Fayard–Le Monde Diplomati-
    que*, París 2003. (Parte 3, cap. 1 y 2). En su reseña de este texto, Paillard des-
    taca los distintos cambios que procesaba la visión de Lenin para adaptar el
    proyecto socialista a la inesperada situación creada por el aislado triunfo de
    una revolución anticapitalista en la atrasada Rusia. Paillard, Denis. "El siglo
    soviético". *Herramienta* n° 24, primavera–verano 2003-2004, Buenos Aires.
39 Trotsky, León. *La revolución traicionada*. México, Ed. del Sol, 1969. (Cap.
    2).
40 Preobrazhenski, Eugen. *La nueva economía*. Barcelona, Ed. Ariel, 1970.
    (Cap. 1).

comunismo de guerra. Durante este ensayo de los primeros años del régimen soviético se creó la ilusión de un pasaje sin mediaciones hacia el socialismo avanzado. Algunos comunistas creyeron que esa meta se alcanzaría aceleradamente a través de la gestión bélica de la economía, la centralización de todas las decisiones y el reparto organizado de los escasos bienes disponibles.

El abandono de este proyecto no obedeció sólo al aislamiento de la URSS y al reflujo de la revolución europea, ya que ni siquiera el triunfo de los soviets en Alemania habría permitido prescindir de la transición. El comunismo no podía emerger aceleradamente en un país subdesarrollado y la expectativa de realizar este salto –sustituyendo el dinero y al mercado por una regulación militar de la economía– se disipó rápidamente.

Cuando en los años treinta el stalinismo declaró consumada la erección del socialismo en un solo país, la batalla política por una transición se tornó más dura. En cualquier análisis retrospectivo salta a la vista el carácter ficticio de ese socialismo autoproclamado: sin haber alcanzado logros básicos del capitalismo avanzado, la URSS no podía situarse en un estadio maduro del socialismo.

Esa sociedad se encontraba desconectada del capitalismo, pero muy lejos del objetivo socialista. Subrayar este diagnóstico es vital frente a la eventual reaparición de situaciones equivalentes en el futuro. No solo la preeminencia de régimen político burocrático y despótico impidió desenvolver el socialismo en la URSS. También pesó la herencia del atraso periférico y por eso el socialismo debía ser precedido por un período de transición.

Reconociendo la importancia de esta etapa para una estrategia socialista, Trotsky[41] propuso en los años treinta un programa para este período basado en tres instrumentos: un plan rector de la economía, mercados verificadores de ese diagrama y democracia plena para corregir los problemas de esa gestión. Las tres herramientas debían complementarse, porque ninguna de ellas alcanzaría aisladamente para avanzar hacia el socialismo.

El interés de esta propuesta radica en su notable validez para otros países y circunstancias. Es una plataforma aplicable a numerosas naciones subdesarrolladas que ensayan un proceso de transformación socialista. Varios autores[42] han señalado correctamente que el triple pilar

41 Trotsky, León. "The soviet economy in danger". *Writings*, noviembre de 1932. Nueva York, Pathfinder Press, 1973.
42 Samary, Catherine. "Mandel et les problèmes de la transition au socialisme". *Le marxisme d'Ernest Mandel*. París, PUF, 1999. Balanco, Paulo, "O mercado no socialismo: a teorizaçao de Trotsky para a industrializaçao soviética com integraçao aõ mercado mundial." VI Encontro Economía política, San Pablo, 14-16 junio de 2001.

de Trotsky ofrece un modelo generalizable a toda la periferia al comienzo del siglo XXI.

La duración de ese período intermedio dependería tanto de la modernización productiva de cada país, como del avance internacional del socialismo. Pero ninguna nación subdesarrollada podría soslayar su implementación. Durante esa etapa influirían las contradicciones combinadas del pasado capitalista y de la anticipación socialista y la función del plan, el mercado y la democracia sería inclinar la balanza de estos conflictos hacia un futuro comunista.

Este objetivo se lograría potenciando la gravitación del plan y reduciendo la incidencia del mercado, a medida que el atraso económico sea superado y que la conjunción de la propiedad pública con la democracia efectiva permita la socialización de los medios de producción. Pero una transición sería exitosa sólo si logra adelantar aspectos claves del futuro socialista, especialmente en el terreno de las conquistas sociales. Mejores salarios, plena cobertura sanitaria y previsional de la población, avances verificables en el nivel de educación y cultura, acceso general al entretenimiento y humanización del trabajo (en la duración, contenido y comprensión de las tareas) serían los índices claves para mensurar si la transición progresa o se ha estancado.

No se puede subordinar estos logros de la vida cotidiana al puro crecimiento con la promesa de mejoras futuras. La aplicación de esa versión socialista de la teoría neoliberal del derrame conduciría a la frustración y al renacimiento de las expectativas populares en el capitalismo. Que en los países periféricos se logre establecer modalidades del Estado de bienestar propias de las naciones centrales constituiría un indicio clave del avance hacia la meta socialista.

MODALIDADES DEL PLAN

El plan es el punto de partida de la estrategia económica de la transición, porque el capitalismo no puede erradicarse prescindiendo de la asignación *ex ante* de los recursos. La planificación incidiría directamente sobre los sectores claves de la economía sin limitarse solamente al manejo del tipo de cambio o de las tasas de interés. Tendría que abarcar también los precios de los insumos básicos y de los bienes industriales que influyen sobre los costos de las principales necesidades sociales (educación, salud, cultura, etc.). Para que rija una regulación de este tipo, las variables estratégicas de la economía deberían quedar bajo custodia directa del sector público y fuera del ámbito regido por la oferta y la demanda.

La planificación constituye un tipo de administración radicalmente diferente del actual manejo capitalista o burocrático de las organismos de gestión. El funcionamiento de estos entes debería quedar sometido a la supervisión mayoritaria de la población. Este control exigiría generalizar la propiedad pública de los principales resortes de la producción, comenzando por los bancos, las industrias y los servicios estratégicos de cada país.

El protagonismo del plan no es sinónimo de centralización absoluta, estatización total, comunismo de guerra o economía de comando. La transición requiere la primacía de la planificación sobre el mercado, pero no la supresión de las variables mercantiles. La combinación entre ambas instancias debería ser adaptada a cada situación y a cada país. Para compatibilizar el desarrollo de los sectores regulado y mercantil de la economía habría que inducir el comportamiento de las principales variables a través de instrumentos impositivos y crediticios.

En lugar de las estatizaciones indiscriminadas que sin cálculo, ni previsión se implementaron bajo el socialismo real, habría que apuntalar una transición gradual. El principio clave de este período –una vez establecida la propiedad pública de los sectores estratégicos– sería no traspasar a este ámbito las actividades aún inmaduras para la socialización. Pero esta norma solo podría aplicarse adecuadamente si la participación popular en la gestión económica permite transparentar las diferencias existentes entre ambos sectores.

Las modalidades posibles de la planificación serían muy variadas. No existe un tipo de gestión única y universalmente óptima para la administración de una transición anticapitalista. La experiencia indica que la combinación de modelos centralizados y descentralizados constituye la mejor alternativa, siempre y cuando se logre potenciar las ventajas de ambos mecanismos en un solo sistema. El objetivo debería ser priorizar el primer tipo de procedimientos para la política macroeconómica y el manejo de las empresas estratégicas y recurrir al segundo esquema para la gestión de numerosas compañías.

Las decisiones centralizadas resultarían insustituibles para determinar la distribución del ingreso y las grandes inversiones, porque tanto el nivel de vida de la población (salarios, cobertura y previsión sociales) como la superación del retraso industrial, dependerá de decisiones implementadas a nivel central. Pero la organización de las firmas, el uso de sus recursos y sus vínculos con otras empresas podrían descentralizarse. Esta flexibilización apuntaría a tornar más elástica la oferta de bienes, minimizar los costos y mejorar la calidad de los productos.

Pero esta autonomía no debería traspasar ciertos límites muy precisos, porque no se busca renovar la acumulación privada sino apuntalar la transición al socialismo. La descentralización puede ser útil como procedimiento de la gestión planificada siempre y cuando impida la restauración capitalista. Existen numerosas variantes de combinación de la planificación central, intermedia y local con formas de coordinación entre estas instancias. Este acervo de técnicas y conocimientos no es patrimonio exclusivo de las fracasadas experiencias del socialismo real, sino que forma parte también de las experiencias acumuladas en el funcionamiento de las grandes corporaciones privadas y los organismos estatales del capitalismo contemporáneo.

NECESIDAD Y LÍMITES DEL MERCADO

El mercado debería cumplir una función complementaria del plan como verificador de las metas fijadas centralmente y como regulador de la actividad del sector que opera con precios libres. El objetivo del proceso socialista no es mantener un equilibrio inmutable entre la planificación y el mercado, sino inducir la progresiva pérdida de posiciones de la asignación mercantil. Pero el rol del mercado sería igualmente decisivo durante todo el período que dure la transición en los países periféricos.

En esa etapa intermedia, el desenvolvimiento mercantil debería quedar acotado a un conjunto de atribuciones supervisadas por la regulación estatal. Sólo en la esfera de las transacciones libres las empresas podrían determinar directamente el nivel de los precios, mientras que en el ámbito socializado de la economía este intercambio se desarrollaría siguiendo la asignación *ex ante*.

La previsible persistencia del intercambio mercantil obedece a la imposibilidad de suprimirlo administrativamente. Aunque la extinción del mercado es deseable, esta disolución no puede decretarse ya que la oferta y la demanda representan una forma espontánea de gestionar la escasez. Mientras las condiciones que determinan esa carencia perduren también subsistirá el mercado. Esta entidad se diluirá posteriormente, sin anuncios ni acciones espectaculares, a medida que la socialización asegure una provisión de productos suficiente para satisfacer la demanda corriente. El ritmo de este desenlace sería particularmente lento en las economías atrasadas que padecen más el subdesarrollo del intercambio que la sobreproducción capitalista.

La vigencia del mercado en la transición también implicaría una presencia activa del dinero, cuya gestión debería apuntalar la estabilidad monetaria a fin de permitir que los precios reflejen en cada coyuntura el real Estado de la economía.[43] La experiencia de la Nueva Política Económica (NEP) que se introdujo en la URSS a mitad de los años veinte –luego del "comunismo de guerra" y antes de la estatización stalinista– constituye un modelo posible del rol del mercado durante la transición.

El proyecto de preservar esa institución bajo la regulación del plan difiere por completo del modelo de economía mixta vigente en numerosos países capitalistas, porque el objetivo no es atemperar los dese-

---

43 Para evitar la manipulación de la emisión, Trotsky proponía introducir un sistema de convertibilidad en los años 30 en la URSS. Trotsky, León. *La revolución traicionada, op. cit.* (Cap. 4).

quilibrios del sistema actual sino construir su opuesto socialista. Por eso en la transición, el mercado debería siempre actuar como auxiliar del plan y nunca como pilar de la acumulación privada. Así, no cumpliría las típicas funciones capitalistas de transformar el dinero en capital, convertir el sobreproducto en plusvalía o transmutar los excedentes en fortunas de prósperos burgueses. La ausencia de libre contratación de fuerza de trabajo y de propiedad privada de los medios de producción impediría al mercado operar en términos capitalistas. Al quedar bloqueada la acción de estos dispositivos también se obturaría el pasaje del intercambio mercantil a la acumulación capitalista.

La transición debería lograr el disciplinamiento del mercado que muchos economistas heterodoxos proponen, pero nunca han logrado implementar. Bajo el capitalismo la regulación del mercado siempre queda desbordada por las presiones competitivas y la compulsión por la ganancia. Por el contrario, esta supervisión resultaría factible en un sistema que apuntara a erradicar y no a humanizar el capitalismo.

LA IMPORTANCIA DE LA DEMOCRACIA

El tercer pilar de un proyecto de transición es la democracia real y no la formalidad que rige bajo el capitalismo. Sólo ese sistema político permitiría afrontar los complejos problemas que plantearía la gestión de ese período. Sin la participación popular el proyecto emancipatorio carecerá de sentido y la socialización se convertiría en una fórmula vacía. Pero, además, la democracia es vital como instrumento de eliminación progresiva del mercado, puesto que define la forma en que la población resuelve mayoritariamente el curso y ritmo de esa extinción. La planificación sin democracia naufraga en los oscuros y arbitrarios manejos de la burocracia. No hay alternativa para avanzar hacia el socialismo: o la economía es gobernada a espaldas de los productores bajo el látigo de la explotación, o prevalece un sostén democrático del plan.

La democracia es la única instancia efectiva para verificar el cumplimiento del plan, modificando metas, ajustando objetivos y resolviendo por consenso los dilemas económicos. Esta conclusión resume el balance de los fracasos padecidos bajo el socialismo real. El despotismo dictatorial erosionó en esos regímenes la planificación y alimentó descontroladas situaciones de manipulación contable, estadística y administrativa.

El autoritarismo burocrático puede terminar incluso provocando resultados más nefastos que el manejo capitalista al sustraer de todo rumbo el desenvolvimiento de la sociedad. Mientras que los empresarios administran el capitalismo para acumular beneficios, los burócratas siempre oscilan entre preservar sus privilegios con los frágiles sistemas autocráticos o convertirse ellos mismos en una clase capitalista. Esta segunda opción predominó durante la agonía de la URSS y de las democracias populares del Este, cuando los regímenes vigentes se transformaron en instrumentos de la restauración.

La democracia será vital para cualquier proyecto de transición futura. Constituirá el mecanismo para que la población pueda optar entre distintos cursos de acción y adopte esta elección a partir de un conocimiento real de la situación económica.

Existen varias modalidades para asegurar la vigencia efectiva de las decisiones mayoritarias. La participación popular no es sinónimo de democracia directa, ni de presencia obligada de cualquier ciudadano en los debates de la gestión. Es una caricatura de la democracia socialista suponer que todos discuten todo, en todo momento. Simplemente se trataría de encontrar las formas de deliberación que otorguen mayor igualdad efectiva y mayor posibilidad de expresión al conjunto de la ciudadanía. Estos mecanismos deberían inducir el creciente compromiso popular con la implementación de lo resuelto por la mayoría.

Pero reflexionar concretamente sobre esta perspectiva exige comprender qué ocurrió exactamente bajo el socialismo real, porque es evidente que la credibilidad en un nuevo proyecto comunista depende de la seriedad de ese balance. Caracterizar a esos regímenes, explicar su colapso y definir a los sistemas que han emergido en su reemplazo son los propósitos de la segunda parte de este ensayo.

CAPITULO II

DE LA EXPECTATIVA SOCIALISTA AL PADECIMIENTO CAPITALISTA

La refundación de un proyecto socialista exige clarificar la naturaleza de la ex Unión Soviética y de los regímenes semejantes, porque no se puede replantear el futuro sin saldar cuentas con ese traumático fracaso. Olvidar lo ocurrido y omitir ese balance impedirá reconstruir las esperanzas de millones de personas que identificaban el porvenir comunista con la vigencia de esos regímenes.

Es cierto que esa frustración se está diluyendo y que la juventud no padece actualmente el *shock* que provocó hace una década el colapso del socialismo real. Pero barrer el pasado y apostar pasivamente al natural resurgimiento de un proceso emancipatorio es ingenuo. Ninguna propuesta de liberación social renace de manera espontánea. Los modelos precedentes siempre configuran las características del nuevo proyecto.

Entender lo ocurrido en el autodenominado bloque socialista permitiría resolver positivamente en el futuro los problemas que esos regímenes no lograron superar. Como la opresión y las crisis capitalistas persisten y la respuesta socialista se mantiene vigente, también esos dilemas podrían reaparecer. Conviene extraer todas las lecciones de lo sucedido, partiendo de las experiencias de gestión no capitalistas que se ensayaron durante el siglo XX. Hay mucho que aprender, corregir, repudiar y desechar de esos intentos.

Discutir lo ocurrido en la URSS, Europa del Este o China permite debatir qué es el socialismo y definir concretamente a este sistema en sus momentos embrionarios y en su eventual madurez. Pero esta comprensión sirve también para esclarecer la naturaleza del capitalismo por analogía, oposición o semejanzas con el socialismo real. Siguiendo este camino resulta posible desentrañar cuáles son los rasgos esenciales y secundarios del modo de producción dominante a escala planetaria. Esta reflexión permite clarificar dos conceptos claves: mercado y burocracia.

Entender el pasado reciente es, por otra parte, el punto de arranque para comprender qué tipo de regímenes se han erigido sobre las cenizas del socialismo real. Partiendo de un criterio general para caracterizar los cambios registrados en esos países se puede avanzar hacia la interpretación de los sistemas actualmente prevalecientes en Rusia, China, Europa Oriental y Cuba. Este recorrido seguirá nuestro segundo texto.

¿REGÍMENES SOCIALISTAS?

¿El término de socialistas caracteriza correctamente a los sistemas que rigieron en la URSS, Europa Oriental y que parcialmente subsisten en China, Cuba, Viet Nam o Corea del Norte?

Existen varias razones para rechazar esta calificación. Ante todo, esas sociedades se encontraban a distancias monumentales de la situación que los clásicos del marxismo asociaban con ese estadio. No existió bienestar colectivo, abundancia material, ni avances significativos en el camino hacia la disolución del Estado. Al contrario, el nivel de penurias materiales y el grado de opresión política superaba ampliamente a los países capitalistas avanzados, que constituyen el insoslayable punto de comparación para evaluar la madurez del socialismo.[1]

Remarcar este hecho es vital para superar las distorsiones de las últimas décadas y volver a referir el ideal socialista a un objetivo, que está muy lejos de las privaciones y dificultades que inicialmente deberían atravesar los pueblos embarcados en un proceso anticapitalista. Un sistema socialista agobiado por el desabastecimiento es un contrasentido, porque el fundamento de la nueva sociedad será la nítida disponibilidad de los bienes esenciales.

Tampoco se puede concebir que el ingreso al reino de la libertad se desenvuelva en un régimen custodiado por gendarmes. El socialismo de cuartel es la antítesis del programa liberador y el nivel de aceptación que alcanzó este absurdo retrata las deformaciones que introdujeron las burocracias dictatoriales del Este (Europa Oriental) y Oriente (China). Para que el socialismo vuelva a identificarse con un objetivo emancipatorio hay que limpiarlo de estas distorsiones y restaurar así el sentido original de la meta comunista.

---

1 Mandel utilizó reiteradamente este argumento para refutar los mitos difundidos por la burocracia dominante en el socialismo real. Mandel, Ernest. *El poder y el dinero*. México, Siglo XXI, 1994. (Cap. 1).

Los regímenes autodenominados socialistas se encontraban más próximos al capitalismo que al tipo de sociedad imaginada por los fundadores del marxismo. Pero también es cierto que al haber suprimido los cimientos de la acumulación, la ganancia y la competencia, mantuvieron abierto durante cierto tiempo el camino para erigir ese modelo futuro. Por lo tanto, tampoco cabe divorciar los ensayos desarrollados en esos sistemas del proyecto socialista, suponiendo que millones de individuos fueron simplemente engañados por dirigentes que hablaban en nombre de procesos inexistentes.

Quienes razonan en estos términos desechan las experiencias reales y fantasean con el socialismo como un ideal exclusivamente diseñado por Marx o Lenin que irrumpirá abruptamente y desde un inicio a escala internacional, sin conflictos, ni dificultades. Esta visión expresa una mirada completamente abstracta del socialismo, porque subraya lo que debería ser, eludiendo todo análisis de los obstáculos concretos que enfrentan los procesos revolucionarios en cada circunstancia.[2]

La mejor forma de superar este dogmatismo es reconocer que en esos regímenes –no capitalistas ni socialistas– estuvieron presentes elementos embrionarios de este último proyecto. Estos componentes conformaban prefiguraciones parciales de la sociedad futura en ciertos momentos e instancias. Adoptando esta visión, Trotsky[3] se refirió frecuentemente a los elementos de socialismo presentes en el régimen de transición de la URSS y con la misma intención Samary[4] utiliza la denominación de pseudosocialista para analizar esos procesos.

Reconocer estos aspectos no es lo mismo que caracterizar a esos regímenes como variantes, tipos o modalidades del socialismo. En el primer caso se pone de relieve un proceso en desarrollo o involución, mientras que en el segundo se evalúan sistemas ya constituidos. Pero en ambos casos, el mayor problema radica en definir cuáles son los elementos que corresponde rescatar del fracaso general del socialismo real.

Algunos autores[5] interpretan que estos rasgos se encontraban principalmente presentes en el plano económico y en el uso planificado del excedente. Pero omiten destacar que cuando esta forma de gestión que-

---

2 La "stalinofobia" que practicaron algunas corrientes trotskistas es un ejemplo de esta conducta, porque la legítima batalla contra la autocracia totalitaria derivó en la repetición de fórmulas y la consiguiente incapacidad para analizar las transformaciones y problemas existentes en el socialismo real. Véase Bensaïd, Daniel. *Les trotskysmes*. París, PUF, 2002.

3 Trotsky, León. *La revolución traicionada, op. cit.* (Cap. 3).

4 Samary, Catherine. "Del pseudosocialismo al capitalismo real." *Desde los cuatro puntos*, nº 28, México, noviembre 2000.

5 Cockshott, Paul; Cotrell, Allin. *Towards a new socialism*. Inglaterra, Spokesman, 1993. (Introd., cap. 11, 12 y 13).

Claudio Katz

dó bajo el comando de una capa de burócratas divorciada de las demandas populares, el proyecto socialista fue ahogado. Como se demostró en la URSS, la burocracia tiende a encarrilar el manejo de los recursos hacia su propio beneficio, creando así las bases para su reconversión en clase dominante. Este modelo de administración económica dejó de ser un laboratorio de socialismo mucho antes de su implosión e incluso durante su agonía ya procesaba nítidas formas de evolución hacia el capitalismo.

Se podría también ubicar los aspectos socialistas de estos regímenes en los avances logrados en el plano social (salarios, educación, salud), así como en la vigencia de cierta equidad del ingreso.[6] Si se identifican estos logros con conquistas populares cabe también asociarlos a los elementos de socialismo presentes en esos sistemas.[7] Pero aquí también hay que subrayar que estos componentes tendieron a debilitarse primero y a diluirse después, a medida que la burocracia paternalista y autoritaria afianzó su manejo del poder. En esas circunstancias las conquistas populares se convirtieron en cáscaras vacías (hospitales públicos que no funcionan, colegios gratuitos que no enseñan, prestaciones sociales inservibles) y la equidad social también se degradó junto al aumento de los privilegios que afianzaban los jerarcas en la esfera de sus consumos.

Los elementos de socialismo se extinguieron al quedar divorciados de la lucha popular. En un marco de sindicatos regimentados y organizaciones independientes de trabajadores ilegalizadas, la obtención de logros sociales comenzaron a constituir datos ajenos a la experiencia popular. Por eso dejaron de ser percibidos como conquistas y no fueron defendidos cuando la restauración capitalista arrasó con estos derechos.

Algunos autores asocian los aspectos socialistas de estos regímenes con el norte ideológico de estos sistemas.[8] Pero este horizonte también desapareció cuando las experiencias de autoadministración fueron sofocadas y las invocaciones litúrgicas al comunismo perdieron significado para los voceros y receptores de esos mensajes. Esta apatía explica por qué la implosión de la URSS fue acompañada de tantas ilusiones en el modelo occidental de competencia individualista.

Se podría por lo tanto hablar de un "socialismo mutante",[9] pero sólo hasta el momento de consolidación del dominio burocrático. La vitali-

---

6   Andreani, Tony. *Le socialisme est (à) venir, op. cit.* (Introduction).
7   Kagarlitsky, Boris. "La experiencia histórica de la URSS vista desde adentro". *Octubre hoy.* Buenos Aires, El cielo por asalto, 1998.
8   Graziano, Ricardo. "La naturaleza de la URSS". *Octubre hoy, op. cit.*
9   Buzgaline, Alexander. "Rusia en un cruce de caminos". *URSS y Rusia. ¿A dónde va China?, op. cit.*

dad de un proceso anticapitalista depende de dos factores: el grado de transformación de la propiedad privada en pública y el nivel de intervención popular en ese cambio. La mixtura de ambos fenómenos indica cuán desarrollada o bloqueada se encuentra la dinámica de la socialización. En realidad, sólo cabe caracterizar la existencia de una transición al socialismo cuando estos procesos están actuando y aunque aquí también el uso del término "socialista" no es del todo exacto, su aplicación está plenamente justificada. Por el contrario, es incorrecto utilizar esta denominación para referirse a los regímenes que aplastaron la perspectiva emancipatoria.

La primera situación estuvo por ejemplo presente en la URSS (1917-1930), en Yugoslavia en los años cincuenta, en China en distintos momentos y en Cuba parcialmente hasta la actualidad. La segunda prevaleció en Rusia luego del stalinismo y en los países del Este durante la vigencia de las dictaduras, especialmente cuando fueron sofocadas las rebeliones antiburocráticas de Alemania del Este (1953), Hungría (1956) o Checoslovaquia (1968).

Se puede afirmar que el "socialismo era reformable en esos sistemas"[10] siempre y cuando se aclare que el agente de ese cambio eran los sectores populares cuyos intentos de transformación fueron reiteradamente sofocados por la burocracia gobernante. En este choque, la carta del socialismo estaba en manos de la oposición de izquierda en la URSS en los años veinte o en los disidentes de izquierda de Europa Oriental en los años sesenta y setenta y no en el bando opuesto de los partidos comunistas oficiales. Nuevamente aquí el problema no es tanto el uso del término socialista, sino a qué sector político y social se lo aplica.

Por lo tanto, corresponde hablar de transición al socialismo cuando se han constituido las bases económicas mínimas para esa evolución en el plano de la propiedad estatal y la gestión planificada y cuando esa transformación es un producto de la acción de los trabajadores. Son dos condiciones que deben cumplirse a cierta escala de interacción entre aspectos objetivos (propiedad pública) y subjetivos (participación popular). Esta combinación cesó de existir en distintos momentos en la mayor parte del socialismo real.

CAPITALISMO DE ESTADO

Varios autores postulan que los autodenominados regímenes socialistas constituían modalidades del capitalismo de Estado. Afirman que los funcionarios de una alta burocracia reemplazaron a la burguesía en el manejo corriente de la economía, tal como ocurre en muchos países

10 Andreani, Tony, *op. cit.* (Introd.).

capitalistas. Plantean que por lo tanto, la burguesía continuó existiendo bajo una forma estatal dentro del bloque socialista.

Esta visión surgió inicialmente con las primeras caracterizaciones de la Unión Soviética (Kautsky, Bordiga) y tuvo conocidos partidarios durante el apogeo del maoísmo (Bettelheim). Las formulaciones más recientes destacan que ese sistema constituyó una especie del mismo género que el capitalismo y compartió su misma lógica de funcionamiento.[11] Se afirma que esta similitud radica en la vigencia de relaciones salariales (mercado de trabajo), monetarias (regulación crediticia) y mercantiles (negociación entre empresas y el centro para asegurar el cumplimiento del plan) equiparables. Por eso se plantea que estos sistemas fueron por ejemplo equiparables a los capitalismos estatistas de Japón o Alemania en la entreguerra.[12]

Pero existen varios rasgos que distinguían cualitativamente el funcionamiento de ambos tipos de formaciones.[13] Ante todo, debido a la ausencia de propiedad privada de los medios de producción, la actividad de las empresas no estaba orientada por el beneficio y la concurrencia por ampliar los mercados. La descripción que presentan los propios defensores de la tesis del capitalismo soviético indica que la típica secuencia del capitalismo: adquisición de materias primas, contratación de la fuerza de trabajo y reinversión de las utilidades, no operaba en esos regímenes.[14] Por eso, estas investigaciones destacan la presencia de un modelo extensivo de acumulación, basado en la sobreutilización de los recursos naturales y en modalidades poco flexibles de gestión laboral fordista.

Resulta especialmente controvertible denominar mercado laboral a un sistema caracterizado por bajos despidos, escaso ejército de desocupados y garantías estatales al empleo. Es cierto que existía una relación salarial, pero no bajo su típica forma capitalista de libre contratación y expulsión de trabajadores en función de los vaivenes del ciclo. Por eso el carácter laxo de la coerción laboral ha sido reiteradamente

---

11 Séve, Lucien. "La cuestión del comunismo". *Tesis XI*, año 1, n° 2. Montevideo, junio de 1997.

12 Sapir, Jacques. "Le capitalisme au regard de l'autre". Chavance, Bernard; Magnin, Eric; Motamed-Nejad, Ramine; Sapir, Jacques. *Capitalisme et socialisme en perspective*. París, Editiones La découverte, 1999. Sapir, Jacques. *L'Economie mobilisée. essai sur les economies de types sovietique*. París, La découverte, 1990. Sapir, Jacques. "L'Urss au tournant". *Critique Comuniste*, n° 112-113. París, noviembre de 1991.

13 Estas diferencias son puntualizadas por Astarita, Rolando. "La crisis en la Unión Soviética". *Realidad Económica*, n° 102. Buenos Aires, agosto-septiembre de 1991.

14 Por ejemplo Graziano, Ricardo. "La naturaleza de la URSS". *Octubre hoy, op. cit.*

descripto como una "relación salarial atenuada" o un como un "taylorismo precario".[15]

Hasta la restauración iniciada en la última década, las formas de acumulación primitiva –sustentadas en la gravitación de una "segunda economía" (mercado negro)– no lograron saltar al estadio capitalista. Numerosas restricciones legales bloqueaban este pasaje. La acumulación estaba acotada a privilegios del consumo, operaciones ilegales de acaparamiento y actividades criminales, en un marco signado por la ausencia de leyes de propiedad o herencia. Hasta los años noventa esta estructura impidió que el sistema traspasara las fronteras de un protocapitalismo en gestación.

Por eso es incorrecto argumentar que estos regímenes se asemejaban al capitalismo, afirmando que cambiaron sólo "las formas de la propiedad (de privada a estatal) y de la distribución (de *managers* a funcionarios), sin cambiar la modalidad de producir, apropiar y distribuir el plusvalor".[16] Una gestión coactiva bajo el comando de la burocracia no es idéntica al capitalismo, cualquiera sean los puntos de contacto en el grado de intervención pública. El gigantismo, el derroche o la inoperancia que prevalecían en la URSS eran desequilibrios muy distintos a los imperantes en los Estados Unidos. Un funcionario interesado en obtener la prima que le otorga el cumplimiento del plan carece de la obsesión racionalizadora que guía al gerente de una corporación. Por eso se despreocupa de los costos y de la sobreinversión.

Todas las investigaciones sobre la economía del socialismo real han situado el cuello de botella de estos sistemas en la subproducción y no en la típica generación de excedentes invendibles que caracteriza al capitalismo. La economía de penuria y su crónico desabastecimiento diferían radicalmente de las crisis de sobreproducción. Un supermercado sin productos para ofrecer a consumidores formalmente solventes no refleja la misma situación que un local repleto de mercancías pero carente de clientes. En este contraste se sintetizaban las diferencias entre los dos sistemas.

Por eso no es correcto interpretar que en la URSS regía plenamente la lógica de la acumulación y las formas capitalistas de la crisis. A diferencia de este modo de producción, la ley del valor no operaba con plenitud. Funcionaba, pero no dominaba ante la ausencia de un mercado laboral y la imposibilidad de convertir el dinero en capital. El régimen se reproducía siguiendo una lógica que lo preservaba de sus competi-

15 Esta descripción presenta Darch, Marcel. *La crise dans le pays de l'. Est.* París, Editions La découverte, 1984.
16 Wolff, Richard. "Marxism and class analysis". Congrès Marx International II. París, 30 de septiembre -3 de octubre de 1998.

dores capitalistas, pero no de sus propios (y mayores) desequilibrios intrínsecos.[17]

La importancia de discutir hoy estos problemas radica en la luz que introduce para comprender la naturaleza del capitalismo. Este sistema no se reduce a relaciones salariales y monetarias estructuradas en torno a cierto tipo de instituciones, sino que es un modo de producción basado en la competencia por la ganancias y la acumulación de la plusvalía. Por eso para desenvolverse –además de los salarios y los mercados– necesita la vigencia de la propiedad privada de los medios de producción. Sólo cuando están presentes estos tres elementos rige el capitalismo. Las relaciones salariales y mercantiles son condiciones necesarias, pero no suficientes para la presencia dominante de ese régimen social.

Existe gran inclinación entre los teóricos del capitalismo de Estado a destacar la tendencia hacia la coexistencia de ese sistema con Occidente. Presentan esta convergencia como una prueba de la comunidad de géneros entre las dos especies. Enfatizan estos elementos de confluencia en oposición a la tesis del choque entre dos sistemas que prevaleció durante la posguerra.[18]

Pero visto retrospectivamente, puede notarse que las relaciones entre el bloque socialista y el mundo capitalista no estuvieron signadas por el enfrentamiento, ni por la coexistencia permanente. Predominó una mixtura de confrontaciones y negociaciones, que expresaban tanto la existencia de regímenes sociales diferentes como el enlace entre las clases y las capas dirigentes de ambos sistemas. Al subrayar sólo la tendencia hacia la asociación, la tesis de la convergencia borra medio siglo de dramáticos conflictos y presenta una visón tan simplista como el enfoque inverso que remarca la oposición total.

La tesis del capitalismo de Estado impide entender que la URSS colapsó más por sus propias tensiones que por las adversidades externas. Es cierto que la arremetida del imperialismo norteamericano en los planos militar (segunda guerra fría), financiero (préstamos y endeudamiento), tecnológico (liderazgo informático), económico (agresión exportadora) e ideológico (difusión del neoliberalismo) acentuaron desde los '80 la erosión del bloque socialista. Pero en oposición a la inter-

---

17 Véase la polémica entre Mandel y Harman. Mandel, Ernest. "Une théorie qui n´a pas resisté a l´épreuve des faites". Harman, Chris. "L´URSS: un capitalisme d´Etat". *Quatrième Internationale*, n° 37-38. París, agosto-octubre de 1990.

18 Motamed-Nejad. "Le capitalisme et le socialisme". Chavance, Bernard. "Le capitalisme et le socialisme comme espèces systémiques". Chavance, Bernard; Magnin, Eric; Motamed-Nejad, Ramine; Sapir, Jacques. "Introduction", *op. cit.*

pretación puramente externalista de este desplome, M.Lewin[19] demuestra cómo el régimen feneció por muerte natural, al cabo de un agónico proceso de autodestrucción.

Esta acertada visión internalista confirma el carácter estructuralmente inestable de un régimen comandado por una burocracia no capitalista, que apenas encontró condiciones propicias no dudó en reconvertirse en clase propietaria. La ausencia de este sector social explica el acelerado abandono del viejo régimen y la vertiginosa introducción de un modelo capitalista.

La tesis del capitalismo de Estado no registra la magnitud del giro provocado por el colapso de la URSS. Quienes piensan que ya regía el capitalismo observan este desplome como un simple cambio de gobierno o de régimen político, sin comprender por qué este desmoronamiento constituye el principal acontecimiento de la última década.

INTERPRETACIONES DE LA BUROCRACIA

Si los regímenes en cuestión no fueron socialistas ni capitalistas, ¿es acertado caracterizarlos como sistemas burocráticos? Esta denominación describe adecuadamente la existencia de una capa de funcionarios al comando de estas formaciones. Pero definir qué tipo de burocracia predominaba en esos sistemas es más complejo. Existen dos abordajes diferentes del problema. Uno enfatiza el carácter universal de la burocratización de las sociedades contemporáneas, mientras que otro subraya las peculiaridades de este proceso en el socialismo real.

La primera tesis se apoya en la interpretación weberiana de la burocracia como un producto moderno de sociedades dirigidas por especialistas y organizadas en torno al principio de la racionalidad formal. A partir de la posguerra, una corriente crecientemente conservadora y afín a este enfoque adoptó una visión reivindicativa de la burocratización del mundo y del gobierno de los gerentes (Burnham). Estas caracterizaciones influyeron sobre el posindustrialismo (Bell, Toffler) y su tesis clave que atribuye al manejo tecnocrático de las organizaciones mayor gravitación que a la propiedad, en el control del poder de cualquier sociedad. Por eso observaban a la burocracia soviética como un ejemplo más de este fortalecimiento global de las elites. Este enfoque no le asignaba ninguna significación al carácter no capitalista de ese régimen o a la propiedad pública de los medios de producción.

---

19 El primer enfoque es defendido por Halliday, Fred. "El significado del comunismo, la guerra fría y la dimensión internacional". *Octubre hoy, op. cit.* El segundo, por Lewin, Moshe. "Anatomía de una crisis". *URSS y Rusia. ¿A dónde va China?, op. cit.*

Claudio Katz

Pero esta visión de la burocracia –como un grupo autónomo que solo actúa motivado por la ambición de poder– simplifica y empobrece el
análisis. Se concentra exclusivamente en retratar el comportamiento
de los funcionarios y no indaga la relación entre estas capas y las principales clases de a sociedad. En general describe las formas de gestión
y control de los distintos tipos de las burocracias empresariales, políticas o sindicales, sin notar la relación existente entre este rol y los intereses –inmediatos o estratégicos, explícitos o potenciales– de las clases
dominantes.

Este defecto se observó en la caracterización que este enfoque planteó en la relación a la puja entre la URSS y los Estados Unidos como una
colisión entre dos clanes militares e industriales que rivalizaban por el
control del planeta. Esta tesis omitía la lógica social y política subyacente en este conflicto y jamás pudo clarificar el sentido y las tendencias de
esa confrontación. Omitió que mientras la burocracia del Pentágono
operaba por mandato de la clase capitalista (o por lo menos directamente asociada a sus intereses), la burocracia del Kremlin carecía de ese
partenaire y por eso también de un sustento social para sostener exitosamente ese conflicto en el largo plazo. Esta última diferencia fue central, ya que explica por qué una burocracia capitalista pudo perdurar sin
necesidad de asimilarse a las clases propietarias, mientras que una burocracia no capitalista tendió a reconvertirse en propietaria para estabilizar la fuente de su frágil poder.

La tesis de la burocratización del mundo no permitía comprender el
comportamiento de la burocracia soviética, ni esclarecía cuál era su
desventaja estructural frente al adversario norteamericano. Al ignorar
que la propiedad es la fuente estable (aunque no única) del poder de las
clases dominantes, no logró esclarecer por qué el grupo dominante en
la URSS buscó transformarse en capitalista.

Si se observa a la burocracia como un grupo mundial indistinto, no
hay forma de explicar tampoco por qué un segmento de estas capas ha
sido más exitoso que otro. Este resultado es también consecuencia de
las características de las clases asociadas a los funcionarios en cuestión.
Una burocracia militar será poderosa si los industriales y banqueros que
la sostienen ejercen cierta dominación mundial (EE.UU.) o será eficiente
si la clase asociada encabeza la reconstrucción económica capitalista
(Japón en la posguerra). Por el contrario, si la burocracia no actúa por
mandato, representación o vinculación con una clase capitalista, enfren-
tará crecientes dificultades para rivalizar con sus oponentes. La omisión
de este principio constituye la principal debilidad de muchos estudios
sobre la burocracia realizados con criterios marxistas.[20]

20 Por ejemplo Berger, Denis. "Socialisme et burocratie réellement existente".
Science Politique, n° 2-3. París, mayo de 1993.

Existe un segundo tratamiento de la burocracia en los regímenes no capitalistas que indaga la especificidad de esta capa dominante. En vez de ubicar a este grupo dentro del vago universo de los gerentes mundiales, esta visión estudia cómo se desenvolvieron particularmente las burocracias que comandaron el funcionamiento de sistemas carentes de propietarios privados de los medios de producción. El principal mérito de este enfoque fue indagar cómo se desenvolvió una formación burocrática simultáneamente disociada del poder capitalista y del objetivo socialista. Y aunque en ciertos casos sobredimensionó la estabilidad del grupo gobernante, esta visión introdujo importantes aportes para la comprensión de estos sistemas.[21]

Por ejemplo, la caracterización de una sociedad Estadocrática –donde el trabajo de los productores colectivos (trabajadores) es gestionado a beneficio de los consumidores colectivos (burócratas)– incorporó excelentes caracterizaciones de la burocracia. Retrató cómo este sector, sin constituir una clase dominante, conformó una comunidad dirigente con atributos paternalistas y comportamientos de clan, que ha perdurado luego del colapso de la URSS.[22] Otro aporte ha sido indagar cómo, partiendo de sus funciones tecnocráticas específicas, las elites burocráticas han logrado comandar la restauración del capitalismo en Europa del Este monopolizando los mayores beneficios de esta transformación.[23]

En síntesis: las burocracias del socialismo real no pertenecieron a una capa mundial de funcionarios posindustriales, ni tampoco lideraban una transición poscapitalista. Pero, ¿se puede definir la naturaleza social de ese grupo? Si no era capitalista, ¿acaso era una burocracia obrera?

ESTADOS OBREROS BUROCRATIZADOS

Trotsky[24] introdujo la noción de Estado obrero burocatizado para caracterizar a la URSS de los años treinta y sus seguidores extendieron luego el concepto a todos los regímenes del bloque socialista. Se postulaba que estos sistemas no eran capitalistas, pero tampoco socialistas porque la capa burocrática que usurpó el poder gobernaba sin restaurar la propiedad privada de los medios de producción.

---

21 Véase Tarcus, Horacio. "Las lecturas del socialismo real. Un inventario crítico". *Realidad Económica*, n° 98. Buenos Aires, 1er. bimestre 1991.

22 Kagarlitsky, Boris. "La experiencia histórica de la URSS vista desde adentro". *Octubre hoy, op. cit.*

23 Eyal, Gil; Szelényi, Iván; Townsley, Eleanor. "The theory of post-communist managerialism". *New Left Review* n° 222. Londres, marzo-abril de 1997.

24 Trotsky, León. *La revolución traicionada, op. cit.*

Claudio Katz

Este enfoque remarcaba cómo el ascenso de Stalin ahogó la revolución y facilitó el ascenso de un grupo privilegiado. Trotsky atribuía esa involución a la fatiga creada por una década de intensas guerras y reflujos socialistas internacionales. Consideraba que la burocracia había instalado una dictadura terrorista pero sin restaurar el viejo orden burgués. Por eso hablaba de la degeneración del Estado obrero para ilustrar cómo una fracción de funcionarios lucraba con el manejo del Estado sin transformarse en capitalista. Subrayaba que la fuente de este poder era político (control del aparato estatal) y no social (propiedad de las empresas).

Como un régimen de estas características era frágil ("un accidente histórico"), Trotsky consideraba posible la recuperación socialista a través de una revolución política que reinstalara la democracia soviética. Deducía esta perspectiva de la vigencia de dos conquistas de la revolución de octubre: la ausencia de propiedad capitalista y la conciencia popular de los logros sociales.

Trotsky estableció un paralelo histórico con el termidor de la revolución francesa (desplazamiento de la izquierda republicana, pero sin reestablecimiento del dominio feudal) y desechó la analogía con la revolución inglesa de Cronwell (que sí concluyó en la restauración). Cuando el régimen burocrático se consolidó en la posguerra, algunos partidarios de esta visión (Deutscher) introdujeron nuevos elementos de análisis que modificaron parcialmente el enfoque inicial para explicar la perdurabilidad de ese sistema.[25]

Pero la teoría del Estado obrero burocratizado cumplió principalmente una función de denuncia de las dictaduras del Este y Asia Oriental, ya que el mayor acento del concepto era puesto en la crítica al carácter represivo de estos sistemas. Algunos enfoques que desarrollaron nuevas analogías históricas del termidor (opresión de los negros norteamericanos luego de la guerra civil sin retorno a la esclavitud), esclarecieron cómo funciona un sistema gobernado por burócratas que tienen el poder, pero no el dinero y analizaron cómo funcionaba un régimen ya carente de legitimidad y de capacidad para delegar el poder a otros funcionarios.[26] La mayoría de las corrientes trotskistas mantuvieron la tesis del Estado obrero burocratizado hasta el colapso de la URSS y algunas la extendieron a las fases agónicas de estos sistemas.

La caracterización de Trotsky fue adecuada, útil y meritoria en el momento en que fue expuesta. Refutaba la apología oficial al socialismo realizado, evitaba las dificultades de las teorías del capitalismo de Estado y brindaba instrumentos para la batalla contra el despotismo burocrático. Pero a la luz de un colapso imprevisto para todos, corres-

25 Anderson, Perry. "El legado de Isaac Deutscher". *Campos de batalla*. Barcelona, Anagrama, 1998.
26 Mandel, Ernest. *El poder y el dinero, op. cit.*

ponde revisar las limitaciones de una visión que ya en la posguerra había perdido actualidad.

Esta inadecuación se tornó visible al concluir el período de terrorismo stalinista. El termidor constituyó más bien un momento de la evolución de un sistema que un concepto suficiente para explicar ese régimen. Perdió vigencia una vez consumada la contrarrevolución de los años treinta, porque este desenlace modificó sustancialmente el caótico escenario que retrataba Trotsky.[27]

Luego de aplastar a toda la oposición, el grupo dominante se consolidó en el poder y potenció su manejo despótico del excedente económico, a través de la explotación de los trabajadores. Este cambio no derivó en la formación de una clase propietaria, pero modificó al régimen que pretendía capturar la noción de Estado obrero burocratizado.[28] Este concepto ha planteado dificultades en por lo menos siete terrenos.

En primer lugar, la caracterización del régimen burocrático de los años sesenta y setenta con los mismos criterios que su precedente stalinista ignoraba las profundas transformaciones que registró la URSS entre ambos períodos. De un primitivo universo rural se pasó a un estadio urbano e industrial y de un descontrolado totalitarismo terrorista a una autocracia estable. El concepto de Estado obrero burocratizado borraba estas diferencias y confundía la URSS políticamente inmóvil de las últimas décadas con el régimen turbulento que lo antecedió.[29]

En segundo lugar, la noción Estado obrero burocratizado subvaloraba el alcance de la regresión política creada por el terror stalinista. Durante ese período de paranoicas masacres fue exterminada la generación de revolucionarios bajo el aluvión de humillación, locura y despotismo

---

27 Esta modificación es destacada por Kagarlitsky Boris. "La experencia histórica de la URSS vista desde adentro", *op. cit.*

28 Goussev destaca este cambio, pero deduce equivocadamente que desembocó en la formación de una nueva clase dominante, porque define a esta categoría por el control del excedente con independencia de las formas de propiedad. Con este criterio desaparecen las diferencias entre la URSS y cualquier país capitalista, lo que a su vez impide comprender la lógica de la implosión del régimen soviético. Goussev, Alexei. "La clase imprevista: la burocracia soviética vista por León Trotsky". *Herramienta* n° 7. Buenos Aires, invierno de 1998.

29 M. Lewin describe estas contundentes diferencias y la reseña de Malewski destaca los tres importantes rasgos de este análisis. La URSS no era capitalista, ni socialista, una nueva periodización resulta decisiva para distinguir el período stalinista del posstalinista (superando la idea de una total ruptura de Deustcher y puro continuismo de Lambert) y el sistema económico operaba como una planificación caótica. Lewin, Moshe. "Le siècle sovietique". *Fayard–Le Monde Diplomatique*, París, 2003. (1° parte, capítulos 13, 2° parte capítulos 4 y 5, 3° parte capítulos 6 y 8). Malewski, Jan. "Le siècle sovietique". *Inprecor* n° 482, mayo-junio de 2003.

Claudio Katz

que entre 1930 y 1953 incluyó 3,7 millones de arrestos y 786 mil fusilados. Con estas purgas quedó sepultada la tradición bolchevique.

En tercer lugar, la URSS no era un Estado obrero y tampoco una dictadura del proletariado, porque la tiranía de una burocracia sobre millones de trabajadores y naciones oprimidas no puede definirse como un Estado de esos obreros, ni como un poder de la mayoría contra los enemigos capitalistas. Desde el triunfo de Stalin, ya no se podía caracterizar al régimen con esos términos y los calificativos de burocratizado, degenerado o deformado no bastaban para corregir ese contrasentido.[30]

En cuarto lugar, la inexistencia de un Estado obrero no es tan sólo una conclusión teórica sino un resultado de la observación empírica, ya que los trabajadores de la URSS no consideraban al régimen vigente como una pertenencia propia. Si las conquistas de octubre vivieron en la conciencia de la población hasta la entreguerra, perdieron definitivamente este lugar en la posguerra. La inmensa mayoría de los ciudadanos soviéticos percibía al régimen como un instrumento de la burocracia y por eso no lo defendieron cuando colapsó. La noción de Estado obrero burocratizado omitía esta dimensión subjetiva y se limitaba a trazar un retrato sociológico de las clases y estratos prevalecientes en la URSS.

En quinto lugar, esa definición reforzó una equivocada creencia en la superioridad económica de la planificación incluso burocrática frente a cualquier manejo capitalista. Partiendo de esta idea se magnificaron los éxitos de las economías centralizadas, omitiendo que estos logros fueron resultados específicos de ciertas fases y ciertas circunstancias (URSS 1930–1960, China 1980–2000 y Cuba 1960–1970). Pero como lo prueban varias comparaciones adversas (Corea del Norte y del Sur, Alemania del Este y del Oeste) ese postulado no era generalizable. Las ventajas del plan indudablemente existieron, pero fueron limitadas y tendieron a revertirse con la consolidación de la gestión burocrática.

En sexto lugar, hablar de Estado obrero burocratizado condujo a ignorar que el grupo dominante en la URSS se encontraba embarcado en la construcción de un sistema completamente alejado de la perspectiva socialista. Por eso se minimizaron los privilegios de la burocracia y no pudo percibirse el giro hacia la restauración que prevaleció en la última etapa de esos regímenes.

Finalmente, la noción en cuestión muchas veces impedía distinguir la gran variedad de situaciones que coexistían en el socialismo real. Un resultado políticamente específico de la contrarrevolución en la URSS no constituía el desemboque inexorable de todos los procesos presentes en un mapa, que llegó a incluir a casi un tercio del planeta.

30 Esta caracterización la plantea Romero, Aldo. "Estados burocráticos y revolución socialista". *Bandera Roja* n° 18. Buenos Aires, 6 de noviembre de 1995.

FORMACIÓN BUROCRÁTICA

Las dificultades de la noción Estado obrero burocratizado fueron coincidentemente aceptadas en la última década por varios autores. A partir de cuatro críticas a esa definición se ha propuesto el acertado concepto de formaciones burocráticas para caracterizar a los regímenes del socialismo real.

La primera corrección surge del reconocimiento de relaciones de explotación en los principales países de ese bloque. Esa forma de dominación fue precozmente percibida por algunos miembros de la oposición de izquierda (1928), que analizaron cómo luego de la consolidación de la dictadura la burocracia comenzó a manejar el plusproducto, reforzando la estratificación social e introduciendo mecanismos de sometimiento de la mayoría, aunque sin convertirse en una clase propietaria. Esta transformación permitió homogeneizar al grupo dominante y crear las condiciones para el salto hacia la restauración, que se concretó cincuenta años después de la contrarrevolución stalinista.[31]

Se podría afirmar que este status de capa explotadora constituye un Estado intermedio entre la burocracia obrera que describía Trotsky y la clase reconvertida que maneja hoy Rusia. Conformaba un sector ya desligado de su origen plebeyo, pero aún carente de los atributos y comportamientos que caracterizan a una clase dominante. La burocracia manejaba el excedente y promovía el protocapitalismo naciente en los poros de la URSS sin detentar la estabilidad histórica de las clases propietarias, pero ya no constituía el frágil episodio histórico de los años treinta.

Se ha objetado que esta caracterización estaba contenida en el análisis de Trotsky de una capa dominante que controlaba la distribución del excedente.[32] Pero en ese caso existiría una contradicción con la idea de un Estado obrero que explotaba obreros. Subrayar este rasgo explotador permite corregir la caracterización de la burocracia como un grupo usurpador, pero fiel a su identidad originaria de clase. Los jerarcas de la URSS habían ya roto esa ligazón inicial y su horizonte era convertirse en una clase dominante. Por eso no conformaban un sector comparable a la típica burocracia sindical, que actúa al servicio de la patronal al interior de una organización proletaria.

El status de grupo explotador explica la uniformidad que prevaleció entre la burocracia a la hora de resolver el pasaje al capitalismo. Todas las fracciones de la *nomenklatura* participaron en la URSS de ese giro,

31 Estas ideas son desarrolladas por Venturini, Juan Carlos. "Democracia obrera o dictadura burocrática". *Debate Marxista* 11, noviembre de 1998 y por Astarita, Rolando. "La naturaleza de la URSS". *Octubre hoy, op. cit.*
32 Oviedo, Luis. "Una cruzada contra el socialismo". *En defensa del Marxismo*, n° 23. Buenos Aires, marzo 1999.

Claudio Katz

porque sus objetivos ya estaban radicalmente divorciados de los intereses de los trabajadores.

El segundo aspecto que han revisado varios autores es la propia noción de Estado obrero. Esta categoría resultaba particularmente insostenible para caracterizar a un sistema que oprimía a la mayoría proletaria. Todos los intentos de aclarar en qué sentido la URSS era una dictadura del proletariado invariablemente chocaban con la descripción del carácter antiobrero de esos regímenes.

Postular que la clase obrera dirige, pero no gobierna en un Estado que conserva su raíz social proletaria fue un error. Esta equivocación derivaba de una analogía histórica inadecuada con Estados capitalistas manejados por la nobleza aristocrática o por grupos desclasados. A diferencia del absolutismo o del bonapartismo, la clase obrera no puede gestionar delegando el ejercicio del poder, porque la construcción socialista es un proceso de autoadministración creciente de los oprimidos.[33] Este principio no anula la posibilidad de un Estado obrero deformado como circunstancia transitoria, pero sí la perdurabilidad de esa situación al cabo de varias décadas.

La inexistencia de un Estado obrero quedó demostrada durante la implosión de la URSS. A diferencia de los años treinta, no hubo que destruir los resabios de instituciones populares en el Estado, sino que la restauración se introdujo utilizando el aparato estatal existente. Ningún dirigente se opuso a ese tránsito y ningún sector popular defendió las estructuras anteriores porque el Estado obrero era una ficción para ambos grupos.[34]

Se ha objetado que la ausencia del término obrero impide definir la naturaleza social del régimen en cuestión. Este cuestionamiento destaca que es tautológico referirse a un Estado burocrático (todo Estado incluye una burocracia) y que es también incorrecto hablar simplemente de una formación burocrática sin puntualizar su carácter de clase.[35] ¿Pero acaso invocar un Estado obrero que carece de rasgos proletarios contribuye más a comprender qué fue la URSS?

Si el universo clasista se redujera a obreros y patrones o el desarrollo histórico se circunscribiera a sistemas capitalistas y socialistas, también la noción intermedia de Estado obrero burocratizado habría sido innecesaria. Lo que importa es encontrar el concepto adecuado y no cumplir con un mandato de tipificación clasista. No existe un término sencillo que resuma la complejidad de regímenes que en su tránsito ha-

33 Esta conclusión la expone Post, Charles. "Ernest Mandel and the marxian theory of bureaucracy". Ernest Mandel Seminar. Amsterdam, 4-6-1996. IIRE.
34 Mathieu, Alain. "Leçons de la restauration capitaliste". *Critique Communiste*, n° 167. París, otoño de 2002.
35 Oviedo, Luis. "Una cruzada contra el socialismo". *En defensa del Marxismo*, n° 23. Buenos Aires, marzo de 1999.

cia el capitalismo atravesaron por distintos períodos. Lo que importa es comprender esta tendencia y no forzar dogmáticamente una definición de clase.

Una tercera observación de los críticos destaca la existencia de analogías históricas con formaciones burocráticas precedentes, que son más pertinentes para entender a la URSS que el modelo del termidor. Quien mejor desarrolló esta comparación fue E. Mandel, teórico del Estado obrero burocratizado.[36] Éste señaló que la combinación híbrida de formas mercantiles y despotismo burocrático presentaba semejanzas con las formaciones sociales precapitalistas asiáticas, porque también allí un burocracia controlaba el sobreproducto sin actuar como clase propietaria. Las analogías del régimen stalinista con el modo de producción asiático (megaEstado, autocracia, culto a la personalidad del líder, alineación ideológica extrema) han sido frecuentemente expuestas.[37]

Finalmente, la revisión del planteo de Trotsky permite precisar el concepto de formación económico-social (FES), aplicable a la URSS e indicativo de la mixtura entre distintos modos de producción. Esta noción intermedia ha contribuido a superar la simplificación que frecuentemente produjo el uso de las categorías genéricas de esclavismo, feudalismo, capitalismo o socialismo. La FES sirve, por ejemplo, para definir mejor a las plantaciones capital-esclavistas de los Estados Unidos en el siglo XIX o a las haciendas feudal-capitalistas de las regiones andinas latinoamericanas durante el mismo período. Al comprender la existencia de estas articulaciones mixtas entre modos de producción se puede entender el tipo de relaciones burocráticas de producción que regían en la URSS.[38]

Algunos comentaristas no han captado el significado del concepto de formación económico-social cuando invalidan su carácter exclusivamente nacional u objetan su utilización como nuevo estadio histórico.[39]

---

36 Mandel, Ernest. *El poder y el dinero, op. cit.* (Cap. 1). Mandel, Ernest. *Alem da perestroika.* San Pablo, 1989. (Cap. 3, anexos 1 y 2). Complementariamente, Lequenne. observa también analogías con los procesos efímeros, pero históricamente significativos de los mamelucos o los jesuitas. Lequenne, Michel. "Thèses sur la nature des états nomanklaturistes". *Critique Communiste*, n° 157, invierno de 2000.

37 Igualmente conviene también recordar una diferencia clave: en la URSS se procesó la transformación de la vieja estructura agraria en una sociedad industrial y en un período histórico de vigencia del capitalismo.

38 Véase desarrollo en Kowalewski, Zbigniew. "Introduction a l'étude de la restauration". *Critique Comuniste* n° 146. París, eté 1996. Astarita, Rolando. "Relaciones de producción y Estado en la URSS". *Debate Marxista* n° 9. Buenos Aires, noviembre de1997.

39 Oviedo, Luis. "Una cruzada contra el socialismo", *op. cit.*

Claudio Katz

Estas observaciones quizás podrían considerarse si la FES fuera un concepto sustitutivo del modo de producción. Pero su aplicación es diferente: apunta a clarificar combinaciones históricas específicas que se han presentado habitualmente a escala regional. Al igual que la categoría de Estado obrero burocratizado, la noción de FES pretende esclarecer una peculiar situación de regímenes que no eran capitalistas ni socialistas. Y si es válido recurrir a la primera mixtura, también cabe utilizar la segunda.

Las cuatro precisiones analíticas –presencia de relaciones de explotación, ausencia de dictadura del proletariado, analogías con el despotismo asiático y uso del concepto de FES– contribuyen a superar los problemas de la noción Estado obrero burocratizado. Estas puntualizaciones también permiten evitar el uso de variantes de este concepto (Estados obreros en disolución) para ilustrar la agonía de la URSS o la restauración del capitalismo.[40] Destacando el paso de la degeneración a la disolución sólo se retratan distintos momentos del colapso, sin resolver los problemas legados por las categorías de Trotsky. Además, aquí se omite que la disolución del Estado obrero se consumó hace varias décadas. No es cierto tampoco que esta noción facilite la comprensión de la naturaleza actual de los regímenes que han sucedido al socialismo real, porque el pasaje al capitalismo es un dato aceptado tanto por los defensores como por los críticos de la teoría del Estado obrero burocratizado.

ALGUNAS CONCLUSIONES

Varias conclusiones pueden extraerse de la discusión sobre el carácter de los regímenes que implosionaron. Estos sistemas no eran socialistas, ni mucho menos comunistas, porque el proceso de transición hacia esas instancias se encontraba bloqueado. Pero en distintos períodos previos a esa frustración incluyeron elementos de socialismo.

Estos aspectos se concentraban en los mecanismos de protección social que presentaban rasgos del Estado de bienestar occidental en países periféricos. Reconocer la existencia de estas conquistas es tan importante como formular una crítica despiadada al autoritarismo que rigió en esos países. Para replantear el proyecto socialista hay que asimilar las lecciones de esas experiencias, porque dificultades semejantes podrían volver a reaparecer en ensayos futuros de transición.

Los regímenes en cuestión no eran capitalistas, porque la ausencia

40 Exponen esta noción Altamira, Jorge. "La crisis mundial". *En defensa del marxismo* nº 4. Buenos Aires, septiembre de 1992. Oviedo, Luis. "El carácter social de la Rusia actual". *En defensa del marxismo* nº 18, octubre de 1997.

de propiedad privada de las grandes empresas impedía la conversión del dinero en capital y la vigencia de las normas del beneficio y la competencia. El capitalismo requiere la existencia de tres elementos (mercado, relación salarial y propiedad privada de los medios de producción) y no sólo uno o dos de ellos. Ninguna variedad de capitalismo –estatal, regulado, intervencionista– puede desenvolverse sin la presencia de estas condiciones. La trascendencia histórica de la restauración radica justamente en la introducción de estos rasgos en casi toda la geografía del ex socialismo real.

Los regímenes que colapsaron eran formaciones burocráticas. La capa dominante había instaurado relaciones de explotación, aunque sin convertirse en una clase propietaria. Gobernaba a través de un sistema político dictatorial, pero esta forma de opresión no era completamente ajena ni antagónica con el sistema de dominación vigente bajo el capitalismo. La reivindicación en boga de la democracia occidental contra la "barbarie totalitaria del bloque soviético" encubre una apología al ejercicio corriente del poder por parte de la burguesía.

El concepto de formación burocrática permite corregir los errores de la teoría del Estado obrero burocratizado. Esta última noción fue originalmente acertada, pero quedó desactualizada cuando las capas dominantes se desembarazaron de toda herencia proletaria. Era un contrasentido denominar Estados obreros a regímenes que oprimían a los trabajadores y que la población consideraba completamente extraños a su actividad y experiencia política. Cuando la transición al socialismo quedó abortada, los Estados obreros se extinguieron y la evolución hacia sociedades poscapitalistas se frustró. Por eso la recuperación del proyecto socialista exigía no sólo una revolución política (sin consecuencias socioeconómicas), sino también revoluciones antiburocráticas que introdujeran transformaciones radicales de esos sistemas.

Un nuevo programa socialista debe contemplar el doble carácter de este proceso en el plano de la propiedad y del control popular de la gestión. Sólo esta conjunción permitirá avanzar hacia un futuro de igualdad y bienestar colectivo. La socialización requiere la eliminación de la propiedad capitalista y la autoadministración creciente por parte de la población. Por eso el paternalismo burocrático que anuló la acción autónoma de los trabajadores fue tan nefasto. No solo sofocó el despunte del socialismo, sino que impidió preservar conquistas populares básicas, al proscribir la acción de los sindicatos o partidos populares.

Las divisiones en torno al carácter de la URSS –que durante décadas fracturaron a la izquierda– han perdido sentido con el derrumbe de ese sistema. Esta nueva situación replantea por completo las divergencias que opusieron a los trotskistas con los stalinistas y a los defensores de los distintos modelos socialistas (China, Albania, Yugoslavia, Hungría). También carecen ya de fundamento las discrepancias que dentro del trostkismo separaron a partidarios de contemporizar con la burocracia

(Deustcher, Pablo) o diabolizar todos sus actos (Lambert). Se impone, por otra parte, superar ciertas conclusiones políticas forzadas, como fue por ejemplo deducir la defensa de la URSS frente a los Estados Unidos por su carácter obrero y por la simple agresión imperialista.

Las diferencias políticas deben replantearse a la luz de un proyecto socialista futuro o en todo caso a partir de un debate sobre la naturaleza de los regímenes que actualmente predominan en el ex bloque socialista.

CRITERIOS DE RESTAURACIÓN

El análisis de las viejas formaciones burocráticas contribuye a comprender las características de los nuevos regímenes que emergieron en varios países del Este y Oriente desde principios de los años noventa. Quienes identifican el sistema que precedió a la restauración con variantes del socialismo, no logran explicar cómo se produjo un cambio tan abrupto sin la intervención bélica de las potencias occidentales. Quienes, por el contrario, reducen la naturaleza del socialismo real a una modalidad del capitalismo, no pueden dar cuenta de la dimensión histórica de lo ocurrido al concluir el siglo XX. El concepto de formaciones burocráticas permite entender cómo la burocracia se convirtió en una clase propietaria cuando las condiciones políticas internacionales favorecieron esta transformación. Este giro se ha consolidado, y con distintos ritmos e intensidades, el capitalismo se expande bajo el padrinazgo de regímenes que protegen a los nuevos expropiadores.

La restauración es un producto del fracaso previo de varios intentos de renovar por arriba o reconstruir por abajo un sistema que colapsó. Sin la carga de derrotas acumuladas por estos fracasos la implantación del capitalismo habría sido imposible.

El cambio actual es un resultado del desengaño, porque antes de aceptar la introducción de la economía de mercado la mayor parte de la intelectualidad de la URSS, Europa Oriental o China buscó caminos de revitalización socialista. La democratización socialista, el socialismo con rostro humano o la autogestión socialista fueron infructuosamente ensayados antes de que el neoliberalismo creara tantas expectativas entre la mayoría de la población.

Esos proyectos de renovación fueron políticamente desarticulados o sangrientamente aplastados por la burocracia dominante. Sin la memoria del Gulag stalinista y de los tanques rusos en Berlín (1953), en Budapest (1956) o en Praga (1968), el grueso de los trabajadores no se habría resignado al retorno del capitalismo. El aborto de esas tentativas abrió el camino hacia la restauración porque tornó muy permeable el discurso antisocialista entre el conjunto de la población.

Al igual que el socialismo, la restauración en curso es un proceso dual. Contiene un aspecto objetivo de expansión de las privatizaciones y un componente subjetivo de percepción popular de esta transformación. Si la socialización requiere la apropiación pública y el control popular de los resortes de la economía, la restauración exige el avance de la propiedad privada y la aceptación mayoritaria del capitalismo. Es la combinación de ambos elementos lo que explica el alcance de este proceso regresivo.[41]

Observando, en primer lugar, las raíces objetivas de la restauración, salta a la vista cómo desde principios de los años ochenta la burocracia buscó contrarrestar el estancamiento económico y la presión militar del imperialismo por medio del endeudamiento masivo. En un marco de euforia neoliberal, este enlace financiero con los bancos occidentales colocó los cimientos de la restauración.

Pero este proceso siempre afrontó un límite objetivo en la insuficiencia del ahorro acumulado por la burocracia para apropiarse de los bienes públicos. Los capitalistas extranjeros tampoco se mostraron predispuestos a sustituir esta carencia con masivas inversiones, que además siempre plantearon un agudo problema de legitimidad política. Resulta muy difícil justificar una restauración sostenida en la abrupta extranjerización de la economía. Por esta razón, sucesivas y turbulentas crisis políticas han signado esta transformación en un escenario de privatizaciones endebles y conflictos entre grupos capitalistas.

En el plano subjetivo la restauración no enfrentó obstáculos inmediatos, porque la regresión de la conciencia socialista y la destrucción de las tradiciones sindicales y políticas autónomas abrieron las compuertas para el avance capitalista. Por ejemplo, la típica resistencia al ajuste neoliberal que existe en Europa Occidental o América Latina no ha Estado mayoritariamente presente en el ex bloque socialista, porque la población observa los padecimientos actuales como un precio de entrada al bienestar y al aumento del consumo. Pero si esta expectativa queda desmentida y los sacrificios se acentúan sin ninguna contrapartida, las esperanzas en el capitalismo tenderán a erosionarse. Por el momento no se puede predecir cuál será el resultado político de esta contradictoria combinación de ilusiones y desilusiones.

La restauración avanza a través de un camino plagado de incertidumbres. Si a principios de los años noventa el apogeo del neoliberalismo acentuó la desmoralización de los socialistas, el surgimiento de un movimiento "por otra mundialización" ha creado un polo de atracción para revertir a escala global los términos de esa ecuación. Partiendo de este análisis de la restauración como un proceso combinado de transformaciones objetivas y subjetivas, ¿en qué punto se encuentran estas transformaciones? ¿Cuál es el criterio para diagnosticar su Estado actual en cada país?

41 Esta dualidad es señalada por Samary, Catherine. "La crise des sociétés dites socialistes". *Cent ans de marxisme.* París, PUF, Congrès Marx Internacional, 1996.

Claudio Katz

Kornai[42] considera cinco elementos para evaluar ese pasaje: la existencia de un poder político favorable al socialismo o al mercado, el predominio de la propiedad estatal o privada, la preeminencia de coordinación económica burocrática o mercantil, el manejo presupuestario duro (que acelera las privatizaciones) o blando (que preserva empresas públicas) y la primacía de situaciones de oferta escasa o de sobreproducción. Considera que el pasaje al capitalismo sólo ha concluido cuando la economía de mercado se ha impuesto en estos cinco ámbitos. Pero también estima que el cambio sistémico ya está ampliamente realizado si esa transformación se afianza en los tres primeros campos.

Estos criterios analíticos adoptan una caracterización integral del capitalismo como un modo de producción, que incluye mecanismos de funcionamiento mercantil, formas preeminentes de propiedad privada y vigencia de un poder político favorable a la restauración. La estabilidad del capitalismo requiere que todas las clases sociales naturalicen las normas del beneficio, la competencia y la explotación como hechos cotidianos. Por eso el sistema sólo opera con plenitud cuando las crisis asumen el clásico patrón de la sobreproducción. La vigencia de las cinco condiciones exigidas para la restauración supone un estadio de pleno dominio de la ley del valor sobre el conjunto de la economía.

Definidas estas características, se puede establecer también cuáles son las fronteras que marcan la presencia o ausencia del capitalismo en cada país y momento. De los cinco criterios expuestos, el primero –centrado en el rumbo del poder político– es determinante, porque el manejo del Estado define la dirección y el ritmo de la restauración. Que un presidente y sus ministros reivindiquen desembozadamente al capitalismo e implementen su explícita introducción no es lo mismo que una confusa situación de encubrimiento de este proceso con la vieja retórica socialista. El segundo criterio de la propiedad indica qué grado de formación ya alcanzó la clase propietaria y qué nivel de confianza tiene en su dominación. Los tres últimos elementos ilustran distintos niveles de funcionamiento efectivo del capitalismo en la regulación de la producción y el intercambio (precios libres), la vigencia de la competencia (quiebras y despidos) y las modalidades de la crisis (sobreproducción).

Pero los cinco cambios económico-objetivos requieren de algún sostén ciudadano. Un alto grado de aceptación del nuevo sistema es indispensable para que el poder político restauracionista introduzca la restricción presupuestaria dura e imponga el desempleo, la pobreza y la desigualdad social que acompañan a las crisis cíclicas. Este poder político opera en tres niveles: el gobierno, el régimen y el Estado. Un go-

42 Kornai fue un reconocido "socialista de mercado" en Hungría, pero actualmente profesa un fanatismo neoliberal, especialmente hostil a cualquier resabio de marxismo. Kornai, Janos. "Du socialisme au capitalisme". Chavance, Bernard; Magnin, Eric; Motamed-Nejad, Ramine; Sapir, Jacques, *op. cit.*

bierno restauracionista sólo se afianza si ya rigen las instituciones propias del capitalismo en la vida política y en las formas estatales de administración y coerción.

Partiendo de estos conceptos, nuestra hipótesis es la siguiente. En prácticamente todos los países de Europa oriental ya se ha restaurado el capitalismo, porque rigen de manera indiscutible los tres primeros criterios y en gran medida también los últimos dos. En Rusia ya se ha pasado al capitalismo, aunque los últimos tres parámetros referidos al funcionamiento de este sistema operan de manera embrionaria. China se encamina hacia el capitalismo, pero aún no ha cruzado la barrera final de ese proceso, porque a pesar de las grandes transformaciones en torno a la propiedad y el funcionamiento de la economía de mercado (segundo y últimos criterios), el cambio en el poder político no se ha consumado (primer elemento). Finalmente, en Cuba la restauración está contenida y el capitalismo sólo ha comenzado a operar a escala del funcionamiento mercantil. ¿Cuáles son las transformaciones que observamos en cada caso para fundamentar nuestra visión?

RUSIA: CAPITALISMO EN FORMACIÓN

La situación actual de Rusia está signada por dos rasgos: el colapso y la criminalización. La restauración ha creado en una década un paisaje dantesco de regresión social, devastación económica y desorden político. El capitalismo debutó provocando en 1992 un desplome del 26% del PBI y este derrumbe trepó al 46% entre 1991 y 1996. Los salarios reales se desplomaron al 49% (1998) del nivel prevaleciente en 1991, la pobreza absoluta se expandió al 24% de la población y la brecha entre la distribución del ingreso entre el decil más alto y más bajo de la población saltó de cuatro veces (1990) a 23 veces (1993). En un marco de terrible expansión del alcoholismo, la drogadicción, la anemia (40% de las embarazadas) y las enfermedades (sólo el 12% de los escolares se encuentran clínicamente sanos), la expectativa de vida cayó de 64 a 57 años, en menos de una década.

La industria rusa quedó demolida bajo el impacto de la depresión, mientras las ramas extractivas del petróleo y el gas se convirtieron en los pilares de un modelo exportador primarizado. El precio y el volumen extraído de estos recursos determina el nivel de cumplimiento de la deuda y la propia marcha del ciclo, que registró cierta recuperación luego de la gran caída de 1998-1999.

El frecuente paralelo entre la restauración actual y la sangrienta acumulación primitiva de los siglos XVII y XVIII obedece a la incontenible expansión del "capitalismo criminal" en el vasto territorio de la ex Unión Soviética. La nueva oligarquía de antiguos burócratas dirige esta mafia con los recursos sustraídos al Estado a través del saqueo de los tesoros petroleros y gasíferos. Este grupo mantiene una relación de asociación–rivalidad con los sátrapas locales que emergieron de las elites burocráticas regionales. Por eso, el viejo término de lumpen burguesía ha vuelto a utilizarse para caracterizar a estos grupos dominantes.

Su parasitaria gestión se basa en la depredación de la capacidad productiva creada durante el régimen precedente. La función de este pillaje ha sido consumar de manera irreversible la apropiación privada de los medios de producción a manos de la nueva burguesía, que actúa siguiendo el típico comportamiento despilfarrador de los rentistas. El sector más enriquecido proviene directamente de la vieja *nomenklatura* central del PCUS y acaparó las privatizaciones durante el gobierno de Yelstin. Ahora participan del ranking mundial de los multimillonarios y ya colocaron a diecisiete de sus representantes entre las cuatrocientos setenta y seis personas más acaudaladas del mundo. Los gastos suntuarios de estos individuos alcanzan niveles escandalosos de exhibición y despilfarro. Los oligarcas son dueños de los ocho principales conglomerados económicos y sus asociaciones controlan el 85% de las sesenta y cuatro mayores empresas. Además manejan el núcleo de compañías petroleras que aportan la mitad de las exportaciones.[43]

Este dominio gangsteril se amolda al tipo de capitalismo dependiente que se está afianzando en el país. En varios aspectos, la situación de la antigua potencia soviética se asemeja al molde usual de los países periféricos. La vastedad del territorio, la cuantía de los recursos y el poderío militar no alcanzan para contener la regresión que está provocando en Rusia la destrucción de su base industrial, el endeudamiento financiero y la gravitación de las exportaciones primarias. Este afianzamiento del subdesarrollo no niega el carácter capitalista del país, porque este mismo régimen social prevalece en cualquier otra nación dependiente. El modelo rentista no es un hecho excepcional en el actual período de madurez histórica del capitalismo, ya que el espacio de posibilidades para variantes más productivas se ha reducido como consecuencia de la saturación de mercancías y de la estratificación imperialista que caracteriza al mercado mundial.

Bajo el terrible peso de la degradación social, la desmoralización política y la propaganda neoliberal, la población rusa ha quedado atrapada en este dramático proceso de regresión. La relativa pasividad que hasta ahora se observó en la clase obrera frente a los atropellos que ha sufrido es consecuencia del paternalismo burocrático y la consiguiente

---

43 Véase las informaciones contenidas en los siguientes textos: Kagarlitsky, Boris. "Entrevista". *Clarín*, 3-10-1999. Menshikov, Stanislav. "Russian capitalism today". *Monthly Review* vol. 51, n° 3, julio-agosto 1999. Smith, Richard; Holmstrom, Nancy. "The necessity of gangster capitalism". *Monthly Review* vol. 51, n° 9, febrero 2000. Mandel, David. "Accumulation prive, vol et crime". *Inprecor 413*, mayo 1997. Informes sobre Rusia en *Página 12*, 21-7-03; 3-8-03 y *Clarín* 29-6-03.

pérdida de tradiciones de lucha independiente en las últimas décadas. Especialmente a nivel de cada empresa, la vigencia de un sistema de clanes –que asfixia la autonomía política y sindical de los trabajadores– ha sido nefasta. Por eso la limitada resistencia popular nunca revirtió la relación desfavorable de fuerzas y siempre concluyó en alguna manipulación burocrática. Especialmente la atomización social ha impedido sostener muchas conquistas, que por otra parte nunca fueron vistas como logros propios por muchos trabajadores.[44]

El capitalismo depredador que emerge en estas condiciones es extremadamente inestable. Las políticas neoliberales (especialmente, la deflación y la desmonetización), la apropiación oligárquica de las empresas públicas y la regresión social le han quitado legitimidad al régimen. El grupo gobernante carece de sustento social, sólidos cimientos económicos autónomos y confianza política en su gestión. Por eso las típicas instituciones del capitalismo sólo están despuntando en Rusia.

En este marco, la camarilla dominante negocia e improvisa y hace o deshace alianzas internacionales con inusitada rapidez. Salta del americanismo fanático (1991–1997) a las desavenencias con los Estados Unidos (1998–2000) y mantiene una relación con Occidente que oscila entre la alianza y el vasallaje. Busca el sostén norteamericano para someter militarmente a las minorías nacionales de la ex URSS (Chechenia), pero al mismo tiempo resiste la expansión de la OTAN dentro de sus fronteras. La clase dominante que ocupa el Kremlin mantiene este doble perfil de opresor interno y vasallo internacional.

El capitalismo es una realidad inacabada y sólo en formación en toda Rusia. De los cinco criterios postulados por Kornai, los tres primeros –régimen político, formas de propiedad y mecanismos de coordinación económica– se encuentran en pleno proceso de consolidación. Pero el nuevo sistema carga con un cúmulo tan acentuado de desequilibrios que el capitalismo no es aún plenamente visible en la gestión, ni en el tipo de crisis. La circulación monetaria no se ha impuesto aún definitivamente sobre el trueque y los signos de nueva sobreproducción coexisten con el tradicional desabastecimiento.

Aunque el capitalismo ya rige, la restauración no se ha consumado por completo en Rusia. El gobierno de rentistas de la vieja *nomenklatura* central y de las mafias locales reconvertidas está gestando un capitalismo sin típicos capitalistas. Esta deformación proviene tanto del carácter aún difuso de las relaciones de propiedad, como de la falta de legitimidad del régimen político.

44 Véase la descripción de la situación de la clase obrera que presentan Mandel, David. "Dossier, Russie". *Inprecor* 443-444, enero-febrero 2000. Mandel, David. "La lutte des mineurs". *Inprecor* n° 427, septiembre 1998. Kagarlitsky, Boris. "Où va le Parti Communiste de Russie". *Inprecor* 425, junio 1998.

Esta inédita situación puede caracterizarse como un triunfo[45] o como un fracaso[46] del capitalismo en función del interrogante planteado. La instauración de un régimen social de propietarios explotadores constituye una victoria de la restauración. Pero la ausencia de estabilidad y la fragilidad de la acumulación indican los límites de esta transformación. Por eso, de acuerdo al problema analizado, este resultado puede interpretarse como un gran logro o un duro revés del capitalismo.

Pero el problema mayor es diagnosticar la vigencia de este último sistema. Existen dos argumentos equivocados para negar que el capitalismo rige en Rusia. El primero distingue a este modo de producción de los modelos dominados por "terratenientes, usureros, comerciantes o rentistas" y considera no capitalistas a las "formaciones predatorio–extractivas".[47] Este enfoque ubica al país en este segundo tipo de regímenes, al destacar que el dominio del mercado es parcial (gravitación del trueque, altos ingresos extrasalariales, autocultivo). Además, subraya que la principal fuente de ganancias no es la plusvalía, sino la renta petrolero–gasífera, la especulación inmobiliaria, el comercio de bienes de lujo y la actividad criminal.

Pero si se excluye del capitalismo a las formaciones predatorias que prevalecen en la mayoría de los países subdesarrollados, la vigencia de este modo de producción quedaría restringida a una treintena de naciones del centro. Siguiendo este razonamiento se llegaría a la insólita conclusión de que el capitalismo no es geográficamente el sistema predominante a nivel mundial.

Es cierto que en Rusia se está consolidando un modelo rentístico que deforma y limita la acumulación, ahoga la expansión de la demanda interna y desalienta la industrialización integral. Pero esta es la forma que habitualmente asume el capitalismo en la periferia. En estas regiones, la presencia de este modo de producción se evidencia en dos hechos indiscutibles: el grueso de la economía opera en torno al mercado, los salarios y la propiedad privada de los medios de producción y estas actividades se encuentran insertas en la división internacional del trabajo. Una discusión parecida sobre el carácter del capitalismo en los países dependientes se desenvolvió en los años cincuenta y sesenta en América Latina, cuando algunos teóricos erróneamente identificaban la presencia de herencias precapitalistas con la vigencia de sistemas feudales en la zona.

Existe un segundo argumento que atribuye la ausencia de capitalismo en Rusia a la subsistencia de viejos elementos socialistas, que resis-

45 Kagarlitsky, Boris. "Entrevista". *Reunión*. Buenos Aires, agosto 1999.
46 Maitan, Livio. "Un échec majeur du capitalisme". *Inprecor* 427, septiembre 1998.
47 Kotz, David. "Is Russia becaming capitalist?" *Science and society*, n° 2, vol. 65, verano 2001.

De la expectativa socialista al padecimiento capitalista

tirían la restauración especialmente desde algunos bastiones del sector estatal.[48] Pero resulta completamente imposible demostrar la existencia de esta oposición. Ni la vieja burocracia soviética, ni la intelectualidad, ni la clase obrera se oponen formalmente a la introducción del capitalismo. Los obstáculos que enfrenta este proceso provienen de los desequilibrios objetivos que genera la acumulación primitiva, la ausencia de capital disponible para las privatizaciones, la carencia de inversiones extranjeras, la desinversión, el rentismo o el aplastamiento del poder adquisitivo.

La dinámica depredadora del capitalismo ruso crea sistemáticas barreras al desarrollo de este sistema. Pero estas vallas no provienen de la resistencia social o del rechazo político al nuevo sistema. Justamente, el peor legado que ha dejado el despotismo burocrático ha sido la destrucción de la conciencia socialista. Si la restauración avanza es porque previamente quedaron demolidos los elementos de socialismo que en un pasado lejano caracterizaron al régimen soviético. La presencia del capitalismo ruso es tan indiscutible como su vulnerabilidad, y esta fragilidad explica por qué el país tiende nuevamente a convertirse en un epicentro de las grandes crisis contemporáneas.[49]

CHINA: CAPITALISMO EN PERSPECTIVA

En China se está produciendo un sostenido pasaje al capitalismo bajo el padrinazgo del Estado. El mismo régimen gobernante desde hace varias décadas protege la formación de una clase de empresarios y banqueros e impulsa la privatización en desmedro de la planificación estatal. La desigualdad social avanza aceleradamente erosionando las conquistas de la clase obrera, mientras que la acumulación privada y la competencia son explícitamente promovidas por el régimen. Partiendo de este diagnóstico corresponde definir en qué punto se encuentra este giro hacia el capitalismo.

Los funcionarios que controlan el poder político se orientan a legalizar esta reconversión a través de una transformación radical del

48 Laibman, David. "Is Russia becaming capitalist? Comment". *Science and society*, vol. 66, n° 3, 2002.
49 Véase el diagnóstico que plantea Kagarlitsky, Boris. "Rusia y América Latina". *El Rodaballo*, n° 10, verano 2000.
    El encarcelamiento de prominentes oligarcas por parte del gobierno de Putin en noviembre de 2003 fue una nítida expresión de esta fragilidad, porque el grupo rentista socava el funcionamiento corriente del régimen político y de la economía rusa por dos vías. Por un lado, vende sus activos en el extranjero al mejor postor y, por otra parte, tiende a desafiar a los restantes sectores dominantes buscando un manejo directo del poder político. Véase Bonet, Pilar. "Deseo y freno para el magnate". *Página 12*, 4-11-03.

Claudio Katz

Estado. El último congreso del PCCH (2002) mantuvo formalmente la propuesta de construir una "sociedad socialista de mercado" aprobada en la convención anterior (1997), pero ahora los empresarios –un sector cuya influencia en la vida social crece vertiginosamente– fueron explícitamente incorporados a este proyecto. Los discursos oficiales sobre el socialismo encubren esta restauración –que se desarrolla paso a paso y a través de un cauteloso tanteo– para evitar una repetición del colapso que soportó la URSS.

Todas las medidas económicas en marcha apuntan a remover los rasgos no capitalista del régimen precedente. Especialmente el ingreso a la OMC reforzará la integración comercial con las grandes corporaciones, a costa de una dramática reestructuración de la industria estatal (sobrevivirá la mitad de las 10.000 compañías existentes). Incluso algunas características típicas de la crisis capitalista (sobreproducción y especulación financiera) ya se verifican en el funcionamiento corriente de la economía.

Es cierto que persiste una amplia regulación estatal y que la política monetaria y fiscal es muy activa. Pero este manejo anticíclico es más afín al keynesianismo que a la planificación socialista. El centro de gravedad de la economía se desplaza hacia el sector privado, que ya no cumple el papel marginal de los primeros años de las zonas francas, sino que incide sobre el conjunto de la producción. Mientras que las reformas de la década anterior podían ser todavía encuadradas dentro de los márgenes de una NEP, la política actual apunta hacia la restauración.

Ya no se trata sólo de una descolectivización agraria (retorno a la pequeña propiedad, fin de cuotas obligatorias, motivación comercial del campesino), ni de un incentivo a la pequeña empresa (precios más flexibles, nuevas normas de propiedad) o tampoco de una apertura controlada (para asociar capitales chinos emigrados, incorporar nueva tecnología o romper el aislamiento). Las medidas actuales están orientadas a convertir al país en una fábrica integrada al mundo capitalista, que ofrece a los inversores una reserva inagotable de fuerza de trabajo. Este potencial demográfico permite estabilizar salarios de 40 centavos de dólar por hora, que representan un sexto de los niveles vigentes, por ejemplo, en México. Una clase de capitalistas rojos –que ocupan el primer lugar en el ranking mundial de corrupción– lidera este proceso en estrecha asociación con los viejos capitalistas de ultramar. Estos últimos grupos enriquecidos acumulan fortunas y recuperan poder a medida que refuerzan sus negocios en el continente.

El efecto inmediato de este curso es un escandaloso aumento de la desigualdad, la pobreza y las agresiones oficiales contra los bastiones de la clase obrera. El nivel de vida de los trabajadores retrocede junto al desmembramiento de la industria estatal y la pérdida de protección social y del empleo de por vida que singularizaron al socialismo chino. Este atropello –que fue reiteradamente pospuesto durante los '90– se ha intensificado en los últimos años y origina un explosivo aumento de

78

las tensiones sociales en las ciudades. Se estima que un tercio de los 140 millones de los operarios estatales perderán su empleo con la reestructuración en marcha. La glorificación del capitalismo y el rechazo de los viejos valores colectivistas es la contrapartida ideológica de esta transformación. En un clima de gran promoción de los negocios se acentúan la agresión, el desprestigio y la humillación del proletariado. Cuanto más se enaltece la figura del capitalista, mayor es la degradación del status simbólico de la clase obrera.[50]

El giro hacia el capitalismo se instrumenta en un marco de totalitarismo represivo, ausencia de libertades democráticas, persecución de los opositores y prohibición de toda acción autónoma de los trabajadores. El severo control burocrático sobre la clase obrera –que se ha reforzado luego de la represión de Tian An Men (1989)– apunta actualmente a domesticar a las clases oprimidas frente a los atropellos de sus futuros patrones.

Ya pueden trazarse analogías con la frustración socialista que pavimentó el auge neoliberal en la URSS y Europa Oriental y el gran interrogante a dirimir es si Tian An Men marcó un punto de viraje irreversible. La clase obrera, la intelectualidad, los estudiantes, ¿ya abandonaron toda perspectiva socialista? Bajo el peso de la represión oficial y la promoción del capitalismo, ¿se ha generalizado la desilusión en todo proyecto de reconstrucción socialista?

Hay signos evidentes de abandono de esta última perspectiva. Los ejemplos más chocantes son el entusiasmo con el capitalismo occidental, la fascinación por el mercado y la declinación del ambiente intelectual marxista. Muchos analistas destacan, además, la frustración de la rebelión estudiantil, el retroceso de las formas autónomas de la lucha popular y la ausencia de organizaciones independientes de los obreros.[51] Los típicos signos de vaciamiento de la conciencia socialista que antecedieron al colapso de los regímenes del Este se observan ya en Oriente. Pero aún no está dicha la última palabra.

Aplicando los criterios de Kornai, es evidente que China avanza más drásticamente hacia el capitalismo en el segundo y tercer plano (propiedad privada y coordinación mercantil) que en el primero (poder político burgués), mientras que en la cuarta y quinta esfera (presupuesto restrictivo y crisis cíclicas) la influencia capitalista aún no es dominan-

---

50 Véase descripción de Lew, Roland. "Tensions entre le régime et les ouvriers". *Inprecor*, 472-473, julio-agosto 2002. Lew, Roland. "Les incertitudes de l'apres Deng". *Inprecor* 413, mayo 1997.

51 Estos rasgos están subrayados por distintos autores. Kang, Liu. "Quelle alternative à la mondialisation? Le débat sur la modernité en Chine". Bidet, Jacques; Kouvélakis, Eustache. *Dictionnaire Marx Contemporaine, op. cit.* Marconi, Virginia. "A 50 años de la revolución China". *Herramienta* n° 11, primavera-invierno 1999-2000. Maitan, Livio. "Une nouvelle phase, dix ans après Tien An Men", *Inprecor* 436, junio 1999.

Claudio Katz

te. Por eso la restauración se desenvuelve, pero no está consolidada. Y esta incierta perspectiva obedece a las fuertes contradicciones de este proceso en varios planos.

A nivel interno, la reestructuración clasista introduce un cataclismo en las relaciones sociales vigentes desde hace medio siglo. La asociación con viejas familias enriquecidas de ultramar y la conversión de jefes locales en empresarios constituyen duras afrentas para los obreros agredidos por el desempleo. La mejora del nivel de vida de millones de campesinos se encuentra amenazada por la apertura importadora que seguirá al ingreso del país en la OMC. La tensión creada por esta diferenciación social podría quizás ser amortiguada por la acelerada formación de una clase media urbana de 200 millones de personas. Pero la consolidación de este colchón social dependerá del mantenimiento de las elevadas tasas de crecimiento.

Incluso si esta última condición se cumpliera, la furia competitiva amenaza con desatar una escala de rivalidades –provinciales, sectoriales y comunales– que multiplicarían la inestabilidad actual. Los desequilibrios que genera la sustitución de la vieja industria por los nuevos polos de acumulación privada desatan una explosiva movilidad de la población rural hacia las ciudades.

En el plano externo, los mayores conflictos se ubican en la relación de asociación–rivalidad que está forjando la elite gobernante con sus pares occidentales. Las grandes potencias imperialistas observan con fascinación y horror el despegue del gigante asiático. China constituye para los Estados Unidos y Europa un gran mercado y el principal destino de las inversiones internacionales, pero al mismo tiempo representa una aguda amenaza de competencia. Al poco tiempo de haber alcanzado el status comercial de nación más favorecida con los Estados Unidos, China conquistó un superávit de intercambios con la primera potencia. La burocracia que comanda la transición hacia el capitalismo ya logró consolidar su presencia territorial con la absorción de Hong Kong y presiona por la reincorporación de Taiwán a través de periódicos despliegues de fuerzas militares.

El objetivo estratégico de los líderes chinos es convertir al país en una potencia comparable a Japón. Mientras esta perspectiva sea lejana, el imperialismo norteamericano continuará simplemente lucrando con los negocios que realiza en el continente asiático. Pero si el avance chino traspasa cierto límite, emergerá una tendencia hacia la confrontación.[52]

En este marco hay que evaluar la espectacular performance de la economía china de las últimas décadas. El crecimiento ha sido arrollador tomando cualquier índice: cuadruplicación del PBI en 20 años, sextuplicación del PBI *per capita* urbano, triplicación del mismo indicador

---

52 Véase análisis de Godement, François. "Desafío taiwanés para Pekín". *Le Monde Diplomatique*, n° 10, abril 2000. Lew, Roland. "Quel régime pour la Chine"? *Inprecor*, 478-479, enero-febrero 2003.

80

entre los campesinos y vigencia de tasas de crecimiento anuales superiores al 10%.

Algunos analistas comparan este salto con la revolución industrial en Inglaterra a fines del siglo XVIII, y destacan que después de superar su rol marginal en el comercio mundial, China se ha convertido en protagonista de estas transacciones. Este tipo de milagros no es único en el sudeste asiático, pero a diferencia de los pequeños NIC's (Taiwán, Corea, Singapur), el crecimiento chino impacta sobre más de mil millones de personas. Por esta razón, no puede ser tratado como una excepción o una simple peculiaridad.

La primera explicación de semejante desarrollo se encuentra en el carácter extremadamente atrasado del país y la consiguiente existencia de un amplio margen para introducir formas mercantiles en el rudimentario universo campesino. Por eso la descolectivazación agraria produjo en los años setenta y ochenta un florecimiento económico inmediato. Este mismo subdesarrollo permitió el avance industrial en las ciudades luego de la apertura mercantil. Pero el espectacular salto de crecimiento se explica, en segundo término, por la notable adaptación de China a las condiciones creadas por el avance registrado en la mundialización. Este marco le ha permitido al país convertirse en un taller internacionalizado. La revolución informática, el desarrollo de las comunicaciones, la fabricación segmentada y la división internacional del trabajo dentro de las propias corporaciones favorecieron un tipo de inserción productiva inconcebible hace tres décadas.

Pero traspasado cierto límite, este ensamble de mercado interno floreciente y acelerada integración al mercado mundial quedará afectado por agudos desequilibrios. Por un lado, el desempleo, las quiebras y la sobreproducción irrumpirán cuando la expansión mercantil se torne abiertamente capitalista. Por otra parte, la dependencia de la fluctuante demanda mundial y la furia competitiva sobrevendrán a la descontrolada inserción externa. En la rivalidad con las grandes potencias saldrán a la superficie todas las debilidades de la factoría exportadora. No hay que olvidar, por ejemplo, que la integración al mercado mundial tornará más difícil aplicar las políticas de regulación monetaria y protección comercial, que el gobierno chino utilizó para contrarrestar los efectos de la crisis asiática de 1997-1998.

Conviene igualmente ser cauteloso con cualquier conclusión extrema sobre la relación crecimiento económico-modelo de gestión. China consumó un salto espectacular recurriendo a la mixtura de la NEP y el giro al capitalismo, mientras que la URSS realizó este avance por medio de la planificación compulsiva. Ninguna de estas dos variantes aseguraron un desemboque equivalente a las nacientes potencias del siglo XIX, que en algunos casos recurrieron al liberalismo y en otros al intervencionismo para conquistar posiciones económicas hegemónicas.

En el siglo XXI, las adversidades que enfrentan los países periféricos salen a flote tarde o temprano, en un mercado mundial dominado por los países centrales. Por eso la receta desarrollista nunca brinda los resultados esperados. El proyecto socialista es la única opción de crecimiento y bienestar, porque concilia la necesidad del desarrollo con la mejora del nivel de vida de la población.

El giro al capitalismo de China constituye una realidad visible, aunque todavía negada por los autores que con decreciente entusiasmo aún ponderan la vigencia del nuevo modelo de socialismo. Esta justificación tiene poco asidero y se asienta en la relevancia asignada a múltiples formas de propiedad (pública, provincial, comunal, cooperativa) o a la perdurable gravitación de las políticas económicas intervencionistas.[53]

Pero incluso quienes remarcan el éxito de la primer fase del "socialismo de mercado" (descolectivización, reforma industrial de los años ochenta y noventa), ya reconocen que la etapa en curso empuja al país hacia el capitalismo. La conformación de un sistema financiero autónomo, el florecimiento de las Bolsas, la liberación de los precios, la autorización para emitir títulos por parte de las empresas o el ingreso a la OMC constituyen datos categóricos de esta evolución.[54] Esta percepción tiende a generalizarse incluso entre los teóricos que reivindican parcialmente el modelo seguido por China.[55]

La justificación de medidas capitalistas con argumentos marxistas se ha tornado insostenible. La ideología del socialismo de mercado que transmite la burocracia gobernante constituye un discurso mistificador de una práctica restauracionista, basada en la prioridad de preservar las riendas del poder. La inclusión ritual de convocatorias al comunismo forma parte de una retórica destinada a mantener ese dominio y asegurar que la restauración desemboque en un sistema manejado por capitalistas chinos y no por sus rivales extranjeros.

El debate más complejo no gira en torno al curso restauracionista, sino al grado alcanzado por esta evolución. Mientras que algunos autores plantean que China ya es capitalista[56] y otros destacan cómo la burocracia comanda un proceso conciente de salida del socialismo,[57] están quienes entienden que no se ha consumado aún el fin de una sociedad de transición burocratizada. Esta tesis remarca que la restauración todavía no se ha materializado, ya que las viejas instituciones del régi-

53 Esta tesis es defendida por Bowles, Paul; Dong Xiao Yuan. "Éxitos actuales y desafíos en las reformas económicas de China". *URSS y Rusia. ¿A dónde va China?*, *op. cit.*

54 Andreani, Tony, *op. cit.* (Parte 3, cap. 4).

55 Un ejemplo es Schweickart, David. "Socialism, democracy, market". *Review of Radical Political Economics*, vol. 24, nº 3-4, 1992.

56 Mathieu, Alain. "Leçons de la restauration capitaliste". *Critiques Communiste*, nº 167, otoño 2002.

57 Lew, Roland. *La Chine Populaire*. París, PUF, 1999.

men burocrático subsisten, en un marco de acumulación embrionaria y la presencia débil de las clases propietarias.[58]

Pero este debate no está referido a la tendencia del proceso, sino al diagnóstico del momento en que se encuentra esta evolución. Es evidente que resulta muy difícil definir quién dilucida con mayor certeza esta situación. Lo que está claro es que China se encamina hacia el capitalismo en un proceso inconcluso, turbulento y de final abierto.[59]

Esta caracterización quizás podría extenderse también a los procesos semejantes en países como Viet Nam, que se han embarcado en copiar el modelo chino y que avanzan hacia la liberalización de la economía en un marco de continuado autoritarismo político. Esta combinación de coerción mercantil y represiva es el típico curso de un proyecto restauracionista.[60]

EL CONTRASTE ENTRE RUSIA Y CHINA

Existe un llamativo contraste entre la caótica restauración en Rusia y la controlada reconversión de China. Muchos autores han buscado explicar esta asimetría.[61] Algunos analistas[62] atribuyen la diferencia a la subsistencia de instituciones socialistas enraizadas en la ex URSS, sin notar que el capitalismo penetra en ambos países con el completo aval de las elites gobernantes. Ninguna fracción relevante de la burocracia en Rusia o China se ha opuesto a la restauración. Las diferencias giran en torno al ritmo o las modalidades de este cambio. En Rusia, un poder

---

58 Maitan, Livio. "À propos du communisme chinois". *Inprecor* n° 423, abril 1998. Maitan, Livio. "L'éléphant dans la piscine". *Inprecor* n° 419, diciembre 1997. Maitan, Livio. "Chine: odysée 2001". *Inprecor* n° 455, febrero 2001.

59 Búster opina que hubo un primer período de "socialismo de mercado" (1976-1989) y una segunda fase de "economía de mercado socialista" (1992-1997). Pero con el comienzo de la privatización del sector público en la tercera etapa de este proceso (1997-2001), la restauración se tornó irreversible. Destaca que en el cuarto período (2001-2003) se ha producido el cambio de la naturaleza social del Estado con el ingreso a la OMC, la participación de empresarios en el PCCH y la disolución de la comisión de planificación. Buster, G. "Le parti communiste chinois et la transition au capitalisme". *Inprecor*, n° 483, julio 2003.

60 Un retrato de la situación de Viet Nam presentan: Papiin, Herland. "Vietnam". *Le Monde Diplomatique*, n° 8, febrero 2000. Greenfeld, Gerard. "Viet–Nam: les cadres, les mineurs et le marché". *Inprecor* 442, diciembre de 1999. Tuan. "Viet Nam Entretien". *Inprecor* n° 455, febrero de 2001.

61 Véase por ejemplo Hobsbawm, Eric. *Historia del siglo xx*. Buenos Aires, Crítica, 1998. (Cap. 16).

62 Laibman, David. "Conceptual foundations for socialist renewal". *Science and society*, vol. 63, n° 3, otoño de 1999.

explícitamente burgués induce la reimplantación virulenta de la propiedad privada de los medios de producción, mientras que en China la capa dirigente modera esta transformación para asegurar la estabilidad del capitalismo en formación.

La llamativa distinción entre la desintegración que soportó la URSS y la permanencia del régimen chino se explica –en gran medida– por el contexto objetivo disímil que rodeó a ambos procesos.[63] Mientras que la Unión Soviética arrastraba dos décadas de estancamiento y reiterados fracasos en la reversión de ese marasmo, el PBI chino ha continuado creciendo a un ritmo espectacular desde los años setenta. La URSS fue severamente afectada por las transformaciones internacionales del capitalismo, pero la economía china se integró a estos cambios. El primer país mantuvo su divorcio de los patrones mundiales de productividad mundial, mientras que el segundo se ha desarrollado en estrecha asociación con ese parámetro. La inmadurez económica china facilitó esta conexión que Rusia no pudo establecer por el mayor grado de industrialización autónoma que había alcanzado.

Debido al atraso rural, al subdesarrollo urbano y a la extraordinaria dimensión de su acervo poblacional, el gigante asiático reunía todas las condiciones económicas y demográficas para convertirse en el taller del mundo globalizado. Por el contrario, al detentar un mayor desarrollo productivo, la URSS siempre afrontó la amenaza de una competencia devastadora por parte de las corporaciones occidentales. Este peligro se tornó realidad cuando los gobernantes restauracionistas influidos por el FMI y el Banco Mundial comenzaron a implementar la autodestrucción de la estructura industrial soviética. Por el contrario, China ha contado con un amplio margen para desenvolver la expansión mercantil en el campo y en las ciudades.

Otra línea de explicación del contraste entre China y Rusia ha puesto el acento en las características de la resistencia popular al capitalismo que ha prevalecido en ambos países. Atribuye la restauración ordenada del primer país al aplastamiento de esa oposición, mientras que explica la turbulenta situación de la ex URSS por la fuerza de la rebelión obrera.[64]

Pero esta interpretación es equivocada, ya que frente a la magnitud de las agresiones capitalistas el nivel de movilización de la clase obrera rusa ha sido llamativamente bajo. La atomización social, el atraso político y la regresión ideológica son las causas de esta relativa pasividad. El descreimiento popular hacia cualquier variante del socialismo y las

---

63 Algunas diferencias son destacadas por Lewin, Moshe. "Anatomía de una crisis", *op. cit.*

64 Esta línea de análisis expone por ejemplo Oviedo, Luis. "China: principal fuente de la acumulación capitalista mundial". *En Defensa del Marxismo* n° 11, abril 1996.

expectativas en el capitalismo potenciaron esta resignación. Por otra parte, tampoco es correcto suponer que el paisaje social chino se ha encontrado totalmente dominado por la derrota. Más bien predomina un clima de batallas aún pendientes y ausencia de desenlaces.

La asimetría chino-rusa obedece también al comportamiento diferenciado de las capas dominantes. La burocracia china logró preservar un elevado nivel de cohesión interna (especialmente a partir de la desmaoización de 1977-1989), mientras que la dirigencia de la URSS no pudo contrarrestar el desmembramiento de su estructura política. La aparente estabilidad del período de Brezhnev-Kosiguin solo encubría este desgarramiento del aparato y la creciente fractura entre la *nomenklatura* central y los jerarcas locales. Estas divisiones salieron a flote apenas Gorbachov ensayó una reforma. Es probable, en cambio, que la mayor homogeneidad que pudo conservar (hasta ahora) el liderazgo chino constituya una secuela de las reacciones defensivas que siguieron a la traumática experiencia de la revolución cultural.

Finalmente, algunos autores atribuyen la diferencia de resultados entre Rusia y China a la implementación de políticas económicas distintas. Mientras que en el primer caso ha predominado la ortodoxia neoliberal, en el segundo prevaleció el manejo regulado desde el Estado de cada paso hacia el capitalismo. Se afirma que este distanciamiento del fanatismo mercantil ha reducido el impacto destructivo de la restauración facilitando su implementación sin grandes cataclismo.[65] En esta caracterización se apoyan también los argumentos keynesianos contra el monetarismo neoliberal de algunos autores, que presentan a China como un ejemplo de las ventajas que ofrece la regulación económica.[66]

Pero conviene tener cuidado con la habitual contraposición entre el neoliberalismo ruso y el antiliberalismo chino. Ambas orientaciones han sido muy cambiantes en cada coyuntura y circunstancia y no tienen la incidencia que se les atribuye sobre el cambio sistémico. Yeltsin fue un monetarista ortodoxo, pero su sucesor Putin ha introducido muchas regulaciones y esta secuencia se ha invertido en China, ya que el intervencionismo de los noventa tiende a ser reemplazado por medidas de apertura comercial y privatización financiera.

¿Mantendrá China su ritmo de acumulación sostenida y Rusia las sucesivas secuencias de regresiones productivas? ¿Repetirá el primer país el curso exitoso de Japón y la segunda nación el destino de atraso estructural de América Latina? No es posible formular una respuesta,

---

65 Kotz, David. "Is Russia becaming capitalist?" *Science and society*, n° 2, vol. 65, verano de 2001. Kotz, David. "Is Russia becaming capitalist? Reply". *Science and society*, vol. 66, n° 3, otoño de 2002.

66 El conocido exponente de este argumento es Krugman, Paul. *De vuelta a la economía de la gran depresión*. Buenos Aires, Norma, 1999. (Cap. 8).

pero sí puntualizar una diferencia histórica clave. Cuando emergió Japón regían sistemas precapitalistas en la mayor parte del mundo y existía un amplio margen para el desenvolvimiento del nuevo modo de producción. En cambio, en la actualidad el capitalismo es totalmente dominante y el espacio que conquista cada país en el mercado mundial se obtiene a costa de algún competidor. La restauración difiere del surgimiento del capitalismo en este horizonte decreciente de oportunidades y, en este aspecto, la perspectiva de China no se asemeja al antecedente japonés.

RESTAURACIÓN AVANZADA EN EUROPA ORIENTAL

La restauración ya está concluida en varios países de Europa Oriental y se encuentra muy avanzada en los restantes. En esta región los cinco criterios de Kornai han alcanzado un alto nivel de cumplimiento. El caso más concluyente es Alemania del Este, que ha quedado totalmente absorbida por el capitalismo germano. El ritmo vertiginoso que tuvo esta asimilación obedece al carácter artificial de la ex RDA, que no constituía una nación sino un artificio estatal creado por las potencias vencedoras de la Segunda Guerra para repartirse el mapa europeo.

Los capitalistas alemanes aprovecharon el descontento popular en el Este para ampliar súbitamente su radio de dominación directa. Luego de la caída del Muro implementaron una vertiginosa anexión de esa región, se abalanzaron sobre las empresas lucrativas y concretaron las gigantescas reestructuraciones que aún financia el Estado. Para instrumentar este objetivo apropiador consumaron en un tiempo récord la reunificación monetaria, la captación de ahorros del Este y la constitución de un nuevo mercado de consumidores para los productos fabricados en el Oeste.

Pero el costo financiero de esta operación terminó afectando la tradicional disciplina fiscal germana y ha empujado al mayor custodio del presupuesto de Maastrich a transformarse en un violador sistemático de estas pautas. Las corporaciones alemanas lograron monopolizar el botín de la RDA y realizaron una cirugía industrial sin precedentes, pero todavía es una incógnita si los beneficios justifican el costo. Hasta ahora nada indica que el aumento de la potencia económica lograda por Alemania compense la crisis fiscal que generó la anexión. Además, la fractura social y cultural del país en dos zonas divergentes ha creado un perdurable desequilibrio. Ni los capitalistas realizaron los negocios que esperaban, ni la población del Este alcanzó el status que envidiaba del Oeste. Pero este balance no modifica el dato central: la restauración capitalista se ha completado en Alemania.

En las naciones que se aprestan a ingresar a la Unión Europea, la restauración está muy avanzada aunque no completamente concluida.

Lo que se debate actualmente es el carácter del capitalismo en esos países y las razones del perfil aparentemente neoliberal de Hungría, más estatista de Polonia e intermedio en la República Checa.[67]

El debut de la restauración fue socialmente dramático en estos tres países. Durante el primer año de ese cambio, la inversión, el PBI y el consumo se desplomaron violentamente en los tres países, mientras que el desempleo se expandió geométricamente bajo el impacto de la apertura importadora y la inflación descontrolada. Los expertos enviados por el FMI para pilotear el ajuste proclamaron abiertamente su objetivo de forzar la quiebra de las grandes empresas para facilitar la apropiación privada de las compañías sobrevivientes. Esta limpieza de empresas obsoletas –que bajo el capitalismo se realiza periódicamente por medio de las crisis económicas– fue en esta zona premeditadamente organizada por las burocracias locales y sus socios de Occidente.

Al concluir estas terapias de shock, el desempleo se estabilizó en torno al 10–17% en todos los países del PECO (Europa Oriental) y recién en 1999 la tasa de crecimiento volvió a repuntar. En Hungría –el país más premiado con inversiones extranjeras de toda la región– el ajuste neoliberal dejó un terrible saldo de pobreza (30% de la población) y niveles desconocidos de mendicidad y criminalidad.

La función principal de este trabajo sucio ha sido remodelar las economías más próximas a Europa Occidental como reservorios de fuerza de trabajo barata, a fin de radicar en esos países las actividades mano de obra–intensivas de las corporaciones. El objetivo es también inducir una baja general del costo laboral en Occidente como un efecto de la presión creada por los nuevos pisos salariales. El punto de partida de esta cirugía fue la absorción comercial y la sustitución de la vieja asociación del bloque socialista (Comecon) por un nuevo intercambio intra–europeo, que actualmente abarca al 70% del comercio de Hungría, Polonia y la República Checa.

Pero las privatizaciones –que constituyen el principal instrumento de la transformación capitalista– han afrontado sucesivos obstáculos. La barrera inicial fue el escaso ahorro disponible en esas naciones para financiar la apropiación privada de las grandes compañías, ya que la burocracia sólo detentaba entre un 20% y un 30% del total necesario para adquirir esas empresas. También el traspaso al capital extranjero enfrentó dificultades, dado el bajo precio ofrecido por los compradores y las despiadadas exigencias de reestructuración planteadas por los gerentes foráneos. Despedazamientos salvajes de estas firmas no podían ser instrumentados por la falta de autoridad política de sus promotores.

---

67 Esta distinción establece Magnin, Eric. "La contribution des économies post-socialistes a la diversité du capitalisme". Chavance, Bernard; Magnin, Eric; Motamed-Nejad, Ramine; Sapir, Jacques, *op. cit.*

Pero, además, tampoco dieron resultado los distintos ensayos de privatizar con cupones, distribuyendo masivamente títulos de propiedad de las compañías entre el conjunto de la población. Estas operaciones no aportaron recursos al Estado, ni crearon un mercado para financiar los traspasos.

El modelo de los *vouchers*, por otra parte, tampoco generó el tipo de relaciones de fuerza requeridas para racionalizar por medio de los despidos masivos, ya que esta modalidad limita las atribuciones de los gerentes. El saldo final ha sido una secuencia de turbias transacciones financieras y manejos monopólicos que restaron legitimidad a las privatizaciones. Las expectativas de erigir un capitalismo popular y desplegar un accionariado obrero han perdido fuerza, mientras se mantiene aún pendiente el desenlace del proceso privatizador.[68]

Pero esta asignatura irresuelta no altera el diagnóstico de una restauración muy avanzada en Polonia, Hungría y la República Checa. Definir el status de los nuevos regímenes es complejo, porque en estos países no se han creado naciones capitalistas típicas, estructuradas en torno a procesos corrientes de acumulación endógena.[69] En realidad, dada la fragilidad de las relaciones de propiedad, se ha establecido más bien el modelo de capitalismo sin capitalistas, que describen algunos autores.[70] La clase social dominante no se ha consolidado plenamente y su raíz social es endeble. Este sector está conformado mayoritariamente por los directores de empresas de los regímenes precedentes y la elite de tecnócratas e intelectuales neoliberales. Han copado los resortes del poder en desmedro de la burguesía emergente que manejaba la "economía negra" de las anteriores formaciones burocráticas. Por lo tanto, hasta ahora el grupo dominante es altamente dependiente de una capa gerencial asistida por las fundaciones de Occidente.

En Hungría, Polonia y la República Checa se ha creado el marco propicio para instalar las maquilas que propician las corporaciones foráneas, en un marco de abaratamiento de costos y flexibilización de la fuerza de trabajo. Esta última desregulación se ha extendido con la introducción de normas laborales ultraliberales, en un contexto de alto desempleo, creciente desigualdad social y ausencia de tradiciones sindicales autónomas. Estas condiciones de alta rentabilidad potencial incentivan a los grupos capitalistas occidentales a acelerar el ritmo de in-

68 Un detallado análisis de este proceso desarrolla Samary, Catherine. "Del pseudosocialismo al capitalismo real". *Desde los cuatro puntos* n° 28, noviembre de 2000. Samary, Catherine. "L'investissement étranger en Europe de l'Est et en ex URSS. Quel bilan". *Inprecor* 466-467, enero-febrero 2002.
69 Como sugiere Potel, Jean Ives. "Les contradictions de la transition au capitalisme". *Critique Comuniste*, n° 146. París, verano de 1996.
70 Eyal, Gil; Szelényi, Iván; Townsley, Eleanor. "The theory of post-communist managerialism". *New Left Review* n° 222. Londres, marzo-abril de 1997.

greso de los países del PECO a la Unión Europea. El objetivo es también atropellar por esta vía las grandes conquistas sociales vigentes en el Oeste.

La restauración en Europa Oriental tiene una finalidad estratégica para la clase dominante del viejo continente. Ya no es un proyecto exclusivo de las burocracias locales del ex socialismo real, sino una pieza clave del proyecto de forjar una "Europa potencia" capaz de rivalizar con los Estados Unidos. Por eso la absorción de los nuevos países del Este a una estructura político–económica continental que ya cuenta con una moneda propia es cualitativamente diferente a la integración precedente de los países del Sur (Grecia, Portugal, España) o del Oeste (Irlanda) de Europa.[71]

Pero este proceso es conflictivo porque las inversiones externas guiadas por la baratura de la mano de obra tienden a agotarse al cabo de un cierto ciclo de los negocios. Por un lado la existencia de costos salariales –que en Polonia y Hungría solo alcanzan a un quinto o un sexto de los vigentes en Alemania– alientan el ingreso de capital hacia estos países. Pero lo ocurrido en Irlanda parece indicar que luego de un período de alto crecimiento, las ventajas comparativas salariales se atenúan y que la afluencia de fondos se aminora provocando una reducción de la tasa de crecimiento.

La restauración en curso tiene su principal pilar en la expectativa de la población en el futuro europeo. La mayoría asocia el ingreso a la Unión con el acceso inmediato al bienestar de Occidente. Esta esperanza explica la tolerancia hacia medidas de ajuste que se aplican en nombre de este proceso. Si a mediados de los noventa, el grueso de la población identificaba al capitalismo con la riqueza norteamericana, ahora lo asocia con el nivel de vida de Europa Occidental. Pero el choque de estas ilusiones con la realidad del ajuste perpetuo puede modificar esta expectativa. Además, el avance de la unificación europea puede acrecentar los lazos políticos de los trabajadores y la juventud con los movimientos de protesta social, los sindicatos y los partidos de izquierda del Oeste. Estos vínculos son esenciales para reconstruir la nueva conciencia socialista entre los asalariados de esos países.

Pero esta evolución dependerá del tipo de conflictos que genere la incorporación de esas regiones a la Comunidad. Las exigencias de ingreso son muy severas en materia presupuestaria, porque el mayor gasto que

71 Este planteo expone Buster, G. "Élargissement de l'Union et nouvelles restructurations néoliberales en Europe Centrale". *Inprecor*, 472-473, julio–agosto 2002. Samary, Catherine. "Pays de L'Est: un élargissement cache misère". *Critique Communiste* n° 168, primavera 2003. Samary, Catherine. "La nouvelle Europe en quête d'une autre Europe". *Inprecor* n° 487, noviembre 2003.

Claudio Katz

afrontará la Unión para financiar esa absorción deberá ser compensado con los ahorros logrados por los países ingresantes. Estos recortes serán muy drásticos, especialmente en el sector agrícola y en la industria pesada, ya que se busca acrecentar la competitividad de estos segmentos tomando sus equivalentes del Oeste como parámetros competitivos.

Pero toda Europa deberá afrontar el ajuste para asimilar a 75 millones de nuevos miembros que elevarán en un 20% la población de la Unión, reduciendo al mismo tiempo el promedio del PBI *per capita* en un 15%. Para que el resultado final sea una gran Europa imperialista preparada para la disputa entre potencias, la masa de trabajadores del continente deberá cargar con duros sacrificios.

La ampliación hacia el Este es la clave de este operativo. Lo que Alemania anticipó con la anexión de la RDA se encara ahora a nivel continental con mayores riesgos financieros (desborde de la restricción de Maastrich), crecientes tensiones regionales (Portugal, Grecia y España pierden fondos que ahora se destinan al Este) y fuertes intentos de atropello social (reforma generalizada de las pensiones y flexibilización laboral).

Existe finalmente en Europa Oriental un tercer tipo de situaciones en los países que han padecido una acentuada degradación, luego del desplome de las formaciones burocráticas. En estas regiones se expandió el atraso, la pobreza y la criminalidad (Rumania, Bulgaria, Albania) o se precipitó un atroz desangre de guerras étnicas (ex Yugoslavia). A diferencia de los países asimilados en forma neocolonial a Occidente, en estas zonas se creó una situación de creciente marginación y regresión continua.

En la ex Yugoslavia la restauración fue precedida por la guerra, confirmando (sólo en este caso) la previsión trotskista de un paso hacia el capitalismo signado por la masacre bélica. Esta tragedia fue coronada con la desintegración de un logro histórico (la Federación Balcánica) y la reaparición de la xenofobia nacionalista, que los grupos dominantes instrumentaron para concretar la reconversión capitalista sobre un trasfondo de sangre. Estos clanes guerreros –en estrecha alianza con distintas corporaciones occidentales– han erigido repúblicas funcionales al nuevo capitalismo criminal que despunta en esa región.

EL CAPITALISMO FRENADO EN CUBA

Cuba constituye una excepción en los procesos de restauración. Hasta ahora se ha expandido sólo la coordinación mercantil dentro del mismo régimen político vigente desde hace varias décadas. No se ha producido una ampliación significativa de la propiedad privada, ni del capitalismo (en sus formas de funcionamiento o crisis).

Este contraste con el resto del ex bloque socialista es particularmente llamativo a la luz de los generalizados pronósticos que anunciaban la inminente introducción del capitalismo en la isla. Ni la esperada transición política (siguiendo el modelo español posfranquista o el curso latinoamericano posdictatorial), ni la promovida transición económica (copiando el rumbo de Europa Oriental) se han consumado. Y tampoco se produjo la reacción opuesta de una bunkerización o aislamiento al estilo Corea del Norte para resistir esa evolución. Por eso, en lugar de seguir especulando sobre cuándo caerá Cuba, resulta más interesante analizar por qué falló la generalizada creencia en ese desplome.

La supervivencia del régimen no capitalista constituye ante todo una verdadera hazaña en las condiciones de terrible adversidad política y económica que soportó la isla en la última década. Sin valorar este hecho, cualquier análisis flota en el vacío, porque se ignora que la perdurabilidad de la revolución a nivel popular explica ese resultado. Si la masa de la población no se entusiasmó con la propaganda neoliberal (como ocurrió en Europa del Este), ni ha sido indiferente al destino del sistema (como en la ex URSS) y aceptó los sacrificios de un colapso económico social (que no ocurrió en China) es porque defendió conquistas que considera suyas y ha buscado preservar un patrimonio que observa como pertenencia y que estima necesario sostener.

El desastre padecido por los cubanos con el hundimiento del bloque socialista fue no solo equivalente al soportado por otras naciones de esa coalición, sino también comparable con las catástrofes recientes que soportó América Latina. Entre 1989 y 1993, el PBI cayó 35%, el comercio exterior se desplomó en un 80%, mientras el consumo se retrajo en un 30%. Ni el desmoronamiento sufrido en la Argentina en el 2000-2002 alcanzó esta dimensión, y por eso llama la atención la subsistencia del régimen. Muy pocos sistemas en la historia contemporánea han logrado mantenerse en pie frente a una tormenta de esta envergadura, en circunstancias no bélicas y sin recurrir al terror.

No hay que olvidar que el desmoronamiento económico fue aprovechado y en gran medida instigado por el imperialismo norteamericano. El embargo económico fue acentuado con amenazas de sanción extraterritorial a las compañías que comerciaran con la isla (ley Torricelli de 1992 y ley Helms Burton de 1996). Pero, además, el país soportó una interminable escalada de provocaciones militares, violaciones de la soberanía nacional y actos de espionaje, que incluyeron intentos de asesinato de los líderes del régimen.

El Pentágono nunca abandonó por completo la opción de invadir por alguna vía directa e indirecta y el Departamento de Estado ha invertido fortunas en sostener las actividades conspirativas de los exilados de Miami. Es totalmente incorrecto caracterizar al conflicto de los Estados Unidos con Cuba como una reminiscencia de la guerra fría, un choque entre los halcones de ambos bandos o un efecto de la influencia del lobby belicista de Miami.[72]

---

72 Esta imagen presenta por ejemplo Blackburn, Robin. "Putting the hammer down on Cuba". *New Left Review* n° 4. Londres, julio-agosto de 2000.

El trasfondo de la hostilidad de todos los presidentes norteamericanos hacia Cuba es la intolerable perdurabilidad de una revolución triunfante a 90 millas de los Estados Unidos. La persistencia de este desafío coloca un límite al avance militar, político y económico del imperialismo en América Latina, que la clase dominante norteamericana pretende remover desde hace mucho tiempo. Todos los presidentes de la primera potencia han buscado terminar con el régimen cubano para hacer una demostración del poderío imperialista de los Estados Unidos. Por eso es tan significativo su nuevo fracaso durante la primera mitad de los noventa, cuando la isla soportó un desastre económico–social sin precedentes.

La subsistencia de la revolución se expresa en la defensa de las conquistas populares. Por eso el impacto social del colapso económico ha sido comparativamente tolerable frente a debacles semejantes. La ocupación cayó un 0,4%, las remuneraciones oficiales declinaron un 0,9% y se mantuvieron los avances en la educación (alta proporción de la relación profesores–alumnos, ningún niño fuera del colegio), la salud (100% de cobertura para toda la población) y la expectativa de vida (baja tasa de mortalidad infantil).

Pero con el nuevo acceso a los ingresos en divisas por parte de un sector de la población, también creció significativamente la diferenciación social. El patrón igualitarista se ha erosionado, ya que con 100 dólares de aporte externo, los recursos de cualquier habitante superan en diez veces al salario medio. Esta segmentación también se afirma con la expansión de las actividades relacionadas con el turismo, que resultan indispensables para sostener la provisión de divisas. Es igualmente cierto que a través de distintos mecanismos fiscales y monetarios se ha podido controlar la magnitud de la nueva brecha social y se ha podido mantener a niveles compatibles con una sociedad no capitalista.

Dado el colapso económico padecido en Cuba, es también un logro que la polarización social se mantuviera acotada. No hay que olvidar que las dificultades para preservar un ideal colectivo anticapitalista bajo un cerco imperialista son inmensas, especialmente cuando los opositores alientan la emigración masiva hacia el país soñado por todos los pobres de América Latina.

Pero hay que reconocer todos los cambios que se están registrando en Cuba. Aunque se ha frenado al capitalismo, el entusiasmo popular ha decaído y son numerosos los signos de apatía que se observan –particularmente entre la juventud– al cabo de una década de sacrificios. Este cansancio se refleja, por ejemplo, en las crecientes solicitudes para abandonar el país. El soporte popular del régimen es real y se evidencia en las manifestaciones oficiales (marchas conmemorativas), espontáneas (el caso de Elián) o en el aislamiento social de la oposición. Pero la revolución se sostiene más por temor a los efectos devastadores de la restauración que por efectiva confianza en un proyecto propio.

Por eso, resulta incorrecto hablar de la fortaleza ideológica de la revolución[73] cuando estos pilares se han vuelto tan amorfos. La mayoría de la población continúa consustanciada con los objetivos de soberanía e igualitarismo, pero el horizonte de este proceso ha perdido nitidez.

Es probable que el sostén popular del régimen refleje la doble identidad de la revolución cubana, en tanto hito antiimperialista (en la tradición de Martí) e intento de transformación socialista (en la herencia de Marx y Lenin). Estas dos raíces han ejercido una cambiante influencia desde los años sesenta. Seguramente el componente nacional ha gravitado más significativamente en la última década, porque millones de cubanos saben que el fin de la revolución implicaría el retorno de Cuba al status de colonia norteamericana. Por eso se mantiene la identificación psicológica y emocional de la mayoría de la población con los líderes que comandan esa resistencia. La nación, la revolución y el régimen son vistos por muchos sectores populares como un trípode indisoluble.

Pero la experiencia cubana también constituye un extraordinario ensayo de transformación socialista, especialmente valorado por la izquierda latinoamericana. Aunque involucra a un territorio pequeño y a una población reducida, lo más significativo es el modelo de conquistas populares que se ha implementado. Al intentar establecer una cobertura social del Primer Mundo en una estructura productiva del Tercer Mundo, la revolución priorizó la introducción de avances inmediatos en el nivel de vida de la población, asociados con un proyecto de progreso colectivo. Y que en medio de la catástrofe se haya jerarquizado la defensa de esos logros (mantener el 60% del presupuesto destinado a salud, educación y seguridad social) confirma la primacía de ese objetivo social. En este plano se concentran los aspectos socialistas del régimen y su inicial perspectiva comunista. Estos rasgos aportan una enseñanza vital para la reconstrucción futura del programa emancipatorio a escala internacional.

La política económica de supervivencia vigente en Cuba desde 1994 se basa en cierta apertura mercantil bajo la supervisión de la planificación. Se amplió la autonomía de las empresas para manejar la compraventa de productos, se autorizó la formación de cooperativas agrarias con libertad para comercializar excedentes y se concretó una apertura a la inversión extranjera que dio lugar a la formación de 391 emprendimientos cogestionados con el Estado y al establecimiento de tres zonas francas y 16 bancos foráneos.

El objetivo ha sido implantar un enclave dolarizado para obtener las divisas requeridas para afrontar las penurias del colapso. Al fracturar la economía en un sector que recibe dólares y otro que sólo opera en pe-

---

73 Zardoya, Loureda Rubén. "Cuba. Crisis, revolución y socialismo". *Cuadernos Marxista*. Buenos Aires, Debates, 2002.

Claudio Katz

sos, se logró financiar las importaciones y absorber paulatinamente al mercado negro, cuyas transacciones equivalían en 1989-1993 al total operado en la esfera oficial. El turismo y las remesas familiares desde el exterior nutren los dólares que oxigenan la economía, evitando un aislamiento internacional que habría propinado un golpe demoledor a la revolución.

La economía volvió a respirar con la apertura a las inversiones extranjeras, la legalización del dólar, la cooperativización del agro, el aliento al trabajo independiente y la reorganización monetaria e impositiva. Estas medidas favorecieron la estabilización primero y el repunte después del PBI. Pero la fragilidad del modelo actual es a todas luces evidente. No sólo el sector externo depende de un flujo inestable de remesas y turistas, sino que la monoexportación azucarera afronta una grave crisis y el déficit de las empresas públicas persiste.

Es inocultable, además, el alto precio que se ha pagado para mantener en pie a este sistema. No es un secreto para nadie que la dualidad monetaria del peso-dólar quebranta la homogeneidad social. Pero este curso fue concientemente elegido para intentar conciliar el mantenimiento de las conquistas sociales con el giro hacia la economía de mercado que impuso el derrumbe de la URSS.

En el plano político, el régimen simplemente apostó a la continuidad de un modelo surgido en otras circunstancias. Pero bajo la aparente uniformidad de un solo partido y de un solo liderazgo de Fidel, en realidad han coexistido hasta ahora tres proyectos diferenciados: el curso socialdemócrata, el modelo chino y la renovación socialista. Aunque los tres planteos se apoyan en la reivindicación común de la originalidad de la revolución cubana, en realidad proponen cursos distintos y que no han logrado dirimirse.

Las tres alternativas se discuten en ámbitos intelectuales e instancias de decisión, pero no de forma pública y abierta. La primera opción –que equivale a una restauración capitalista amigable y negociada con la oposición interna y de Miami– no tiene voceros oficiales directos, pero sí exponentes sociales potenciales en los dos grupos beneficiados por la apertura de las inversiones y el doble mercado cambiario: los gerentes asociados a las empresas extranjeras y los cubanos con acceso a las divisas por turismo o parentesco. Esta coalición –que Dilla[74] denomina bloque tecnocrático-patronal– son los candidatos a comandar una restauración de terciopelo afín al curso seguido en Hungría o la República Checa.

La segunda alternativa –próxima al modelo chino– implica combinar el autoritarismo con la restauración y requiere una drástica sustitución del clima laboral tolerante por el sistema de coerción disciplinaria que

---

74 Dilla, Haroldo. "Camarades et investisseurs: Cuba, une transition incertaine". *Cahiers des Amériques Latines* n° 31-32. París, IHEAL, 1999.

94

rige en el "taller del mundo". Algunos justifican esta alternativa argumentando que el socialismo se construirá al cabo de una larga trayectoria previa de capitalismo. Pero los críticos de esta perspectiva destacan acertadamente que este termidor cubano equivaldría a sepultar definitivamente al socialismo.[75]

La tercer alternativa de renovación socialista fue expuesta por varios intelectuales y economistas durante la primera mitad de los años noventa. Pero este debate quedó trunco cuando el régimen decidió desautorizarlo y silenciarlo abruptamente.[76] Entre las propuestas más interesantes que se discutieron en esos momentos en el instituto CEA figuró la promoción de la pequeña y mediana empresa, el estímulo al trabajo independiente para absorber el desempleo y canalizar el ahorro y el mantenimiento de estrictas regulaciones sociales en el marco de la gestión planificada.[77] Aunque los promotores de este curso reconocieron que el aliento mercantil podía apuntalar la restauración, también observaron que esa amenaza rodeaba a todas las alternativas. Por eso propusieron transparentar la expansión del mercado, para orientarlo y fijarle límites compatibles con el proyecto socialista. Esta coexistencia podría lograrse si se privilegia a las pequeñas y medianas empresas en lugar de jerarquizar la asociación estatal con las grandes corporaciones del capital extranjero. Un grupo empresarial nacional, débil, disperso y heterogéneo representa un peligro contrarrevolucionario muy inferior al bloque patronal–tecnócratico.

El proyecto del CEA presenta algunas semejanzas con la estrategia de transición propuesta por Trotsky (plan, mercado y democracia) y constituye una opción realista de sostenimiento de la perspectiva socialista. Se sitúa en las antípodas de la restauración ordenada y "por arriba" (modelo de China) y de la restauración caótica y "por abajo", que emergería de la descomposición social y la ampliación mafiosa del mercado negro.

Pero este curso socialista igualmente exigiría recurrir a una amplia flexibilidad de políticas económicas, que incluiría distintas combinaciones de gestión centralizada y descentralizada. Esta variedad ha Estado presente en las orientaciones implementadas hasta ahora, pero con un

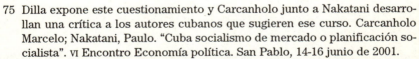

---

75 Dilla expone este cuestionamiento y Carcanholo junto a Nakatani desarrollan una crítica a los autores cubanos que sugieren ese curso. Carcanholo Marcelo; Nakatani, Paulo. "Cuba socialismo de mercado o planificación socialista". VI Encontro Economía política. San Pablo, 14-16 junio de 2001.

76 Un ejemplo fue la disolución del instituto CEA por parte de las autoridades del partido en 1996. Habel, Janette. "Cuba dix ans aprés la chute du mur de Berlin". *Cahiers des Amériques Latines* n° 31-32. París, IHEAL, 1999.

77 Este proyecto fue impulsado por Carranza Valdez, Julio; Gutiérrez Urdeaneta, Luis; Monreal González, Pedro. "La petite et moyenne entreprise a Cuba". *Cahiers des Amériques Latines* n° 31-32. París, IHEAL, 1999.

extraordinario grado de empirismo, voluntarismo (zafra de los 10 millones) y apuestas erróneas (asociación económica excluyente con la URSS). La aplicación de modelos variados no es un rasgo negativo, si refleja la vitalidad y la capacidad de cambio de un proceso revolucionario. Más bien estos giros son indispensables para reforzar las conquistas sociales, que serían desmanteladas si triunfa el proyecto socialdemócrata o el modelo chino.

Las tres alternativas económicas tienen su correlato político en tres opciones diferenciadas de apertura hacia la democracia burguesa, implantación de un modelo autoritario o creación de una democracia socialista.[78] Hasta ahora el régimen no ha optado por ninguna de estas variantes, aunque incluye elementos de las tres. Esta indefinición no implica por ahora un comportamiento bonapartista de los líderes del régimen, ya que esa conducta expresaría el afianzamiento de una capa autónoma con objetivos estratégicos.

La alternativa socialdemócrata plantea instaurar los típicos mecanismos de la democracia occidental. Pero estas estructuras contribuirían no solo a la restauración, sino al copamiento del sistema político por parte de los exilados de Miami y los partidos financiados por los Estados Unidos o España. Los temores de la dirección castrista a abrir esta canilla son plenamente justificados y parten del acertado reconocimiento de este gravísimo peligro.

Los promotores de la variante chino–autoritaria rechazan cualquier apertura política y defienden la tesis oficial del partido único con dos argumentos equivocados: las peculiaridades históricas de Cuba y la superioridad de la democracia de las asambleas populares. La primera afirmación es errada porque esas singularidades (confluencia de batallas antiimperialistas en torno a un liderazgo unificado) no son exclusivas de Cuba y tampoco justifican el impedimento vigente para que cada fracción política popular se exprese de manera organizada. La segunda caracterización ha sido desmentida por la experiencia práctica, ya que la digitación burocrática se afirma cuando persiste la prohibición a expresar públicamente las divergencias políticas. Aunque en Cuba las Asambleas Populares y los Comités de Defensa de la Revolución siempre han contado con alto nivel de participación popular, la proscripción de los partidos o fracciones afines a la revolución abona hoy el camino hacia la restauración.

---

78 También Campbell diferencia tres corrientes: los partidarios del capitalismo –que tienen escaso soporte político y académico–, los socialistas –que sólo reconocen la necesidad de hacer concesiones al mercado– y los partidarios de un socialismo que incluiría rasgos subordinados de capitalismo. Campbell, All. "Cuba: realities and debates". *Science and Society*, vol. 67, nº 2, verano de 2003.

También son muy negativas las restricciones vigentes en los medios de comunicación, porque la fuerza de una revolución radica en la capacidad para explicitar sus dificultades y propiciar su resolución a través de la intervención de la población. El carácter poco transparente y muy restrictivo de los debates actuales en la isla afecta seriamente el futuro de la revolución. En el pasado estos obstáculos fueron superados, pero la sociedad cubana actualmente se ha diversificado y no puede regirse por los anteriores patrones de uniformidad.[79] La tercera opción política de avanzar hacia la democracia socialista apunta justamente al reforzamiento del sujeto popular. Este fortalecimiento se lograría ampliando las libertades de expresión pública en los sindicatos, el partido y en todas las instancias de participación popular local o comunitaria.

Estos dilemas se pusieron de relieve en la acalorada discusión que a mediados de 2003 desató el fusilamiento de varios cubanos que intentaron secuestrar una embarcación. Estas medidas fueron complementadas con severas condenas de prisión para un grupo de opositores acusados de participar en las actividades conspirativas del encargado de negocios norteamericano en la isla. Frente a este tipo de represalias, la gran mayoría de los simpatizantes internacionales de la revolución reconocieron que "Cuba duele" (Galeano), porque las sanciones adoptadas no guardan proporción con el delito cometido (o por lo menos, no se lo ha probado en juicios transparentes).

Pero mientras que algunos intelectuales desconocen el peligro imperialista real que enfrenta la isla y retacean su solidaridad frente a esta agresión declarando que "hasta aquí llegué" (Saramago), otro grupo aceptó los argumentos oficiales justificando incondicionalmente la medidas represivas, como si los derechos democráticos y las garantías individuales fueran irrelevantes en un proceso revolucionario.[80] Ambas opciones son incorrectas porque se puede defender a Cuba frente a la agresión, sin confundir la legítima represión a las provocaciones del imperialismo con la regimentación política interna.

Existe hoy en Cuba la posibilidad de avanzar hacia la democratización sin abrir ingenuamente las compuertas a la contrarrevolución. El camino puede ser recorrido de manera paulatina y a través de cuidadosas medidas, que por ejemplo no incluyen la autorización inmediata e irrestricta de cualquier tipo de pluripartidismo. Pero la apertura hacia

---

79 Estas ideas exponen Moscato, Antonio. "Dynamique et problèmes de la révolution". *Inprecor* n° 482, mayo-junio 2003. Habel, Janette. "Cuba: L´escalade". *Inprecor* n° 482, mayo-junio 2003. Habel, Janette. "Cuba". *Viento Sur* n° 50, junio 2000.

80 Véase una síntesis de la discusión en *Convergencia socialista*, n° 17. México, mayo-junio 2003. Especialmente Saramago, José. "Hasta aquí he llegado" y Galeano, Eduardo. "Cuba duele".

Claudio Katz

una efectiva democracia popular debe comenzar de manera visible y con pasos nítidos para que el socialismo tenga algún futuro en Cuba.[81]

LA DEMOCRACIA SOCIALISTA

La experiencia de las formaciones burocráticas indica que la vitalidad o deterioro de un proyecto socialista depende del grado de intervención popular y de la construcción u ocaso de una democracia genuina. Los momentos de ensayos socialistas más avanzados en la URSS (1917-1928), Yugoslavia (1950-1960) o Cuba (1960-1970) estuvieron signados por una creciente incidencia de la población sobre la gestión económica. Por el contrario, el desinterés por la actividad pública y la indiferencia frente a los sucesos políticos precedió al colapso del socialismo real.

El fracaso económico determinó la crisis de esos regímenes, pero la implosión fue un proceso nítidamente político. Otros sistemas enfrentaron dificultades productivas o financieras equivalentes sin desmoronarse. Lo que sepultó al socialismo real fue la hostilidad de la población, que se afianzó junto a la desaparición de toda participación ciudadana en la vida política. A partir de allí se abrió un abismo entre el discurso y la realidad, ya que los funcionarios hablaban en nombre de una población que rechazaba al régimen de manera explícita o silenciosa.

La conclusión de lo ocurrido es simple y categórica: sin una democracia popular y genuina no es posible avanzar en la construcción socialista. Hay que discutir las modalidades de esa forma política, pero ya no cabe cuestionar su necesidad o disfrazar su ausencia. La democracia es sencillamente imprescindible, para rectificar colectivamente y sobre la marcha los errores de un proceso revolucionario. Se ha probado que cualquier crítica, autocrítica, giro o revisión instrumentados desde arriba resultan inútiles para superar estas dificultades.

La democracia socialista es un componente imprescindible de la articulación de los mecanismos del plan con el mercado durante la transición. En tanto instrumento de gestión poscapitalista la planificación no funciona sin democracia, porque su aplicación exige deliberación colectiva, libre expresión ciudadana y control popular de los organismos gubernamentales. Al disociar a los planificadores de los planificados, la administración económica cotidiana del socialismo real resultó completamente inoperante.

Este fracaso obedeció a la inviabilidad de cualquier forma de gestión que se sustrae de la regulación capitalista sin introducir el control colec-

81 Bernabé plantea una excelente síntesis de esta alternativa. Bernabé, Rafael. "Cuba en debate". *Desde los Cuatro Puntos*, nº 52, junio-julio 2003. Bernabé, Rafael. "Notas sobre Cuba y la democracia socialista". *Convergencia socialista*, nº 17. México, mayo-junio 2003.

tivo. Ningún proceso económico puede desenvolverse en el largo plazo si carece del sostén que brinda la propiedad capitalista o del cimiento que ofrecería la propiedad pública y su control popular. Mientras que el capitalismo funciona brutalmente a través de los ciclos de ganancia y quiebra, explotación y desempleo, una economía poscapitalista sólo puede prosperar si se sostiene en el consenso mayoritario. En ambas situaciones los cambios de rumbo son insoslayables, pero la "mano invisible" que favorece –en el primer caso– a los banqueros y a los empresarios sólo puede sustituirse positivamente en la segunda alternativa si actúa una "mano colectiva" gestionada por la mayoría popular. La "planificación burocrática" es un contrasentido, ya que la coordinación del plan resulta inviable si queda fuera de todo control social.

El desmoronamiento del socialismo real estuvo precedido por la destrucción de las expresiones democráticas autónomas y la consiguiente demolición de la conciencia revolucionaria. Este aniquilamiento –que abrió las compuertas de la restauración– presentó rasgos específicos en cada país. En la URSS el acontecimiento determinante fue la contrarrevolución de los años treinta. El régimen subsistió durante varias décadas a este impacto, pero la muralla de hostilidad entre la población y los funcionarios –que se gestó a partir de esa decepción– nunca fue revertida. El régimen perdió sustento y durante su larga agonía fue imposible recuperar un camino hacia el socialismo. El reemplazo del terror stalinista por la regimentación paternalista reforzó el desinterés popular, que se evidenció durante la solitaria implosión del régimen.

En ningún país de Europa Oriental se registró una epopeya revolucionaria y una tragedia contrarrevolucionaria de la magnitud observada en la URSS. Quizás por esa razón se observaron sucesivos intentos de renovar el socialismo, pero la frustración de estos ensayos desembocó en la restauración. Mucho antes de la caída del Muro, el proyecto socialista fue internamente destruido por las dictaduras burocráticas que reprimieron las demandas democráticas de la población. Esta erosión previa ilustra hasta qué punto el socialismo resulta incompatible con la tiranía autoritaria.

Existe una comprobada correlación entre los momentos de renacimiento u ocaso de la perspectiva socialista y el nivel de intervención popular. Un ejemplo fue Yugoslavia, ya que allí la desilusión popular se produjo durante el paso de la autogestión obrera a las políticas neoliberales. Lo que algunos analistas[82] describen simplemente como un síntoma de vitalidad de la sociedad civil, constituyó en realidad en Europa Oriental durante décadas una tendencia favorable a la rehabilitación democrática del socialismo. Sólo al frustrarse este objetivo florecieron las expectativas en el capitalismo.

---

82 Molnár, Miklos. *La démocatie se léve à l'Est*. París, PUF, 1990. (Introduction, cap. 1).

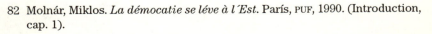

La primera decepción apareció cuando los tanques rusos aplastaron el levantamiento de Berlín (1953), la segunda cuando una represión semejante se abatió sobre los trabajadores húngaros (1956) y la tercera cuando las mismas tropas ocuparon Checoslovaquia (1968). Otro desengaño surgió del golpe de Estado que intentó sofocar la irrupción obrera de Solidaridad en Polonia (1980). La perspectiva comunista se encontraba en las barricadas de Berlín, de Budapest, de Praga y Gdansk y no en el campo de los gendarmes que exhibían el título de socialistas. Exponer esta conclusión en términos categóricos es la condición para reconstruir un proyecto emancipatorio.

A diferencia de lo ocurrido en la URSS y Europa Oriental, la restauración es comandada en China por el propio régimen, que mantiene los símbolos del comunismo mientras pone en pie una clase propietaria. Bajo el peso de esta simbiosis de liturgia socialista y acciones capitalistas, la acción política autónoma de la población es rigurosamente sofocada. El desprestigio de la causa socialista en China acompaña la continuidad del régimen autoritario y es probable que la represión de Tian An Men (1989) haya marcado un viraje comparable a las intervenciones militares rusas en Europa Oriental. El distanciamiento popular del ideal socialista avanza junto a las privatizaciones, la flexibilización laboral y la destrucción de los bastiones sociales de la clase obrera. Este proceso se verifica también en el renacimiento de la religión, la moda mercantil y el desinterés por la literatura marxista. La continuada regimentación política empuja a la población hacia la misma regresión de la conciencia socialista que se observó en la URSS y Europa Oriental.

En comparación con estos descalabros, el cuadro vigente en Cuba es diferente, porque subsiste la movilización popular en defensa de la revolución. Pero el futuro del proyecto socialista constituye un reconocido interrogante para la mayoría. Si bien las expectativas en el capitalismo son escasas, tampoco existe una renovación de la alternativa comunista.

Para revitalizar la perspectiva anticapitalista después de lo ocurrido en la última década hay que esclarecer los caminos de la transición, analizando las nuevas propuestas de socialismo. Este es el tema de nuestro tercer texto.

CAPITULO III

MODELOS, ENSAYOS Y BALANCES DEL SOCIALISMO

Concebir un futuro para el socialismo exige revisar los modelos ensayados durante el siglo XX. En estos intentos se concentraron los complejos problemas y las duras disyuntivas que afrontó el proyecto emancipatorio, especialmente en los países subdesarrollados que erradicaron el capitalismo y buscaron conciliar la industrialización sostenida con mejoras inmediatas en el nivel de vida de la población. Este tema fue objeto de intensas discusiones estratégicas entre los principales teóricos marxistas.

La forma en que fueron zanjados estos debates definió el perfil posterior del socialismo real. Las alternativas económicas bajo este sistema fueron frecuentemente reducidas a sólo dos opciones: el modelo centralizado y el esquema descentralizado. Comprender por qué fracasaron ambas variantes es indispensable para replantear un proyecto liberador que supere los defectos de la "economía comandada" y del "socialismo de mercado".

Un nuevo modelo socialista debe brindar respuestas satisfactorias a los dilemas claves de este proceso: ¿Cómo gestionar de manera eficiente la planificación? ¿Por qué fracasaron la autogestión yugoslava, las reformas húngaras y *la perestroika* soviética? ¿Se puede avanzar directamente hacia el socialismo sin una transición previa? ¿Las cooperativas deben reemplazar al mercado en ese período intermedio? Estos problemas fueron intensamente discutidos en la naciente Unión Soviética en los años veinte y treinta.

Claudio Katz

DOS OPCIONES DE LA TRANSICIÓN

El debate de estrategias económicas en la URSS opuso a Preobraz-hensky con Bujarin. El primer teórico postulaba una transición al socialismo basada en acelerar la industrialización a través de la absorción estatal de una gran porción del plusproducto generado en el ámbito campesino. Promovía acelerar el crecimiento estableciendo intercambios favorables al sector estatal solventados por el resto de la economía y protegidos de la competencia externa a través de fuertes aranceles.

Preobrazhensky estimaba que esta política debía perdurar hasta que la industria se tornara dominante y asegurara su propio crecimiento autónomo. Observaba a la transición como un período dominado por el conflicto entre dos reguladores: la acumulación primitiva socialista y la actividad mercantil privada, y pregonaba apuntalar la primera esfera frente a la segunda. Trazaba un paralelo con lo ocurrido durante la acumulación primitiva del capitalismo, señalando que la intervención estatal a favor de la industria resulta indispensable para inducir el despegue económico.[1]

Bujarin postulaba un enfoque distinto. Defendía la preservación de un desarrollo armónico entre la industria y el agro y entre los sectores público y privado. Advertía contra la ruptura de estos equilibrios señalando que la industrialización acelerada podía desconectar la producción creciente del consumo estrecho. Pero, además, entendía que amenazaba la alianza política de los campesinos con los obreros y por eso objetaba cualquier forma de acumulación primitiva que implicara explotar a los agricultores y suplantar la absorción paulatina de la economía campesina por la súbita destrucción de este segmento. En su opinión, el avance del socialismo requería ante todo mantener un desarrollo económico proporcionado.[2]

Cuando el proyecto revolucionario de los soviets quedó sofocado por la autocracia stalinista, también la controversia entre estas dos alternativas socialistas quedó anulada y sus exponentes terminaron en el patíbulo. Para barrer todos los vestigios de la tradición marxista, la burocracia totalitaria aniquiló a los principales representantes de los proyectos de una nueva sociedad.

Esta ruptura radical con dos cursos posibles de la transición al socialismo quedó inicialmente oscurecida por la continuidad de la retórica y los símbolos del pasado revolucionario. Pero bajo esa cobertura, la dictadura stalinista adoptó y deformó el legado de ambos programas, quitándoles su contenido progresista. Al principio (1926-1929) recogió

---

1 Preobrazhenski, Eugen. *La nueva economía*. Barcelona, Ed. Ariel, 1970. (Cap. 2).
2 Bujarin, Nicolai. *Sobre la acumulación socialista*. Buenos Aires, Materiales Sociales, 1973.

de Bujarin la idea de atemperar la industrialización, pero en lugar de preservar el equilibrio entre el campo y la ciudad impulsó el resurgimiento del capitalismo agrario. Frente a la amenaza que esta expansión representaba para su control del poder político, la burocracia introdujo un giro radical hacia el crecimiento industrial (1930-1940). Pero tampoco desenvolvió este rumbo regulando políticas de transferencias de recursos hacia el sector estatal, sino instaurando la colectivización más forzosa y brutal de la historia contemporánea.

Este paso de un descontrolado aliento de la acumulación privada agraria a la expropiación masiva de los campesinos condujo al peor de los mundos y anuló todas las ventajas de los dos proyectos de transición. Se quebraron los equilibrios económicos y políticos que preocupaban a Bujarin y se frustró la industrialización integral que pregonaba Preobrazhensky. Este catastrófico resultado logró ser enmascarado por el terror dictatorial, porque las condiciones internacionales de la época eran favorables a este ocultamiento. El desastre provocado en la URSS parecía justificable frente a la hecatombe que registraba el mundo capitalista en el plano económico (crisis del año treinta), político (inestabilidad de entreguerra) y militar (preparación de la Segunda Guerra).

La extraordinaria victoria posterior obtenida por la Unión Soviética en esta contienda pospuso aún más el reconocimiento de la terrible cirugía económica y social realizada por el stalinismo. Y cuando esta herencia tomó Estado público, su efecto quedó nuevamente neutralizado por el prestigio acumulado por la causa del socialismo, que era internacionalmente identificada con el comunismo oficial. La propaganda de este movimiento presentaba la tragedia de los años treinta y cuarenta como el inevitable precio pagado por la URSS para afrontar las adversidades objetivas de ese período. Pero visto retrospectivamente, el daño provocado por esa contrarrevolución fue demoledor y ya no hubo forma de recomponer el proyecto socialista en las tres décadas posteriores de régimen burocrático.

Al ahogar las opciones progresistas que encarnaban Preobrazhensky y Bujarin, no sólo quedaron frustradas alternativas inmediatas para la transición, sino que también fue bloqueado el rumbo estratégico de una edificación socialista. Este obstáculo fue perdurable y se reprodujo de diferentes maneras en otros países que ensayaron el mismo régimen político. Pero en todos estos casos el debate económico siempre volvió a girar en torno a los problemas planteados durante los años veinte y treinta. Y lo más importante de esa controversia era la compatibilidad de los rumbos proyectados. Esta mixtura constituía la mejor alternativa para avanzar hacia el socialismo.

Claudio Katz

LA SÍNTESIS POSIBLE

El programa que concibió Trotsky en su madurez representaba una síntesis depurada de los dos proyectos en debate. El creador del ejército rojo avaló primero la industrialización acelerada, cuestionando la transformación agraria paulatina (1925-1928). Pero luego se opuso al desarrollo fabril desproporcionado basado en la colectivización forzosa (1930-1933).[3] Aunque inicialmente coincidía con el enfoque de Preobrazhensky, nunca compartió plenamente la teoría de la acumulación socialista primitiva y también rechazó el sostén al giro industrializador de la década del treinta. Trotsky criticó severamente el ritmo alocado de ese proceso, la abrupta eliminación de la propiedad privada en el agro, la anulación de los mercados y la hipercentralización de la gestión económica. Como destacó un gran historiador,[4] esta caracterización fue el trasfondo de su oposición a la actitud conciliadora que adoptó Preobrazhensky frente a Stalin.

La virulenta crítica de Trotsky a la dictadura burocrática no se reducía al plano político y al uso del terror. Incluía también un proyecto económico diferenciado y basado en jerarquizar el crecimiento industrial, a través de políticas que no devastaran el agro, ni afectaran el nivel de consumo. Para Trotsky era demencial sostener las tasas de crecimiento en el agotamiento campesino y por eso alertaba contra el deterioro de la provisión de alimentos que provocaba la colectivización. Su diagnóstico era adecuado y se verificó posteriormente, en la sistemática incapacidad de la economía soviética para resolver los estrangulamientos legados por estatización salvaje. Lo que encubrían las estadísticas y las evaluaciones benévolas salió a la superficie durante el estancamiento estructural de los años sesenta y el colapso de los años noventa.

Trotsky proponía armonizar un salto en la acumulación socialista con medidas de transformación gradual en el campo y desarrollo mercantil en las ciudades. Promovía equilibrar la inversión y el consumo durante la industrialización y alertaba contra la ficción de éxitos productivos logrados a costa de una ruptura de las proporciones sectoriales.

Su visión recogía las enseñanzas de dos ensayos claves: el comunismo de guerra –frente a las aventuras de estatismo extremo– y la NEP ante los peligros del enriquecimiento agrario. Partiendo de esas experiencias, postulaba sustentar el avance de la industrialización en mejoras de la agricultura y en aumento del poder adquisitivo de la población. Señalaba que esa síntesis entre mejora de la productividad y bienestar resultaba más sustentable, en el largo plazo, que cualquier avance de un sector a costa del otro. Su mensaje era: no forzar la industrialización en

---

3 Trotsky, León. *La revolución traicionada, op. cit.* (Cap. 2).
4 Deutscher, Isaac. *Trotsky. El profeta desterrado*. México, Era, 1969. (Cap. 1).

desmedro de la eficiencia, pero tampoco resignar el crecimiento con ensanchamientos desmedidos del consumo.

Este programa se apoyaba también en una oposición radical a la ilusión de construir el socialismo en un sólo país, porque ni la dimensión territorial, ni los recursos materiales de la Unión Soviética bastaban para alcanzar ese objetivo, en el marco de una nación subdesarrollada. Esta misma limitación tornaba conveniente impulsar la industrialización equilibrada durante la transición, también en los restantes países del bloque socialista. Dado su elevado nivel de atraso en comparación al desarrollo alcanzado por el capitalismo occidental, ningún integrante de esa coalición podía soslayar esa etapa. Ignorar la transición y suponer que el comunismo ya se encontraba en plena edificación fue una caracterización que tuvo efectos nefastos para esas economías.

La síntesis que sugería Trotsky presenta enorme actualidad para elaborar un nuevo modelo de socialismo, porque define un curso de avance al socialismo factible para los países periféricos. Esta política debería combinar altos ritmos de acumulación con sustanciales mejoras en el poder de compra. Semejante crecimiento balanceado podría implementarse a través de distintas orientaciones económicas, tendientes a evitar la oscilación entre las dos tentaciones extremas de una transición: forzar el crecimiento o renunciar a sostenerlo, abjurar de la distribución o ignorar sus fronteras. La experiencia indica que el zigzageo entre estos objetivos polares provoca consecuencias muy negativas. Una economía periférica necesita superar la herencia del subdesarollo, mejorando al mismo tiempo el nivel de vida de la población. Son dos propósitos conciliables en el marco de una gestión democrática y planificada.

Como los niveles de retraso industrial y estrechez del consumo son muy diferentes en cada nación periférica, la estrategia de compatibilizar crecimiento acelerado y mayor bienestar implicaría políticas variadas y adaptaciones distintas a las circunstancias políticas internas e internacionales. Existen diversos cursos monetarios, crediticios y salariales para combinar los dos objetivos. Para imaginar esa mixtura se puede establecer cierta analogía con la gestión económica corriente de cualquier país capitalista.

Tal como ocurre en ese sistema, en la transición se podrían utilizar muchos instrumentos financieros, cambiarios e impositivos para intensificar o atenuar el nivel de actividad, inversión o consumo. Pero esa gestión apuntalaría el avance del socialismo, mientras que la primera sólo contrarresta los desequilibrios capitalistas. Por eso la semejanza instrumental no debe ocultar el abismo de objetivos. Pero la comparación es pertinente para remarcar cómo un proyecto socialista exige flexibilidad y uso de gran variedad de herramientas económicas.[5]

5   En esta comparación nunca hay que perder de vista que ciertas categorías económicas formalmente semejantes están referidas en ambos sistemas a procesos cualitativamente distintos. Por ejemplo, la rentabilidad, que es

Si este tipo de opciones macroeconómicas se asienta en el capitalismo en el legado del keynesianismo, las alternativas de gestión para un proyecto anticapitalista en una futura transición deben recoger las experiencias acumuladas bajo el socialismo real. Este acervo se concentra, en primer lugar, en el principal modelo económico ensayado en ese sistema: la centralización integral.

EL MODELO CENTRALIZADO

La planificación es la forma de gestión económica de una transición al socialismo, porque superar al capitalismo exige sustituir la preeminencia de la competencia y el beneficio por un manejo colectivo y popular de la economía. Para potenciar el crecimiento y satisfacer las necesidades sociales resulta indispensable introducir mecanismos de asignación *ex ante* de los recursos, que eviten las crisis periódicas, el desempleo y los quebrantos. Pero la planificación debería operar durante un largo período junto al mercado. Su implantación en total reemplazo del intercambio mercantil provocó las enormes deformaciones que caracterizaron al socialismo real.

La estatización completa y el manejo centralizado de todas las actividades productivas se impuso allí, sin considerar siquiera el bajo nivel de desarrollo mercantil preexistente. En esas condiciones, en vez de orientar el curso general de la economía, la planificación introdujo un control estatal inmediato y directo de todos los sectores. Por esta vía el plan fue empujado a realizar una misión que no podía cumplir: la centralización de todas las decisiones de producción, distribución e intercambio de bienes en un comando rector. Este salto era completamente inviable en economías atrasadas que requerían un largo proceso de maduración, antes de embarcarse en la socialización integral.

La sobreexpansión estatal no permitía apuntalar en el largo plazo la eficiencia, ni tampoco garantizó una mejora perdurable del nivel de vida. Al contrario, la forzosa estatización alumbró el surgimiento endémico del mercado negro. Como la propiedad pública se generalizó por decreto –sin experimentar su capacidad para gestionar las esferas que abarcaba– una "segunda economía" no oficial (pero tolerada) cumplió el rol de contrapeso y periódica oxigenación del gigantismo estatal.

una medida de la tasa de plusvalía acumulada bajo el capitalismo, constituiría un índice de la eficiencia de las empresas públicas en la transición. Y esta diferencia de significados se extendería también a otras categorías económicas (tasa de interés, precios, renta). Preobrazhensky remarcaba estas distinciones. Preobrazhenski, Eugen. *La nueva economía*. Barcelona, Ed. Ariel, 1970. (Cap. 2).

La planificación compulsiva fue la secuela natural de esta desproporcionada estatización. Los defectos de ambas distorsiones se verificaron primero en la URSS y luego en todo el campo socialista. En distinto grado, las economías de ese bloque soportaron las consecuencias de la amputación prematura del mercado. Aunque en la mayoría de estos países la estatización extrema nunca alcanzó la extensión y duración del precedente soviético, su impacto fue igualmente nocivo. En todos los casos se comprobó que la anulación inconsulta, indiscriminada y burocrática del mercado sofoca la transición. Esta lección es clave para cualquier replanteo futuro del socialismo.

La centralización burocrática constituyó un mecanismo de administración favorable a la capa gobernante del socialismo real. Esa gestión totalitaria propagaba los desequilibrios creados por tres tipos de distorsiones: el monopolio de todas las decisiones en un reducido grupo de funcionarios, la eliminación anticipada del mercado y la distribución discrecional de las prebendas entre una elite dominante.[6]

Durante el declive del modelo centralista, la burocracia no sólo consolidó una red de consumos inaccesibles para la mayoría, sino que además expandió los gastos superfluos y manipuló el ahorro buscando reforzar su dominación. Posteriormente preparó su reconversión en clase propietaria, a través de un prolongado proceso de autonomización de la gestión económica de cualquier control social. Esta desconexión se fue plasmando a través del cobro de primas por el cumplimiento del plan, que ataban los ingresos de los directores de las empresas al logro de metas cuantitativas. Para lograr estos objetivos, los funcionarios tendían a inflar los resultados a costa de la calidad de los productos y buscaban acaparar los abastecimientos requeridos para garantizar los planes de fabricación.

El modelo centralista nunca pudo remontar sus dos defectos de nacimiento (eliminación abrupta del mercado y manipulación burocrática). Las distorsiones que introdujo no eran resolubles con mejoras en las técnicas de planificación, ni con ajustes en los instrumentos de cálculo. El desabastecimiento, derivado del ahogo mercantil y el despilfarro provocado por la acción descontrolada de los gerentes, no podía corregirse sólo con procedimientos administrativos. El desinterés por la eficiencia y la penuria de bienes de consumo eran consecuencia de una gestión coactiva y de un manejo compulsivo del conjunto de la econo-

6 Mandel analizó esta variedad de contradicciones en dos situaciones. Primero, durante el crecimiento de los años 50 y 60 y luego, durante el estancamiento de las décadas del 70 y 80. En ambos casos realizó una minuciosa descripción de los desequilibrios generados por la gestión burocrática. Mandel, Ernest. "La economía del período de transición". *Ensayos sobre neocapitalismo*. México, Era, 1969. Mandel, Ernest. *Alem da perestroika*, San Pablo, 1989. (Cap. 5 y 11).

mía. Por eso, el balance de este período es concluyente: sin democracia genuina el plan no funciona y la socialización no prospera.

En un régimen no capitalista, la ausencia de competencia anula el norte de la rentabilidad como referente organizador de la actividad económica. Por eso el desarrollo de la nueva estructura social depende de patrones sustitutos de la ganancia basados en la acción colectiva para mejorar el desenvolvimiento de la sociedad. Este nuevo pilar exige un nivel de deliberación, crítica y confrontación pública de opiniones que el capitalismo tolera muy parcialmente, puesto que formas avanzadas de democracia obstruyen la acumulación. El ejercicio pleno de la soberanía popular es un requisito para el despegue del socialismo.

LAS JUSTIFICACIONES DESARROLLISTAS

El principal argumento utilizado para justificar la aplicación del modelo centralizado fue la necesidad de acelerar la industrialización. Se consideraba indispensable recurrir a instrumentos coercitivos durante una primera etapa del socialismo para permitir un posterior crecimiento más balanceado. Algunos autores[7] estimaban que el despegue de una economía no capitalista exigía asignar total prioridad al crecimiento de los bienes de producción sobre los bienes de consumo. Otros analistas[8] afirmaban que el modelo centralista facilitaba el logro de estos objetivos a través del cálculo *ex ante* de todos los precios y la asignación predeterminada de todos los recursos.

Pero la expectativa de forzar una industrialización inicial rápida (acumulación extensiva) para inducir luego una etapa de desarrollo más equilibrado (acumulación intensiva) fue ilusoria. Los desajustes introducidos en el período inicial se transfirieron a la segunda etapa y no desaparecieron con la expansión de la industria. Como advirtieron tempranamente los críticos del gigantismo industrialista,[9] no existe ninguna ley económica del socialismo que exija la "primacía del crecimiento del sector I sobre el sector II". Al contrario, mantener ciertas proporciones entre las distintas ramas es vital para asegurar el equilibrio de la producción y el consumo durante la transición. El fanatismo productivista de la posguerra no permitía observar estas distorsiones, ni tomar

7   Dobb, Maurice. "Los economistas y la teoría económica del socialismo". *El cálculo económico en una economía socialista*. Barcelona, Ariel, 1970. Dobb, Maurice. *Ensayos sobre capitalismo, desarrollo y planificación*. Madrid, Tecnos, 1973. (Sección V, cap. 1).

8   Bettelheim, Charles. *Planificación y crecimiento acelerado*. México, FCE, 1965. (2da parte, cap. 1).

9   Mandel, Ernest. *Traité d'économie marxiste* (cap. 15, 16). París, Union Générale D'Editions, 1969.

conciencia de las falencias estructurales de cualquier avance desmedido de la industria pesada.

Las creencias desarrollistas que inspiraba el modelo centralizado alcanzaron su pico de predicamento bajo la URSS de Stalin. Durante ese período se gestaron las principales deformaciones de la "economía de comando", porque se afianzó la centralización de los abastecimientos (Gossnob) y del plan (Gosplan). Las insólitas atribuciones que acumularon ambos organismos incentivaron el surgimiento de las operaciones semilegales, ilegales y criminales que posteriormente carcomieron al sistema. Pero dos extremos más demenciales de la gestión coactiva fueron la colectivización forzosa y el régimen carcelario.

La estatización del agro desembocó en una onda destructiva de comunidades y trabajos campesinos que derivó en la conocida carencia estructural de alimentos que padeció la URSS. Se registraron incluso varias situaciones de hambrunas y las dificultades para alimentar a las ciudades se acentuaron con cada oleada de urbanización. Para contrarrestar esa penuria se generalizaron los flujos de mano de obra (hacia la industria en los picos de producción y hacia el campo durante las cosechas) y el improductivo desarrollo de los pequeños cultivos familiares.

Pero el trabajo semiesclavo en los Gulags fue un rasgo mucho más delirante de ese período, porque alumbró un verdadero subsector carcelario–industrial que en 1953 aglutinaba a 5,2 millones de detenidos–deportados. La inviabilidad económica de esta monstruosidad precapitalista se tornó evidente cuando el costo de mantenimiento de cada preso comenzó a superar el rendimiento. El intento de resolver este bache con incentivos salariales no dio ningún resultado en ese salvaje universo carcelario.[10]

Aunque las dos manifestaciones patológicas de la gestión totalitaria se diluyeron a fines de los años cincuenta, los defectos estructurales del modelo perduraron. La inoperancia se convirtió en un dato permanente y la rutina sustituyó a la coacción en la reproducción del inviable sistema burocrático. Desde Kroushev hasta Gorbachov las dificultades de la economía soviética ya no provinieron del Gulag, sino de una intrínseca e incorregible ineficacia.

Durante la etapa de aparente esplendor, el modelo centralista era elogiado por sus méritos productivistas, mediante un equivocado criterio de evaluación: la comparación de la URSS con el espejo norteamericano. Este contraste era promovido durante la guerra fría tanto por la burocracia soviética (para validar la tesis de la competencia entre los dos sistemas), como por el imperialismo norteamericano (para justificar los gastos militares). Pero se contrastaba lo incomparable, porque

---

10 Lewin presenta una detallada descripción de esta atrocidad. Lewin, Moshe. "Le siècle sovietique", *Fayard–Le Monde Diplomatique*. París, 2003. (Parte 3, cap. 4, 5, 6, 7 y Parte 2, cap. 3)

Claudio Katz

un abismo siempre separó a la principal potencia capitalista de su rival subdesarrollado. La sobrevaloración de esta segunda superpotencia se basó en un espejismo ideológico alimentado por el Pentágono y el aparato comunista oficial.

El modelo centralista tampoco aseguró tasas de crecimiento elevadas en el largo plazo, como lo prueban las comparaciones adversas de Corea del Norte y Corea del Sur, Alemania del Este y del Oeste o Austria con Checoslovaquia. Pero una vez reconocidas esas limitaciones hay que evitar el deslumbramiento inverso por el capitalismo. El neoliberalismo ha puesto en boga esta fascinación, al promover ejercicios comparativos destinados a probar la invariable superioridad de las economías reguladas por el beneficio. Estos contrastes tienen poco rigor y se basan en falsas generalizaciones.[11]

En la mayoría de los países del bloque socialista la incidencia del modelo centralista fue menor que en la URSS, pero sus efectos negativos fueron muy visibles. En China, la corta etapa inicial de hipercentralización (1953-1957) fue seguida de un segundo ensayo de movilización sistemática ("el gran salto adelante" de 1958-1960). Esta iniciativa incluyó objetivos insensatos (duplicación de la producción agrícola en un año) y fantasías productivistas (hornos siderúrgicos comunales), que condujeron a varios desastres sociales (hambruna de 1960) y a la desorganización económica. Bajo el impacto de este fracaso, el modelo fue abandonado y sustituido por un drástico giro hacia el mercado. Aunque la gestión coactiva nunca provocó en China una tragedia comparable a la experimentada en la Unión Soviética, el trauma legado por el ensayo maoísta explica la recepción favorable del posterior curso reformista.[12]

El ensayo de administración hipercentralizada en Yugoslavia fue también corto (1945-1953) y en Hungría sólo abarcó un breve lapso durante la década del sesenta. Tampoco en Polonia se impuso de manera clara. Pero en cambio en Alemania del Este y en Checoslovaquia (luego de 1968) el modelo centralista perduró. La expresión más lamenta-

11 Kornai recurre a este típico error al contrastar la evolución del PBI *per capita* durante 1959–1989 de la URSS, Checoslovaquia y Hungría con Grecia, Irlanda, Portugal y España. No observa que las diferencias en las tasas de crecimiento que analiza no son relevantes y que existen, además, contraejemplos muy válidos como mensurar los éxitos de China frente a los fracasos de la India. Como señala Haynes, el razonamiento contrafáctico ("si el capitalismo hubiera regido en el Este y en Extremo Oriente hoy serían regiones avanzadas") es tan especulativo como la tramposa omisión de los casos desfavorables (por ejemplo, Turquía) que se omiten en la comparación. Kornai, Janos. "Du socialisme au capitalisme". Chavance, Bernard; Magnin, Eric; Motamed–Nejad, Ramine; Sapir, Jacques. *Capitalisme et socialisme en perspective*. Haynes, Mike. "On rethinking the soviet collapse". *Historical Materialism* vol. 10, n° 4, Londres, 2002.
12 Lew analiza este cambio. Lew Roland. *La Chine Populaire*. París, PUF, 1999.

ble de este esquema en Cuba fue el fracasado intento de alcanzar una
zafra azucarera desmesurada (10 millones de toneladas) en los años
sesenta.

Los vestigios del esquema hipercentralista aún persisten en Corea
del Norte. Allí la autarquía y el aislamiento comercial coexisten con ensayos de armamento nuclear, en un marco de pavorosa hambruna y enfermedades masivas. No solo las ciudades carecen de luz, medicamen-
tos y agua potable, sino que el terrible avance de la desnutrición ha provocado una reducción del promedio de altura y peso de la población.[13]
El balance del modelo burocrático-centralista es contundente en cualquier plano.

LAS NUEVAS VERSIONES DE LA "ECONOMÍA DE COMANDO"

Existen muy pocas defensas actuales de la planificación inmediata
e integral. Una excepción es el modelo de asignación directa que postulan Cockshott y Cottrell.[14] Reivindican esa forma de gestión bajo el
socialismo real y critican las vacilaciones que observan en los marxistas en la defensa de estos mecanismos.

Al proponer un manejo comandado de la economía, ambos teóricos
rechazan la utilización del mercado en el debut de la construcción socialista. Cuestionan incluso su aplicación regulada para el intercambio
o para trasparentar los precios. Remarcan que el mercado es inútil, porque consideran factible la estimación *ex ante* de todas las variables.
Evalúan que las experiencias más próximas a su enfoque se ensayaron
en la URSS de Stalin y en la China de Mao.[15]

Pero estos ejemplos confirman que identifican al socialismo con la
planificación compulsiva (es decir una modalidad de gestión) y no con
un estadio histórico signado por saltos cualitativos en los niveles de
bienestar, igualdad y progreso. Su reivindicación (muy solitaria y excepcional en la actualidad) de la gestión stalinista o maoísta ignora los
resultados catastróficos de estas experiencias. Lo que quizás podía di-
simularse durante el estancamiento de la URSS o en la turbulenta era de
la revolución cultural china, ya es inocultable hoy en día. Además, existen otros ejemplos de mayúsculos desastres en economías subdesarrolladas que intentaron la estatización total. Un caso particularmente dramático ha sido Camboya y otro rotundamente nefasto fue Albania.

13 Véase el informe de Sala, Itala María. "Corea del Norte. Un país petrificado".
    Le Monde Diplomatique, noviembre de 1999.
14 Cockshott, Paul; Cottrell, Allin. "Value, markets and socialism". *Science and
    Society*, vol. 61, n° 3, otoño de 1997.
15 Cockshott, Paul; Cottrell, Allin. *Towards a new socialism*. Inglaterra, Spo-
    kesman, 1993, (cap. 11, 12, 13 y 15).

Claudio Katz

Cockshott y Cottrell identifican equivocadamente al socialismo con el uso deliberado del excedente, como si bastara manejar de manera centralizada ese sobrante para crear una sociedad superadora del capitalismo. Omiten que socializar la miseria no es un proyecto liberador y que una economía atrasada no puede saltar al socialismo con el exclusivo auxilio de la planificación. Este instrumento permite acelerar el crecimiento y mejorar el consumo popular, pero no alcanza para superar el retraso legado por siglos de opresión feudal, colonial o imperialista. Esta rémora sólo puede eliminarse al cabo de un proceso de gestión combinada del plan con el mercado.

Coherentes con su tesis de eliminar todo intercambio mercantil, Cockshott y Cottrell proponen reemplazar también la moneda por certificados de trabajo. Cada empleado recibiría bonos equivalentes a su aporte laboral y cada producto se intercambiaría de acuerdo a las horas de trabajo contenidas. Estos títulos servirían de soporte para el cálculo de todas las variables económicas (salarios, impuestos, inversión, etc.).[16]

Pero la eliminación de la circulación monetaria es un proyecto comunista asociado a la disolución del mercado y concebido para un estadio avanzado del socialismo. Anticipar este proceso histórico en economías periféricas conduce a la dislocación social, porque la eliminación prematura del mercado desemboca en desabastecimiento, racionamiento y transacciones subterráneas. Cada vez que se intentó anular administrativamente las funciones mercantiles de la moneda, el "equivalente general" resurgió a través de algún bien preciado o cierta divisa extranjera.

Es completamente erróneo suponer que por el simple efecto de disposiciones gubernamentales los bonos de trabajo podrían operar con eficiencia. El problema de estos papeles no radica en su introducción, sino en hacerlos funcionar. Sólo muy pocos países centrales detentan en la actualidad el nivel de bienestar en el consumo y de productividad en la industria que tornaría quizás parcialmente viable un comienzo de aplicación de estos bonos. Pero incluso convendría ser cautos también en estos casos, ya que si la madurez capitalista permite concebir una eliminación acelerada del mercado, no hay razón para forzar esa extinción. El ritmo de esta desaparición debería quedar fijado por el propio progreso del socialismo.

El mercado expresa relaciones sociales e históricas y por esta razón no puede abolirse. Se puede orientar su extinción, pero la duración de ese proceso depende de la plenitud alcanzada por los nuevos instrumentos de coordinación económica, cuya eficiencia se tornará evidente a medida que la igualdad y el bienestar se extiendan al conjunto de la sociedad.

16 Cockshott Paul, Cottrell Allin, *op. cit.* (Cap. 2,3,8).

¿SUBDESARROLLO INFORMÁTICO?

Cockshott y Cottrell[17] atribuyen las fallas de la planificación soviética al subdesarrollo informático de la época y explican las dificultades de esa gestión por la inmadurez técnica de las computadoras. Destacan que esa insuficiencia impedía resolver el voluminoso número de ecuaciones que exigiría el funcionamiento adecuado del plan y señalan que esta limitación tecnológica impidió implementar una coordinación satisfactoria de la economía.

Partiendo de esta caracterización, estiman que estos inconvenientes pueden actualmente superarse gracias al desarrollo alcanzado por las nuevas tecnologías de la información. Recuerdan que en el pasado, con los métodos de la programación lineal se podían realizar cálculos óptimos para solo 100.000 productos, mientras que hoy en día resulta factible procesar con todo detalle varios millones de ecuaciones.

Con estas observaciones, Cottrell y Cocksohtt aportan interesantes argumentos para la defensa del proyecto comunista y demuestran cómo la informatización podría apuntalar el plan y mejorar su eficiencia. Sus ejemplos de coordinación computarizada ilustran un tipo de utilización socialmente beneficiosa de las nuevas tecnologías, que los economistas ortodoxos y heterodoxos ignoran por completo. Quienes tanto ponderan la nueva economía y la posibilidad de adaptar la fabricación a los gustos individuales con los mecanismos del *just in time*, no han percibido que los mismos cálculos en tiempo real permitirían logros mucho mayores en una economía sustraída del desorden capitalista.

La informatización contribuiría a eliminar la crisis de sobreproducción y sus secuelas de pobreza, desempleo y contracción salarial. Si las computadoras han facilitado el perfeccionamiento de tantas estimaciones, ¿por qué no aprovechar también estos instrumentos para organizar racionalmente la producción y el consumo? La planificación computarizada no es una fantasía de ciencia ficción. Es un mecanismo de cálculo que se inspira en la actividad corriente de muchos organismos. Lo utilizan parcialmente las corporaciones para administrar internamente los procesos de fabricación, el Pentágono para diagramar escenarios bélicos y el FMI para proyectar escenarios económicos.

Cottrell y Cocksohtt aciertan en su descripción de las potencialidades de la planificación informatizada. Pero deducen equivocadamente de este retrato la inexistencia de dificultades para aplicar integralmente este mecanismo a cualquier tipo de economía. Por eso reducen los problemas observados en el ex bloque socialista a la insuficiencia tec-

17 Cottrell, Allin; Cockshott, Paul. "The relation between economic and political instances in the communist mode of production". "Building Socialism theoretically: alternatives to capitalism and the invisible hand". *Special Issue, Science and Society*, vol. 66, n° 1, primavera de 2002.

nológica, sin notar el carácter secundario de esta limitación en comparación a los obstáculos sociales y políticos que generó la gestión burocrática compulsiva.

Su excesiva atención a los inconvenientes del cálculo informatizado deriva de la escasa atención que prestan a la necesidad de un período de transición al socialismo. Por eso toman en cuenta solamente la dimensión cuantitativa (exactitud de las estimaciones) y omiten las dificultades cualitativas (grado de sustitución del mercado) de este proceso. No registran que la eliminación prematura del mercado también anula los parámetros que el debut de un proyecto emancipatorio requiere, para mensurar el avance hacia el socialismo.

Ambos autores desconocen que sin esa referencia mercantil los cálculos se tornan abstractos, cualquiera sea la calidad del *software* o del *hardware* utilizado por las computadoras. Estas estimaciones pierden todo basamento comparativo para evaluar el grado de eficacia del plan en una gestión compulsiva. Si por el contrario, en lugar de disolver administrativamente el mercado se trabaja por su extinción progresiva, ese patrón se mantiene vigente y resulta posible analizar cómo progresa la socialización a medida que disminuye la actividad mercantil.

Al negar los defectos de la planificación compulsiva, Cottrell y Cockshott no interpretan correctamente las causas del fracaso de la URSS. Estiman que este sistema colapsó por las derrotas que le propinaron los Estados Unidos en la competencia por la supremacía tecnológica, especialmente en el terreno bélico de la "guerra de las galaxias".[18] Esta visión atribuye a un aspecto secundario (rivalidad militar con el imperialismo) la causa de un desplome que obedeció a décadas de gestión económica coactiva y despotismo político. El aparato bélico de la URSS no estaba además exclusivamente dirigido a la confrontación con los Estados Unidos, sino que constituía el pilar de una dominación burocrática sobre la mayoría de las naciones y pueblos que integraban el bloque socialista.

Pero, además, en la URSS la militarización se confundía con la gestión económica compulsiva, porque el socialismo comandado surgió de la movilización económica que precedió a las conflagraciones del siglo XX. Este rasgo de la Unión Soviética fue también compartido por muchos países capitalistas involucrados en grandes guerras.

Pero mientras que el modelo de economía militarizada tendió a descomprimirse en la mayoría de las potencias occidentales luego de cada conflicto, en la URSS perduró durante décadas. Y al transformar la excepcionalidad bélica en una norma del funcionamiento económico se estableció un nivel de exigencias incompatibles con el desarrollo corriente de la actividad productiva. Esta inviabilidad se verificó en los

18 Cottrell, Allin; Cockshott, Paul. *Idem.*

sucesivos fracasos de las campañas de producción que se encararon en coyunturas de paz. Lo que se podía lograr en medio de una invasión no se alcanzaba en un momento de distensión política, porque ninguna sociedad puede sostener de manera continuada el esfuerzo exigido durante un período bélico.[19] El modelo de economía comandada se convirtió en la justificación de un socialismo de cuartel, que por otra parte negaba el sentido liberador de un proyecto comunista.

Cockshott y Cottrell reconocen parcialmente estos problemas al juzgar críticamente el despotismo que predominó en la URSS. Pero contraponen esta opresión (al igual que todas las manifestaciones de plutocracia burguesa) con las comunas creadas durante el maoísmo y presentan a estas iniciativas como ejemplos acabados de democracia. No presentan ninguna evidencia de esta afirmación, ni refutan las abrumadoras objeciones que existen contra estas experiencias digitadas por el Partido Comunista de China. El autoritarismo maoísta no es un precedente positivo de las futuras instituciones de la democracia socialista.

EL MODELO DESCENTRALIZADO

Desde los años sesenta, los dirigentes de las formaciones burocráticas intentaron resolver la crisis de la planificación compulsiva introduciendo reformas descentralizadoras. La manera de implementar estos cambios generó intensas discusiones, especialmente en Europa Oriental. Se buscaba preservar la función orientadora de la centralización para inducir altas tasas de crecimiento, pero incorporando un manejo gerencial autónomo de las empresas que asegurara el avance de la productividad y mejorara la calidad de los productos.[20]

En oposición a la obsesión centralista por las metas cuantitativas se intentaba favorecer la calidad de los productos y gestionar con mayor racionalidad los recursos, a fin de contrarrestar el despilfarro. Se esperaba lograr estas correcciones ampliando el poder de decisión de los directores de empresas en el manejo de los excedentes y en las decisiones de inversión. También se les otorgaba importantes facultades para autorizar la adquisición de insumos y fijar ciertos precios. El objetivo era compatibilizar el diagrama de crecimiento establecido por los organismos centrales con un manejo adecuado de cada compañía por parte de sus gerentes.

19 Ellman, Michael. "L´ascension et la chute de la planification socialiste". Chavance, Bernard; Magnin, Eric; Motamed–Nejad, Ramine; Sapir, Jacques., *op. cit.*
20 Un detallado análisis de los objetivos de este modelo fue desarrollado por: Brus, Wlodzimierz. *Problèmes généraux du fonctionnement de l´économie socialiste*. París, Maspero, 1968.

Pero esta apuesta no dio resultados y la esperanza de reducir el derroche y la penuria del abastecimiento transfiriendo mayores responsabilidades a los directivos locales, se frustró. Como los gerentes actuaban sin ningún tipo de control por parte de los trabajadores y las comunidades locales, el incremento de sus atribuciones –en lugar de mejorar el funcionamiento de las empresas– los indujo a actuar en su propio beneficio. Con la descentralización comenzó así un largo proceso de incentivo a la acumulación, que terminó convirtiendo a los directores en artífices de la restauración. La reforma alentó su apetito por apropiarse de las compañías.

Ese modelo demostró que en ausencia de control popular, la descentralización alienta a los altos funcionarios a reintroducir el capitalismo. Esta modalidad de gestión sólo podía contrapesar los males del centralismo burocrático si hubiera sido implementada junto a una significativa ampliación de la soberanía popular. Por el contrario –en el marco de un régimen totalitario–, sus efectos fueron tan negativos como la planificación compulsiva. En lugar de favorecer un salto cualitativo de la eficiencia, la descentralización empujó a los directores a acrecentar sus privilegios. Manejaron las inversiones, los contratos y la provisión o venta de productos para preparar su conversión en dueños de las compañías. Las tres principales experiencias de este ensayo, Yugoslavia, Hungría y la URSS, confirmaron de distinta forma este diagnóstico.

LA AUTOGESTIÓN YUGOSLAVA

Al cabo de un corto período de planificación centralizada, colectivización forzosa y autarquía comercial calcadas del patrón soviético (1945-1953), en Yugoslavia se introdujo la reforma descentralizadora (1953-1964). Este cambio implicó importantes transferencias de atribuciones a los gerentes de cada empresa. Pero a diferencia de lo ocurrido en otros países, este proceso también incluyó cierta cesión de facultades decisorias a las comunidades locales. El rasgo más original de esta experiencia fue la autogestión, es decir el otorgamiento de algunos poderes a los trabajadores para determinar el curso de las compañías. El manejo de las firmas no quedó sólo restringido a los directivos, como fue la norma en otros países del socialismo real.

Pero esta delegación de poder fue más formal que real, ya que de hecho rigió una tutela de los gerentes sobre los operarios, que nunca lograron asumir el manejo de las empresas, ni incidir sobre el rumbo macroeconómico del país. El nivel de influencia efectiva de la población fue reducido, porque el Partido Comunista yugoslavo preservó el monopolio del sistema político. Esta organización concentraba en sus manos la supervisión directa de todas las áreas claves del proceso económico.

En esas condiciones, las ventajas potenciales de la autogestión se diluyeron en poco tiempo y el experimento no abrió ningún rumbo hacia el socialismo. Pero, además, ese modelo incluía un principio particularmente negativo para cualquier proyecto de construir una sociedad igualitaria: la competencia de obreros contra obreros. Esta concurrencia se estableció cuando la evolución del salario quedó asociada con el éxito de cada empresa en su rivalidad con otras compañías.

Este modelo de competencia entre firmas autogestionadas socavó los fundamentos de la planificación, ya que las metas comunes de crecimiento y consumo nacional chocaban con las ambiciones específicas de cada unidad productiva. El modelo yugoslavo extendía a toda la comunidad laboral la rivalidad que bajo el capitalismo afecta principalmente a los propietarios y gerentes.

Por lo tanto, lejos de padecer la falta de concurrencia,[21] este esquema involucraba directamente a los propios trabajadores en la competencia mercantil. El sector que debía actuar en forma más cooperativa para inducir el progreso del socialismo quedaba sometido a las fuerzas disolventes del mercado. Al auspiciar la participación de los obreros (a costa de otros obreros) en la obtención de ciertas metas de rentabilidad, se erosionó el aspecto positivo de la autogestión, que era la intervención de los operarios en el manejo directo de la empresas. Esta contradicción socavó el proyecto y facilitó su vertiginosa degradación. En la fase agónica de este modelo predominó el exceso de concurrencia económica en un marco de aguda regimentación política.[22]

Esta competencia económica se desenvolvió además en un terreno inadecuado, porque –en lugar de circunscribirse a las pequeñas compañías del sector privado– involucraba a las grandes empresas del sector público. Esta distorsión deformó un aspecto clave de la transición: la conveniencia de que el mercado subsista solo en el primer sector, para que su eliminación en el segundo apuntale la socialización. En el ámbito en que la concurrencia podía cumplir un rol necesario (privado) no jugó este significativo papel y en la órbita que esa competencia ejercía un rol negativo (público) fue ampliamente impulsado. Por eso la exageración mercantil en un terreno coexistió con la insuficiencia de la competencia en otro campo.[23]

El fracaso de la autogestión creó un agobio económico que el régimen intentó resolver a través del endeudamiento externo y el abrupto reingreso del país al circuito financiero internacional. El efecto de este giro (1965-1971) fue el abandono progresivo de la planificación (rele-

21 Esta es la opinión de Roemer, John, *op. cit.*, (cap. 10).

22 "Exceso de mercado y agobiante despotismo político" fue la definición que planteó Mandel, Ernest. "Preface", Samary, Catherine. *Le marché contre l´autogestion. L´expérience yougoslave.* París, La Brèche, 1988.

23 Este es el balance de Andreani, Tony. *Le socialisme est (à) venir.* París, Sylepse, 2001. (Parte 3, cap. 3).

gada a un nivel puramente indicativo) bajo el impacto de la apertura comercial, la asociación con los bancos foráneos, la autorización de la libre circulación de los capitales y el ingreso al FMI. En la etapa siguiente se preparó el curso neoliberal (1971-1988) que desembocó en los descontrolados niveles de endeudamiento, inflación y déficit comercial que condujeron al estallido de la federación. Durante este proceso de apertura irrestricta y financiamiento externo usurario se consumó una descomposición económica que extinguió los últimos vestigios de los ideales socialistas.[24]

A medida que los acreedores exigían políticas de ajuste para cobrar sus deudas, la agresión contra los trabajadores creó un clima de tensiones regionales que los nacionalistas aprovecharon para propiciar el dramático conflicto que precedió a la restauración. En Yugoslavia terminó imperando el peor de los mundos y una nefasta combinación de todos los defectos de la gestión burocrática.

Los aspectos positivos de la autogestión (participación popular en las decisiones económicas) quedaron rápidamente anulados en los años sesenta y cuando se generalizó la catástrofe social que precedió a la guerra, ese experimento ya había perdido relevancia. En el marco de sangrientas limpiezas étnicas, la viejas rivalidades regionales fueron resucitadas por los distintos grupos de la burocracia para repartirse los despojos del país. Con la balcanización y a la desaparición de la Federación se consumó la reimplantación del capitalismo.

Reflexionar sobre este desenlace es vital para cualquier replanteo futuro de proyectos de autogestión. Algunos autores[25] próximos a este programa estiman correctamente que en Yugoslavia "la vigencia de un régimen autoritario impidió la acción limitadamente positiva del mercado y la inversión regulada por el plan". Por eso proponen tres cambios para mejorar este modelo en el futuro. En primer lugar, asegurar la vigencia de la democracia en el lugar de trabajo para facilitar el manejo directo de las empresas por parte de sus trabajadores. En segundo término, garantizar mayor control social de la inversión para inducir su correcta asignación a las prioridades del desarrollo económico. Finalmente, afianzar la propiedad pública de los medios de producción para reafirmar el carácter no capitalista del modelo.

24 Samary expone un riguroso análisis de este proceso. Samary, Catherine, *op. cit.*

25 Schweickart, David. "Socialism, democracy, market". *Review of Radical Political Economics*, vol. 24, nº 3-4, 1992. Schweickart, David. "Historical materialism and the case for (one kind of) market socialism". París, Congres Marx International III, 26-29, septiembre de 2001. Schweickart, David. "Market socialism". Ed. Ollman, Bertrell. *Market Socialism*, Nueva York, Routledge, 1997.

Pero Schweickart acepta la competencia entre empresas del sector público y este aval tiende a generalizar la reiteración de varios defectos del modelo yugoslavo. Argumenta que esta concurrencia debería asegurar la eficiencia del sistema, sin promover la acumulación privada o el enriquecimiento personal, en un marco de total desplazamiento del beneficio como regulador de la economía. Pero la competencia entre compañías estatizadas conspira contra estos objetivos, especialmente si define cómo se distribuyen los fondos de inversión en función de la rentabilidad de cada empresa.

Es cierto que el mercado debería subsistir en la transición, pero no como mecanismo de gestión en el sector público. Si opera en esta esfera se replantearán las mismas dificultades que frustraron el proyecto socialista en varios países del Este. Lo que corresponde es combinar la acción acotada del mercado en la órbita privada con la preeminencia del plan, a través de un programa centrado en los objetivos de la socialización. Este es el sentido de la meta comunista, que apunta a disolver el mercado y no a integrarlo al plan, induciendo la sustitución de las conexiones mercantiles por nuevas modalidades de gestión colectiva.

Lo ocurrido en Yugoslavia debe servir para tomar conciencia de las terribles consecuencias que generan los intentos de ficción mercantil en la esfera pública. La autogestión es un instrumento válido para enriquecer el aprendizaje popular del manejo económico. Pero no puede desenvolverse a través de la competencia entre trabajadores. Un proyecto de transición exitoso exige democracia efectiva, preeminencia de la planificación y acción limitada del mercado.

LAS REFORMAS EN HUNGRÍA

En el marco de la estabilidad política creado por el aplastamiento de la rebelión popular de 1956 se introdujeron en Hungría las mayores reformas descentralizadoras de Europa Oriental. A diferencia de Polonia o Yugoslavia –sacudidas por la presencia de crisis endémicas– estas transformaciones no fueron neutralizadas. Luego de un primer ensayo en los '60, las reformas se consolidaron durante los '80 a través de la descolectivización agraria, la flexibilización de los precios y la autonomía de inversión en las empresas públicas. También se implementó una significativa apertura comercial y financiera externa, que generó alto endeudamiento y la mayor presencia de inversiones foráneas de todo el bloque socialista.

Pero esta descentralización operó como un puente hacia el capitalismo, porque socavó de manera gradual los fundamentos de la planificación. En lugar de mejorar la eficiencia de una economía de transición, se crearon condiciones favorables para la acumulación privada. Por eso la restauración fue tan abrupta cuando colapsó el régimen político burocrático.

Las reformas abrieron este curso, aunque sin consumar el pasaje al capitalismo hasta que en los años noventa se registró la transformación radical de las relaciones de propiedad. Bajo el régimen burocrático la conformación de una clase capitalista estaba limitada por restricciones jurídicas a la tenencia de activos, barreras a la libre fijación de precios, obstáculos al despido de personal y ausencia de un sistema de financiamiento privado autónomo. Estas insuficiencias, limitaciones e indecisiones –que tanto objetaban los ex funcionarios reformistas devenidos en neoliberales– fueron aceleradamente removidas cuando se desplomó el campo socialista.[26]

La restauración no fue consecuencia de la espontánea expansión mercantil. Aunque el sector privado de pequeñas empresas había alcanzado en Hungría una gravitación mayor que en la URSS o en Checoslovaquia, el epicentro de la conversión hacia el capitalismo fue el sector público descentralizado. Los mismos funcionarios que introdujeron las reformas lideraron el giro privatizador. Esta conversión capitalista "por arriba" determinó mucho más el curso de la restauración que la expansión mercantil "por abajo".

Este último rasgo ha cumplido un rol apenas complementario en el proceso de reimplantación capitalista. Los ex reformistas no expandieron significativamente el pequeño mercado privado durante el régimen burocrático, ni se apoyaron en este desenvolvimiento para consumar el pasaje al sistema actual. El eje de esta transformación han sido las empresas descentralizadas, que en el pasado la burocracia gerenciaba y ahora maneja como propiedades directas.

De la experiencia húngara se pueden extraer importantes lecciones sobre el rol del mercado en un proyecto futuro de transición al socialismo. Los reformistas proponían acrecentar estratégicamente el papel de esa institución, sin limitar su vigencia en el proceso de socialización. Argumentaban que el mercado debía ensancharse junto a la creciente complejidad de la economía planificada. Pero este proyecto choca con el sentido de un programa socialista. Si hay que expandir los mecanismos mercantiles al pasar de la acumulación extensiva a la intensiva, ¿para qué se introdujo previamente la planificación?

Esta forma de gestión apunta justamente a facilitar la disolución del mercado a medida que despunta el comunismo, porque una sociedad emancipada no puede emerger si rigen las normas de la oferta y la demanda. Utilizar los mecanismos mercantiles durante todo el tiempo que requiera el salto socializador es perfectamente válido, mientras no se pierda de vista que el norte estratégico es la progresiva anulación de esos instrumentos.

---

26 Kornai es el típico exponente de este giro. Kornai, Janos. *Du socialisme au capitalisme*. París, Le débat– Gallimard, 1990.

En las reformas descentralizadoras de Hungría, estos principios estuvieron ausentes. El objetivo comunista había quedado olvidado y la necesidad inmediata de preservar una esfera comercial privada fue sustituida por la simulación mercantil dentro del sector público. En vez de complementar con cierto desarrollo del mercado la primacía de la planificación, se bloqueó el despliegue acotado de la primera entidad en el ámbito privado, mientras se ensayaba la gestión mercantil ficticia en la orbita pública.

Por eso, defensores del modelo húngaro como Nove[27] terminaron apuntalando las reformas en tanto instrumentos de gestación de la economía mixta. Pero entre los objetores de esta perspectiva la discusión ha quedado abierta, aunque a veces se desarrolla de manera confusa. Esta falta de claridad se observa especialmente entre quienes omiten precisar qué tipo de desarrollo mercantil resultaría necesario para apuntalar el rumbo socialista. El enfoque de Elson[28] es un ejemplo de esta indefinición.

La autora señala la conveniencia de preservar el mercado en un marco anticapitalista basado en la propiedad pública de los medios de producción, la vigencia de servicios básicos gratuitos, la plena seguridad del empleo y la imposibilidad de despidos y quiebras. Sin embargo, no aclara si postula esta presencia como una necesidad de la transición o como una ventaja innata de este mecanismo para la gestión de la economía. Algunos comentaristas[29] interpretan que su visión se orienta en este segundo sentido, aunque Elson parece más bien sugerir que el mercado sólo constituye un medio para avanzar hacia la socialización general de la economía. Por eso propone la adopción generalizada de la propiedad pública y la anulación de la libre contratación de la fuerza de trabajo.

Su planteo tampoco es claro, cuando objeta la ineficiencia de la gestión planificada *ex ante*. No se sabe si cuestiona la aplicación prematura de este modelo en las economías subdesarrolladas o la inviabilidad general de este procedimiento. Algunos analistas[30] polemizan con su propuesta y le cuestionan su aceptación de las relaciones mercantiles, identificando esta vigencia con la presencia del capitalismo. Pero esa crítica no es adecuada, porque la NEP soviética demostró que la presencia del mercado no es sinónimo de restauración. Es completamente vá-

---

27 Nove, Alec. *La economía del socialismo factible*. Madrid, Siglo XXI, 1987, (3º parte).

28 Elson, Diane. "Socialismo de mercado o socialización del mercado", en *La crisis de la economía soviética*. Buenos Aires, Imago Mundi, 1992.

29 Graziano, Ricardo. "La naturaleza de la URSS". *Octubre hoy, op. cit.*

30 Chattopadhyay, Paresh. "Market socialism: a capitalist alternative to capitalism". Congrès Marx International II. París, 30 septiembre-3 octubre 1998.

lido y necesario autorizar la acción mercantil durante la transición, si se aclara por qué esta institución no es eterna, ni compatible con la maduración socialista.

Elson propone utilizar ciertos atributos del mercado para transparentar, difundir y democratizar la información. Plantea la utilización de los mecanismos mercantiles para conocer la situación laboral de cada empresa, auditar sus precios y clarificar sus estrategias de inversión. Señala que estos instrumentos permitirían visualizar los premios y castigos que recibiría cada gerente por su administración de los insumos, por su aporte a la innovación o por su supervisión de la calidad de los productos. Como este proceso se implementaría con herramientas mercantiles, Elson denomina a su iniciativa socialización de los mercados y destaca que promueve la construcción social de estas entidades de intermediación.

Algunos críticos[31] señalan que los mercados son instituciones existentes y por lo tanto ya socializadas, con roles muy definidos bajo el capitalismo. Pero conviene entender el sentido de la propuesta evitando los enredos lingüísticos. La tesis de Elson apunta a describir las funciones que cumplirían los mercados durante la transición. En este sentido aporta ideas interesantes, aunque omite la existencia de un conflicto central entre el objetivo socializador y la perdurabilidad del mercado.

En el modelo húngaro no solo se ignoraba esta contradicción, sino que se alentaba simular por distintos vías el mercado en la gestión del sector público. Este procedimiento de copia mercantil ya denotaba una actitud de admiración y no de crítica hacia el capitalismo. Y esta fascinación terminó abriendo el camino hacia la apología actual que hacen los ex reformistas de las distintas formas de explotación, concurrencia y beneficio que padecen los trabajadores.

EL FRACASO DE LA "PERESTROIKA"

Las reformas en la URSS se concibieron tempranamente, pero fueron introducidas muy tarde y jamás pudieron aplicarse efectivamente. El lastre dejado por la estatización integral no pudo ser removido y los tímidos giros hacia la descentralización –que fueron reiteradamente resistidos por la *nomenklatura* central– no lograron prosperar.

Los intentos de reforma sucumbieron frente a la oposición de la elite dominante, que no aceptaba compartir su férreo control de los mecanismos de la planificación compulsiva. Este rechazo neutralizó el ensayo de Krushov (1953) de revertir el estancamiento agrario fraccionando la propiedad de la tierra y también bloqueó su proyecto de relanzar el consu-

---

31 Cockshott, Paul; Cotrell, Allin. *Towards a new socialism*. England, Spokesman, 1993, (cap. 15).

mo con mayor inversión en la industria liviana. Las mismas resistencias frustraron las propuestas descentralizadoras de Liberman y Kantorovich (1965), que buscaban transferir el manejo autónomo de la inversión a las empresas. Esta herencia antirreformista obstaculizó finalmente la *perestroika* desde su origen (1985) hasta su estallido (1991).

El programa económico inicial de Gorbachov retomaba los mismos lineamientos de las reformas anteriores y se guiaba por el espejo húngaro. Apuntaba a revertir el estancamiento estructural otorgando autonomía financiera a las empresas, flexibilizando limitadamente los precios, reduciendo el déficit fiscal e induciendo progresivamente la convertibilidad del rublo. En su versión original, este proyecto no cruzaba formalmente la barrera de un pasaje al capitalismo, ya que preservaba las restricciones vigentes para formar un mercado de trabajo (despedir personal), un mercado de capitales (creación de Bolsas) o para constituir un sector propietario de las grandes empresas públicas (limitaciones para privatizar).

La autonomía de las compañías quedaba acotada a su funcionamiento interno (ajustes de salarios por productividad, autofinanciación dependiente del beneficio) y a un manejo más independiente de los excedentes exportables (retención de una parte de las divisas, desarrollo de sociedades mixtas).[32] La *perestroika* buscaba introducir el giro descentralizador en la URSS sin restaurar el capitalismo, pero sin fomentar tampoco la planificación democrática y la gestión popular de la economía.

Pero a diferencia de lo ocurrido en Hungría o China, esta reforma nunca despegó. En la etapa preparatoria (1985-1987) sólo fueron discutidas las medidas y en el debut (1987-1989) se empantanaron las principales iniciativas. La *nomenklatura* central se resistió a resignar sus controles de la administración y los directores regionales tampoco aceptaron la descentralización, porque ya se encontraban embarcados en el acaparamiento de los recursos y en su comercialización a través del mercado negro. En la tercer y última etapa (1989-1991), la *perestroika* estalló en un contexto de creciente desabastecimiento, triplicación de la deuda externa y violenta erosión de las reservas.

Por un lado volvió a repetirse la frustración del intento descentralizador de Kosyguin, cuyos intentos de cambio sucumbieron a comienzos de los años sesenta frente a la dura reacción centralista de Brezhnev. Pero esta vez el viejo conflicto entre los conservadores –cuyos privilegios derivaban de la planificación centralizada– y los reformistas– que apuntalaban las atribuciones de los directores locales– tuvo un resultado muy distinto. En lugar de un nuevo *round* entre inmovilistas y transformadores se consumó el pasaje común de los distintos grupos en pugna hacia el capitalismo.

---

32 Véase una descripción de este proyecto en Aganbeguian, Abel. *Le double défi sovietique*. París, Economica, 1987. Maidanik, Kiva. *La revolución de las esperanzas*. Buenos Aires, Dialéctica, 1988.

Claudio Katz

Al cabo de varias décadas de tensiones irresueltas, ambas fracciones se asociaron sobre el fin de la *perestroika* a un proyecto convergente de restauración. Esta vez, todos los exponentes de la burocracia (los conservadores de Ligachov, los reformistas de Yeltsin y los intermedios de Gorbachov) promovieron un cambio total del sistema, buscando preservar su dominio a través de la reconversión capitalista. Las divergencias entre las distintas alas de la burocracia quedaron reducidas a una pugna por la distribución del botín en el negociado asalto a la propiedad pública.

El desmoronamiento de la URSS se consumó bajo el shock hiperinflacionario que propiciaron los neoliberales. Pero el final fue tan abrupto porque el régimen estaba completamente agotado y carecía de sustento social. Todos los burócratas habían resuelto asegurar sus privilegios adueñándose de los bienes del Estado, aprovechando la indiferencia popular frente al destino de estos recursos. El viejo abismo entre los jerarcas y los trabajadores se mantuvo invariable. Aunque los teóricos de la *perestroika* atribuían los fracasos reformistas al régimen dictatorial y propusieron transparentar la vida política a través de una *glasnost*, la conducta antipopular de la burocracia no varió en ningún momento y su hostilidad (o temor) hacia la clase obrera tampoco se modificó. Por eso la URSS se desmoronó sin pena, ni gloria. Ya no servía a los intereses de los funcionarios embarcados en erigir el capitalismo, ni representaba un bien defendible para los trabajadores.

La *perestroika* tampoco intentó desenvolver –luego de décadas de agobiante estatización– un mercado acotado y compatible con la transición socialista Sólo legalizó la acumulación de recursos que habían realizado los feudalizados clanes burocráticos. Al legitimar las riquezas acaparadas por las jerarquías regionales del PCUS facilitó el nefasto surgimiento de un "capitalismo criminal". En lugar de alentar el intercambio mercantil o la pequeña industria, las reformas de Gorbachov prepararon las condiciones para la depredación salvaje que ha instrumentado la nueva oligarquía de ex funcionarios.

Pero el eje de la restauración no se ha localizado en la "economía de las sombras" de la URSS, sino en las grandes empresas apropiadas por la *nomenklatura* y los directores de empresa. El capitalismo se abre paso desde esa cúspide, bajo el férreo control de la antigua burocracia central y de sus socios–rivales de cada región. El intercambio mercantil ha jugado un rol secundario en esta transformación.

¿La *perestroika* llegó muy tarde o por el contrario se instrumentó de manera prematura? ¿Sus promotores pecaron de ingenuidad e irrealismo frente a las enormes resistencias que enfrentaban? Estos interrogantes plantean algunos analistas del experimento.[33] Visto retrospectivamente, salta a la vista que el proyecto ya no se adaptaba a los intereses de los grupos dominantes y al cabo de tantas décadas de opresión

33 Andreani, Tony, *op. cit.* (Parte 3, cap. 3).

tampoco despertó expectativas consistentes entre el grueso de la población. Fracasó de manera rápida y fulminante porque no brindaba respuestas viables ante la magnitud de los desequilibrios acumulados en la URSS. En ciertos aspectos apareció tardíamente (demasiadas frustraciones reformistas) y en otros irrumpió abruptamente (persistente oposición de la *nomenklatura*). Pero nunca apuntó a la reconstrucción socialista, ni a recomponer una transición basada en el plan, el mercado y la democracia.

La burocracia conformaba en la década pasada –en sus vertientes centralizadas y descentralizadas– una capa con intereses materiales muy afianzados y plena conciencia de sus privilegios. Por eso no apuntó a resucitar la planificación, sino que enterró los vestigios de ese sistema en el nuevo edificio capitalista. No es la primera vez en la historia que cambios sociales de esta envergadura histórica se desenvuelven bajo la cobertura de un lenguaje obsoleto. Nuevamente, quienes proclaman su intención de reformar el viejo sistema lo sepultaban con su práctica. Por eso, repitiendo el discurso del socialismo de mercado, Gorabchov empujaba al país hacia el capitalismo, mientras sus funcionarios preparaban su conversión en propietarios hablando todavía en nombre del comunismo.

Seguramente los artífices de la *perestroika* no eran plenamente concientes de la restauración que estaban inaugurando, pero estaban claramente predispuestos a facilitar este cambio. La fascinación que despertó el enriquecimiento y la despiadada pasión por el saqueo que evidenció la burocracia retrataban un horizonte de reconversión social ya definido. Este giro se gestó junto al divorcio de cualquier objetivo socialista. El pasaje al capitalismo fue una meta ansiada por la burocracia durante la prolongada etapa de estancamiento económico, descomposición política y corrupción moral que precedió a la *perestroika*.

FALSAS CONCLUSIONES

La mayoría de los teóricos que pregonaron la aplicación de las reformas descentralizadoras en los países del Este han abandonado por completo este proyecto y sus balances de esos ensayos son rotundamente negativos. Atribuyen la frustración del socialismo de mercado a las vacilaciones en adoptar las medidas que posteriormente introdujeron los restauracionistas. Critican el apego a la planificación y al proteccionismo, las vacilaciones en liberar los precios y la falta de privatizaciones o despidos. Algunos, como Kornai, plantean crudamente este balance y otros, como Brus y Laski,[34] lo formulan de manera cauta.

34 Brus, Wlodzimierz, Laski Kazimierz. "Le socialisme garde-t-il un pertinence quelconque pour les sociétés post-comumunistes? Chavance, Bernard; Magnin, Eric; Motamed-Nejad, Ramine; Sapir, Jacques, *op. cit.*

Pero ambas evaluaciones distorsionan los verdaderos problemas que enfrentaba el socialismo real. Primero sobredimensionan la crisis económica de ese sistema, olvidando que nunca alcanzó una envergadura superior a cualquier crisis periódica del capitalismo. En segundo término, desconocen que los principales inconvenientes estaban más situados en el plano político (regímenes sin sustento) que en la esfera económica. Fue la orfandad social de esos sistemas –tanto "por arriba" entre la burocracia como "por abajo" entre la población– lo que determinó su desmoronamiento.

Pero el mayor defecto de estos balances radica en la omisión del impacto de la restauración. No basta con puntualizar en qué fallaron las reformas. También hay que demostrar las ventajas del capitalismo y aquí los ex socialistas de mercado se olvidan de sus viejas objeciones a ese sistema y no explican cómo se resolverán los desequilibrios que ha

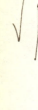

introducido la restauración en los países del Este (sobreproducción, descontrol competitivo, desempleo masivo, ceguera de la inversión privada, parasitismo financiero). Simplemente proclaman la conveniencia de la opción capitalista, sin analizar los defectos de esta alternativa.

Los ex reformistas reivindican la regulación keynesiana suponiendo que contrarrestará esos desajustes, pero olvidan las probadas insuficiencias de ese remedio. Omiten que el auge neoliberal de la última década en Occidente constituyó una reacción frente a los efectos económicos más negativos de la economía mixta de posguerra (inflación y déficit fiscal). Dos siglos de capitalismo ilustran, por otra parte, que los padecimientos impuestos por este sistema son dramáticos para la mayoría de la población. Es por eso que reducir las perspectivas económicas futuras a una simple contraposición entre esquemas neoliberales o regulados del capitalismo, implica condenar a los trabajadores a un destino de explotación y sufrimientos.

Al abandonar sus viejos postulados, los ex reformistas se han embarcado en un enceguecedor proceso de regresión política e intelectual. Mientras que en los años sesenta realzaban la utilidad de los mecanismos mercantiles para remediar las ineficiencias del plan, mejorar el abastecimiento o apuntalar la calidad de los bienes producidos, ahora repiten los mitos de la economía convencional y ensalzan el papel de la oferta y la demanda para satisfacer las necesidades del consumidor.

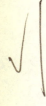

Su aceptación de la competencia, el beneficio y la explotación deriva de una falsa lectura de lo que ha ocurrido. El fracaso de las reformas descentralizadoras no era inevitable, ni fue producto de la inferioridad congénita de este proyecto frente al capitalismo. Las reformas fallaron porque sus principales promotores sociales perdieron interés en aplicarlas cuando en las nuevas condiciones políticas de los años ochenta descubrieron la posibilidad de convertirse en capitalistas. Al vislumbrar que podían transformarse en dueños de las compañías que gerenciaban, los ex directores de empresas abandonaron la renovación para enriquecerse con el giro privatizador. Hoy en día los vestigios del discurso reformista en ciertos países como China, simplemente encubren la restauración.

Por eso los teóricos marxistas que actualmente defienden el modelo descentralizado cuestionan la opción capitalista que han asumido muchos ex socialistas de mercado. Andreani,[35] por ejemplo, objeta esa evolución y subraya las diferencias que a su juicio separan hoy en día a las dos perspectivas. Destaca los distintos terrenos de diferenciación (accionariado, culto al dinero) entre un proyecto de socialismo de mercado y otro de capitalismo adornado de mensajes socialistas.

Pero en otros campos, las fronteras que traza Andreani son confusas. En su visión no queda claro si el inicio de la transición socialista requeriría la eliminación del capitalismo, o si por el contrario resultaría compatible con la vigencia de ese sistema. Por momentos, el autor sugiere la posibilidad de esta convivencia en un proceso de profundización de las conquistas populares y del "legado socialista del keynesianismo", que podría conducir a una evolución análoga a la secular gestación del capitalismo. Pero este esquema –que tiene puntos de contacto con la estrategia de la economía mixta– nunca favoreció la creación de escenarios propicios para el socialismo. La implementación del modelo anticapitalista que propone Andreani exige una ruptura radical con el capitalismo, que desligue el funcionamiento de la economía del parámetro rector del beneficio.

El autor acepta el predominio del plan sobre el mercado, pero advierte contra una exagerada incidencia de los instrumentos reguladores. Señala que la planificación debe ser indicativa, indirecta y no detallada y que su función es influir sobre el segmento de bienes sociales y no sobre la esfera de los bienes privados. Acertadamente imagina una transición de largo plazo asociada con el objetivo comunista. Pero a veces, contradictoriamente, vincula ese futuro a la supervivencia de la propiedad privada.

Un problema más conflictivo es su propuesta de asignar a los bancos un rol activo en el manejo del crédito durante la transición. Estima que a través de la competencia entre entidades se evitarían las ineficiencias observadas con el autofinanciamiento. Pero la concurrencia entre los bancos incorporaría un elemento de nocivo descontrol sobre el plan, ya que operaría en un ámbito clave para orientar la economía hacia la socialización. Por eso Andreani se equivoca al considerar que las reformas en Hungría y Yugoslavia se "quedaron a mitad de camino en la conformación de un sistema financiero autónomo". Justamente

---

35 Andreani, Tony. "Le socialisme de marché: problèmes et modelisation". Bidet, Jacques; Kouvélakis, Eustache. *Dictionnaire Marx Contemporaine*. París, PUF, 2001. Andreani, Tony. "Les nouveaux modèles de socialisme". *Cent ans de marxisme*. Congrès Marx International, PUF, 1996.

Claudio Katz

este cambio conduce a la restauración, como lo prueba actualmente el ejemplo de China. La viabilidad de un modelo anticapitalista requiere asegurar desde el inicio de la transición la vigencia de un sistema financiero público, unificado y centralizado.

¿TRANSICIÓN CORTA O LARGA?

El interés por los modelos centralistas y descentralizadores surge de una intuición compartida por muchos marxistas: una larga transición precederá al socialismo, al menos en la periferia. Por eso es importante reflexionar sobre las experiencias de gestión económicas ensayadas bajo el socialismo real. Como allí no regía el comunismo, sino frustrados intentos iniciales de superar al capitalismo, los problemas que enfrentaron resumen las dificultades generales que afectarían a cualquier ensayo de transición. Discutir hoy esa etapa es el problema crucial de un nuevo proyecto socialista.

Algunos autores[36] cuestionan el diagnóstico de una transición larga y retoman la previsión de Marx de un breve período (40 o 50 años en la evaluación de Ollman) previo a la consolidación del socialismo. Recuerdan que el autor de *El capital* presagiaba la definitiva afirmación del nuevo sistema al cabo de una o dos generaciones pòscapitalistas. Este lapso resultaría suficiente para eliminar los resabios de la acumulación privada en un régimen carente de leyes de herencia. El mercado y el dinero se disolverían rápidamente, abriendo un camino de saltos hacia el socialismo y el comunismo, que constituirían fases enlazadas y poco diferenciadas de una misma transformación.[37]

Pero este esquema fue imaginado a mitad del siglo XIX para una revolución socialista primero victoriosa en Europa y luego expandida al resto del planeta. El curso posterior de la historia no confirmó esta hipótesis, ya que los intentos de socialismo fueron parcialmente ensayados en algunas naciones de la periferia, sin propagarse a los centros desarrollados. Este curso quedó a su vez anulado con la reciente oleada de restauración capitalista en los antiguos territorios del campo socialista.

Tomando en cuenta esta evolución no parece adecuado partir del esquema de Marx para imaginar un futuro escenario socialista. Mantener la hipótesis de una breve transición de 40 o 50 años equivale a cerrar los ojos frente al rumbo que siguieron los acontecimientos en el último siglo y medio.

36 Ollman, Bertrell. "Market mystification in capitalist and market socialists societies". Ollman, Bertrell. *Market socialism*. Nueva York, Routledge, 1997.
37 La misma opinión tiene Chattopadhayay, Paresh. "Reviews on B.Ollman and M. Howards". *Historical Materialism*, vol. 10, Issu 1, 2002.

La imagen de extinción del pasado capitalista al cabo de dos generaciones sólo tiene sentido si se mantiene en pie la expectativa en un debut del socialismo en los países avanzados, a su vez continuado por una onda expansiva en la periferia. ¿Pero cuáles son los indicios que tornan probable este esquema? ¿Las economías maduras de los Estados Unidos, Gran Bretaña y Japón son más vulnerables a las crisis capitalistas que las naciones periféricas? ¿Los movimientos de rebelión popular son más activos, beligerantes y conscientes de la necesidad de una transformación social en los países desarrollados?

Es cierto que el proyecto socialista atraviesa una crisis global y que este impacto no reconoce fronteras. Pero los eslabones débiles del capitalismo continúan situados en las naciones dependientes, como lo prueba la dimensión catastrófica de las depresiones que sufren esas regiones. Por eso se mantiene vigente la tendencia observada en el último siglo al estallido de grandes eclosiones, que podrían empujar nuevamente a los trabajadores y a los oprimidos de estos países a buscar salidas anticapitalistas. Partiendo de esta perspectiva, se torna importante reflexionar sobre la transición larga en estas zonas.

La tesis opuesta de una transición corta se apoya en un principio válido: el carácter necesariamente internacional del socialismo y la imposibilidad de consumarlo exclusivamente en la periferia sin logros sustanciales en los países centrales.[38] Pero que el socialismo no pueda edificarse en un sólo país significa que el proyecto emancipatorio debe desbordar el estrecho marco de una nación subdesarrollada. Esta limitación no supone, en cambio, que el inicio de esa construcción se encuentre inhibido en esas regiones. Al contrario, resulta conveniente, necesario e imprescindible comenzar la transición al socialismo en todos los lugares donde la población promueva y avale este proceso. Es muy peligroso confundir la imposibilidad de consumar el socialismo en un sólo país con la inviabilidad de iniciar esta tarea. Si este comienzo fuera irrealizable resultaría inútil encarar acciones socialistas en las tres cuartas partes del planeta.

El carácter internacional de este proyecto exige articular las batallas anticapitalistas de todos los países, especialmente en el marco actual de avance de la mundialización. Pero estos enlaces no eliminan el carácter diferenciado de las transformaciones sociales en la periferia y el centro y, sobre todo, no suponen que los cambios en el primer grupo de países deban subordinarse a los acontecimientos prevalecientes en los naciones avanzadas. Por esta razón es importante concebir la transición en los países subdesarrollados como un prolongado período de generación de las condiciones necesarias para avanzar hacia el socialismo.

38 Este enfoque desarrolla Ticktin, Hillel. "Market socialism". (Ed.) Ollman, Bertrell. *Market Socialism*. Nueva York, Routledge, 1997.

Claudio Katz

El segundo desafío que plantea este proyecto es tomar en cuenta los problemas observados en las formaciones burocráticas. Eludir esta referencia afirmando que allí no rigió un genuino socialismo es un acto de evasión, porque en esos países se experimentaron los únicos intentos de llevar a la práctica los proyectos no capitalistas. Y sólo a partir de estos antecedentes se pueden identificar cuáles son las dificultades que enfrenta un programa de este tipo. Reflexionar sobre el socialismo desconociendo un siglo de éxitos, ensayos y frustraciones prácticas equivale a imaginar que nada ha ocurrido desde que Marx definió el alcance contemporáneo del proyecto liberador. Es cierto que la URSS nunca alcanzó el estadio socialista, pero sólo discutiendo por qué falló este intento se pueden imaginar nuevas alternativas para los dilemas que allí no fueron resueltos. Y lo mismo vale para China, Europa Oriental o Cuba.

Para avanzar en la recreación del socialismo no alcanza con revisar los textos clásicos. Las disyuntivas que enfrenta la transición en los países subdesarrollados constituyen tópicos muy poco abordados por Marx o Engels. Por eso conviene evitar los ejercicios especulativos y sobre todo, la tentación de razonar siguiendo un patrón de fidelidad hacia lo que Marx dijo o no dijo. Las afirmaciones de los clásicos deben ser tomadas como referencias para una elaboración actual y no como pruebas de la certeza o falsedad de cualquier afirmación.[39]

También corresponde asumir las dificultades de la propuesta anticapitalista, en lugar de proclamar sólo las ventajas de este proyecto. La credibilidad de un programa emancipatorio no se reconstruirá mientras se describen ingenuamente las virtudes de un futuro signado por la realización de las potencialidades humanas.[40]

La transición larga debe ser teorizada, estudiando los problemas económicos que afrontarían los países que ensayen la supresión del capitalismo, sin minimizar las dificultades de esta opción o imaginando que estos problemas serían espontáneamente resuelto con el auxilio de la revolución mundial. Observar las contradicciones reales de nuestro proyecto es la única forma de encontrar respuestas satisfactorias frente al cuestionamiento escéptico que hoy rodea al programa comunista. Este descreimiento no se atenuará enunciando las ventajas de una so-

---

39 El intercambio de opiniones entre Ollman y Baiman contribuye a esta reflexión. Ollman, Bertell. "Market socialism revisited". *Science and Society*, vol. 64, nº 4, invierno 2000-2001 y Baiman, Ron. "Review of Market Socialism", *Science and Society*, vol. 63, nº 4, invierno de 1999-2000.

40 Laibman estima irónicamente que los exponentes de esa actitud son voceros del "hurrah socialismo". Laibman, David. "Democratic coordination". "Building Socialism theoretically: alternatives to capitalism and the invisible hand". *Special Issue*, *Science and Society*, vol. 66, nº 1, primavera de 2002.

ciedad igualitaria. Hay que explicar cómo se podrían realizar las transformaciones requeridas para alcanzar ese objetivo. Si no se definen rumbos para conquistar la meta socialista, las discusiones sobre modelos futuros pueden tornarse insustanciales.[41]

Existen dos argumentos teóricos que habitualmente conducen a rehuir el abordaje concreto de los problemas de la transición: el futuro de abundancia y el surgimiento de un *hombre nuevo*. En el primer caso se remarca que en la sociedad poscapitalista la escasez tenderá a desaparecer y que esta extinción convertirá en problemas técnicos todos los inconvenientes de la gestión económica.[42]

Pero la abundancia no es en ningún caso una hipótesis inmediata. Constituye el pilar del proyecto comunista y un acertado argumento contra las teorías fatalistas que fundamentan la eternidad del capitalismo en la insatisfacción permanente de las necesidades humanas. Pero esa perspectiva de bienestar y gratuidad no aporta una solución palpable a los problemas que enfrentaría la erradicación del capitalismo en la mayoría de los países.

Especialmente en las naciones subdesarrolladas, sólo al cabo de un prolongado avance de las fuerzas productivas la escasez comenzaría a diluirse, otorgando a la abundancia un significado real. Por ejemplo, que toda la población pueda acceder gratuitamente a la educación y la salud no indica todavía una situación de efectivo bienestar, si la vivienda, los automóviles y los artefactos domésticos no son bienes disponibles para la gran mayoría.

También el problema del *hombre nuevo* es un desafío de varias dimensiones en el largo plazo, que no resuelve las incógnitas de la transición. Es cierto que los procesos revolucionarios inducen a un drástico cambio de las conductas y a una generalización del espíritu solidario, si prevalece el entusiasmo colectivo. Pero la transformación radical del comportamiento humano no será un acto inmediato, sino un proceso muy prolongado. Cabe esperar que el socialismo acelere estas modificaciones, pero no hay que ilusionarse con la irrupción de un *homo socialis* al margen del progreso económico y del avance del bienestar material. El *hombre nuevo* comenzaría a surgir con la revolución, pero no será una realidad efectiva hasta la maduración del socialismo.

Esta perspectiva exige una ruptura radical con el capitalismo, porque la emancipación no podría debutar sin remover el aparato estatal burgués y sin erradicar el poder económico, el control político, el manejo militar o la influencia ideológica de las clases dominantes. No hay socialismo posible sin revertir el dominio capitalista. Pero una vez ini-

---

41 Pearson señala que deben estudiarse más estos caminos que los detalles sobre el funcionamiento del sistema futuro. Pearson, Ted. "Models of socialism". *Science and Society*, vol. 67, n° 2, verano de 2003.
42 Este argumento desarrolla Ticktin, Hillel, *op. cit.*

ciado ese cambio, la transición será un extensa etapa cuya complejidad debe ser anticipadamente reconocida.

CAPITALISMO Y MERCADO

La imagen de una transición breve está asociada con el supuesto de una rápida extinción del mercado una vez derrocado el capitalismo. Esta expectativa se apoya en cierta identificación de ambos conceptos. Se afirma que el mercado no consagra sólo operaciones de compra–venta, sino que constituye un momento de la reproducción del capital ("la esfera de realización del valor").[43] Al asociar así el mercado con los mecanismos de la inversión, la ganancia y la acumulación, todo intercambio queda identificado con el capitalismo.

Pero en esta asimilación se confunden dos procesos: el mercado como dispositivo de la reproducción capitalista y como estructura de transacciones comerciales. Son dos funciones diferentes, que explican por qué históricamente el mercado antecedió al capitalismo y por qué debería perdurar durante un tiempo considerable luego de la erradicación de ese sistema. Esta existencia anterior (y seguramente posterior) al capitalismo ya indica que no son instituciones análogas. Pero, además, existen innumerables ejemplos de mercados (rurales, provinciales y de comercio básico, especialmente en los países periféricos), que operan sin cumplir las mismas funciones que ejercen en los circuitos capitalistas desarrollados.

Marx subrayó esta distinción al analizar el funcionamiento del capitalismo, partiendo de un razonamiento referido a la lógica mercantil. Destacó que ambos procesos son consustanciales, que el capitalismo completa el desenvolvimiento de los mercados y que el fin de la tiranía burguesa inauguraría el ocaso de la coerción mercantil. Pero la existencia de esa secuencia –primero anticapitalista y luego antimercantil– confirma que diferenciaba ambas categorías y que les asignaba dinámicas convergentes, pero no idénticas.[44]

Utilizar ambos conceptos como si fueran sinónimos fue un llamativo error de los marxistas que participaron en el debate teórico sobre la planificación con los neoclásicos. En esta controversia aceptaron la identificación que introdujo L. Von Mises e ignoraron que la existencia de los mercados no alcanza para retratar al capitalismo. Para que este sistema rija plenamente se requiere, además, la vigencia de otros elementos: relaciones salariales generalizadas y propiedad privada de los

---

43 Ticktin Hillel, *idem.*
44 En este punto Bidet tiene razón. Bidet, Jacques. "Le socialisme". *Cent ans de marxisme.* PUF, Congrès Marx International, 1996.

grandes medios de producción. Sólo estos tres rasgos permiten la extracción de plusvalía y la maximización del beneficio, bajo la presión compulsiva de la competencia.

Algunos autores[45] afirman que una vez derrocado el capitalismo el mercado perdurará solo durante un corto lapso, porque interpretan que la presencia de esta entidad es incompatible con la transición al socialismo. No registran que si esa contradicción fuera tan absoluta, el propio concepto de transición perdería sentido, ya que supone la existencia de ciertos nexos entre el pasado y el porvenir y la consiguiente perduración de algunas instituciones del viejo sistema.

Es cierto que el mercado constituye una amenaza para el objetivo socialista porque induce la persistente recreación del capitalismo. Pero no representa el único, ni el principal peligro para el proyecto emancipatorio. Como lo prueban todos los ejemplos recientes, los artífices de la restauración fueron los miembros de la alta burocracia del Estado y no los pequeños fabricantes o comerciantes que actuaban en los poros del socialismo real. La subsistencia de relaciones mercantiles deja siempre abiertas las puertas para una nueva acumulación, pero esta involución no es de ninguna manera inevitable.[46]

Durante la transición, el mercado puede actuar como una esfera subordinada a las prioridades establecidas por el plan, si opera en los sectores no estratégicos y cumple la función de facilitar la superación del subdesarrollo. Este necesario mantenimiento del mercado es una consecuencia del atraso históricamente acumulado en estas regiones, que derivó en un desenvolvimiento industrial tardío, fragmentario e inacabado y que además tiende a recrearse por efecto de la polarización imperialista. Es probable que en las naciones avanzadas la vigencia poscapitalista del mercado abarque un período muy reducido. Pero la ausencia de experiencias impide caracterizar con alguna precisión esa temporalidad.

Aunque constituiría un evidente obstáculo para la socialización, el mercado no debería impedir en la transición la transferencia gradual de sectores económicos hacia la órbita del plan, a medida que se torne evidente la mayor productividad y eficiencia de este segundo sector. La presencia del mercado supone la vigencia parcial de la ley del valor en ciertas transacciones, una influencia activa de la moneda y la existencia de un sector de empresas privadas, sometidas a la férrea regulación impositiva y laboral del Estado pero con atribuciones para desenvolver sus negocios. Como el objetivo es el socialismo, la transición exigiría

45 Ollman, Bertrell, *op. cit.* Ollman, Bertrell. "Inteview on market socialism", *Negah Journal*, Nestcape Mail 2-10-2002.

46 Chattopadhayay, Paresh sugiere en cambio cierta inexorabilidad de este curso. "Reviews on B. Ollman and M Howards". *Historical Materialism*, vol. 10, Issue 1, 2002.

también preservar fuertes restricciones a la conversión del dinero en capital y acentuar la supervisión popular permanente de la dimensión de la esfera mercantil.

Los marxistas que niegan (o relativizan) la necesidad del mercado durante la transición no proponen una alternativa clara de construcción poscapitalista. Sugieren disolverlo aceleradamente pero sin anularlo por completo, ya que tampoco aceptan el criterio anarquista de promover la eliminación inmediata del Estado y las clases sociales. Su proyecto es equivocado, porque no toma en cuenta que la abolición administrativa del mercado condujo en muchos casos a la asfixia del proyecto socialista. En las experiencias extremas de Stalin, Ceacescu, Henver Hoxa, Kim Il Sun o Pol Pot, esta amputación directamente asumió rasgos de barbarie.

Por eso conviene imaginar a la transición como un largo conflicto y no como una batalla única que se dirimirá sin mediaciones. Sólo al cabo de un prolongado antagonismo –entre el plan y el mercado y entre la asignación *ex ante* y *ex post*– el socialismo podría triunfar. Este complejo proceso debe ser concebido sin fantasías de abrupta extinción mercantil. Únicamente cuando la experiencia demuestre la superioridad práctica del plan, la realidad histórico–social del mercado comenzará a fenecer.

Basta recordar cómo reapareció el mercado negro en las formaciones burocráticas cada vez que se intentó exterminarlo administrativamente, para notar la inutilidad de proclamar verbalmente la extinción del intercambio mercantil. Frente a estas dificultades, Lenin impulsó la NEP, Trotsky propició la estrategia del plan con el mercado y en China, Yugoslavia o Cuba se ensayaron distintas políticas de descolectivización. ¿Fue acaso un error esta revisión? ¿Se debió continuar con el comunismo de guerra en la URSS en los años veinte? ¿Había que apuntalar la colectivización integral en los treinta? ¿Era adecuada la política de eliminación mercantil durante el "gran salto adelante" en China ? Quiénes propugnan la anulación acelerada del mercado no formulan juicios claros sobre estas disyuntivas.

Pero existe, sin embargo, un argumento muy atendible para cuestionar el impacto negativo del mercado sobre cualquier proyecto socialista: la alienación que espontáneamente genera el desenvolvimiento de esta entidad. Quienes alertan contra este impacto, destacan correctamente que todo intercambio mercantil recrea la mistificación del dinero, induce comportamientos individualistas y pone en peligro el espíritu colectivo de un programa comunista.[47]

---

47 Estos señalamientos constituyen excelentes observaciones de Ollman que Nayeri resalta. Ollman, Bertrell. "On market socialism". *Socialism and democracy*, otoño de 2001. Nayeri Kamran. "Market socialism". *Book Review. Review or Radical Political Economy*, n° 3, vol. 35, verano de 2003.

Estas advertencias son muy válidas, porque las distintas formas de la alienación conducen a erosionar los pilares políticos y morales del proyecto emancipatorio. Pero tal como ocurre con el mercado, la desalienación constituye una lucha de largo aliento. Los mitos gEstados al cabo de siglos no se disolverán en pocos años. Para destronar los fetiches que agobian al hombre desde la Antigüedad, la propaganda y las campañas políticas son claramente insuficientes. La transformación radical del individuo y de sus creencias sobrevendrá junto a la desaparición de la propiedad, la reabsorción del Estado por la sociedad y la extensión de la abundancia. Este proceso supone un ritmo histórico que no debe acelerarse compulsivamente.

EL PLANTEO LIBERTARIO

El planteo libertario explícitamente objeta la conveniencia del mercado en una transición hacia la nueva sociedad. Este enfoque –expuesto por Albert y Hahnel[48]– promueve la implementación de una economía participativa basada en cuatro pilares: consejos autogestionados de trabajadores y consumidores, retribución del trabajo de acuerdo al esfuerzo realizado, distribución balanceada de tareas y decisión colectiva de qué, cuánto y cómo se produce. Partiendo de estos principios, la negociación cooperativa reemplazaría al mercado (o a la planificación) en la gestión del proceso productivo.

El modelo está concebido para ser inmediatamente implantado y por eso sus promotores buscan probar su aplicabilidad, analizando los distintos problemas que afrontaría esa concreción. Destacan que el esquema libertario superaría aceleradamente la rigidez y la inercia burocrática que se observó en el socialismo real. También señalan la conveniencia de un rápido pasaje hacia el *homo socialis*, advirtiendo contra los peligros de cualquier transformación gradual. Además, destacan que una conversión pausada reproduciría el agente egocéntrico y calculador del mercado y bloquearía el surgimiento de una sociabilidad colectiva.[49]

Pero los partidarios de este esquema antimercantil inmediato no explican cómo podría realizarse este salto hacia comunidades libertarias, sin la mediación de alguna transición. Todos los antecedentes de rupturas anticapitalistas indican que la erección de formas más avanzadas de organiza-

---

48 Albert, Michel; Hahnel, Robin "Socialism as it was always meant to be". *Review of Radical Political Economics*, vol. 24, n° 3-4, 1992.

49 Albert, Michel. *Thinking forward*. Winnipeg, Arbeiter Ring, 2002. (Cap. 10). Albert, Michael; Hahnel, Robin. "In defence of participatory". "Building Socialism theoretically: alternatives to capitalism and the invisible hand". *Special Issue, Science and Society*, vol. 66, n° 1, primavera de 2002.

ción productiva constituyen procesos y no simples actos fundacionales. A través de estos cortes históricos se puede inaugurar una transformación social, pero no completarla bruscamente. Sentar las bases de una nueva sociedad no es lo mismo que ponerla en pié repentinamente.

Albert y Hahnel parecen ignorar el carácter prolongado del proyecto que alientan y la inconveniencia de establecer de forma instantánea su modelo comunitario. El esquema que proponen aporta interesantes propuestas sobre un futuro posible, pero ignora los nexos requeridos para alcanzar esa meta. Por esta razón, su tesis contiene ciertos rasgos de irrealismo que tornan al proyecto muy vulnerable a los cuestionamientos que usualmente plantean los defensores del capitalismo. Por eso, esclarecer los puentes que enlazarían la sociedad actual con el porvenir igualitario constituye un requisito clave, que el modelo libertario soslaya.

¿Cómo se concretaría el salto hacia una economía participativa? ¿Cómo se pasaría de la actual gestión patronal a la administración de consejos de trabajadores y consumidores? ¿Cómo se reemplazaría el salario por la retribución del esfuerzo y se sustituiría la segmentación laboral por la distribución balanceada de tareas? Si no se especifican las formas de esta transición, si no se aclara su eventual duración y no se plantean las diferencias que separan a este proceso en los países avanzados y subdesarrollados, el modelo anticapitalista pierde credibilidad.

Discutir la propuesta de Albert y Hahnel en los términos que la formulan equivale a dialogar sobre el comunismo ignorando al socialismo. El aspecto más positivo de su reflexión es la clarificación del objetivo estratégico. Pero el análisis de ese provenir enfrenta ciertos límites infranqueables, ya que no es posible anticipar excesivamente el futuro –ni discutir detalladamente sus características– sin definir cómo se alcanzaría esa meta. Al omitir la transición, el proyecto libertario ignora las mediaciones requeridas para avanzar hacia el norte comunitario.

En este punto, los marxistas siempre han aventajado a las corrientes anarquistas, que nunca reconocieron la necesidad de un anticipo socialista del comunismo. Este viejo problema de las conexiones entre el presente y el futuro se ha vuelto más complejo en la actualidad, porque la experiencia del siglo XX indica que por lo menos en la periferia se requeriría transitar una etapa preparatoria del socialismo. Ninguna de estas dificultades y eslabones intermedios figura en la agenda de temas que propone el modelo de Albert y Hahnel.

Ambos autores destacan la necesidad de remover primero al capitalismo para comenzar a comprobar qué tipo de inconvenientes suscita el proyecto libertario. Subrayar esta condición es un acierto frente a las impugnaciones que ha recibido su iniciativa.[50] Pero la respuesta que

50 Un ejemplo de estas críticas es Wesiskkopff, Thomas. "Toward a socialism for the future". *Review of Radical Political Economics*, vol. 24, nº 3-4, 1992.

proponen es insuficiente, ya que sitúa el debate exclusivamente en el plano de las ventajas del programa anticapitalista, sin considerar los pasos que se deberían recorrer para tornarlo viable.

Albert y Hahnel destacan, por ejemplo, que muchos inconvenientes atribuidos a la economía participativa (intromisión en la vida personal, exceso de mitines, falta de incentivos) podrían superarse a través de la negociación entre los miembros de cada comunidad. Pero ignoran que este consenso no sería alcanzado fácilmente en un marco de escasez. Al omitir que resulta indispensable conquistar ciertos patrones mínimos de bienestar para viabilizar su proyecto, los autores desconocen las dificultades que presenta su propuesta para la mayoría de las economías dependientes.

La omisión de la transición es un notorio déficit de su proyecto y estas limitaciones han sido señaladas por autores que simpatizan con los objetivos del modelo. El esquema de Albert y Hahnel es persuasivo a nivel abstracto, pero inviable en la práctica inmediata (problemas para medir el esfuerzo, dificultades para evitar rivalidades, inconvenientes para impedir conductas individualistas o enfrentar la ausencia de altruismo). Además, no ofrece respuestas a los obstáculos que afrontaría la planificación directa de los consejos de productores y consumidores y tampoco registra las complejidades de la inversión en la economía contemporánea.[51] Pero todas estas deficiencias no invalidan el proyecto en términos estratégicos, sino su aplicación inmediata en un escenario poscapitalista. En un proceso de socialización progresiva se encontrarían las formas de adaptación adecuadas para superar esos obstáculos.

La transición constituye una etapa insoslayable para procesar estos desafíos a través de la participación popular creciente en la gestión económica. Esta intervención acompañaría la consolidación de las premisas sociales requeridas para un salto ulterior hacia la sociedad igualitaria. También en ese período se experimentaría la modalidad óptima de funcionamiento democrático. Habrá que ver si los consejos son efectivos por sí mismos o si conviene complementar su acción con distintas formas de democracia indirecta. Con esta variante se ensayaría la autoadministración popular que prevalecería más ampliamente primero en el socialismo y después en el comunismo.

---

51 Estas objeciones son destacadas por Kotz, Laibman y Devine, respectivamente. Kotz, David. "Socialism and innovation". "Building Socialism theoretically: alternatives to capitalism and the invisible hand". *Special Issue, Science and Society*, vol. 66, nº 1, primavera de 2002. Laibman, David. "Contours of the maturing socialist economy". *Historical Materialism*, nº 9, invierno de 2001, Londres. Laibman, David. "Argumento en favor de un socialismo abarcativo". *Realidad Económica*, nº 133, Buenos Aires, julio 1995. Devine, Pat. "Market socialism or participatory planning". *Review of Radical Political Economics*, vol. 24, nº 3-4, 1992.

Claudio Katz

Durante esa evolución tenderían a resolverse las dificultades planteadas, tanto por los críticos como por los simpatizantes del objetivo igualitario. Con la reducción de la jornada de trabajo, el exceso de mitines dejaría de ser traumático, con la mejora radical de los ingresos decrecería la gravitación de los incentivos materiales y con la desalienación progresiva sería menos penosa la intrusión social. Pero este proceso sólo puede imaginarse a través de una larga transición y no por medio de un repentino salto libertario.

MERCADO Y COOPERATIVAS

El esquema de Albert y Hahnel supone la sustitución inmediata del mercado por un sistema de autogestión administrado por consejos de trabajadores y consumidores. Estos organismos controlarían toda la actividad económica a través de mecanismos iterativos, que expresarían decisiones democráticas adoptadas por la población. Las consultas serían supervisadas por un ente electivo que organizaría la selección de las opciones populares más votadas. El proyecto considera que esta forma de gestión directa permitiría la sustitución inmediata del mercado. A través de los consejos se procesaría la fijación concertada de los precios y de las cantidades a producir, así como las prioridades sectoriales.[52]

Pero si eliminar al capitalismo supone anular la propiedad privada de los medios de producción y los mecanismos de contratación-despido de la fuerza de trabajo, sepultar el mercado implica abandonar toda forma espontánea de compra-venta de los bienes, en cualquier esfera de la economía. Son dos alternativas distintas para un escenario poscapitalista inmediato y la elección de la segunda opción generaría irresolubles dificultades, porque a diferencia del capitalismo (y al igual que el Estado) el mercado no puede abolirse. Sólo cabe crear las condiciones para su progresiva disolución, a medida que el desarrollo productivo torne prescindible la demanda mercantil. El objetivo de una transición al socialismo sería crear estas condiciones, que no pueden imponerse por decreto.

El proyecto libertario ignora que solo la socialización creciente es el camino para diluir progresivamente la acción mercantil. No registra

52 Albert, Michael; Hahnel, Robin. "In defence of participatory". "Building Socialism theoretically: alternatives to capitalism and the invisible hand". *Special Issue, Science and Society*, vol. 66, nº 1, 2002. Albert, Michel, Hahnel, Robin. "Socialism as it was always meant to be". *Review of Radical Political Economics*, vol. 24, nº 3-4, 1992. Un resumen de las tesis más reciente puede verse en Adamovsky, Ezequiel. "Lectura en las asambleas", *Página 12*, 23-2-03.

que esta conclusión es una lección clave de todo lo ocurrido en el socialismo real y que también constituye una consecuencia lógica de los problemas presentes en el propio modelo de Albert y Hahnel. Ese esquema de coordinación puramente horizontal, lejos de constituir un antídoto para el mercado podría terminar recreando la dinámica de transacciones entre oferentes y demandantes. Este defecto es señalado por varios comentaristas que describen el parentesco del modelo con el equilibrio general imaginado por los neoclásicos. La forma en que se coordinarían los consejos de productores y consumidores se asemeja más a ese patrón que a una economía regulada por el plan.[53]

Como el salto directo hacia la economía participativa que plantean Albert y Hahnel presenta tantas lagunas, sus propios promotores sugieren ciertos caminos de transición. Este pasaje se concretaría a través de la paulatina expansión de cooperativas, que permitan gestar paso a paso los consejos de trabajadores y consumidores, mediante la organización en comunas. Estas instancias favorecerían el traspaso de poderes de decisión a nivel local, mientras se conquistan leyes que limiten la acción del mercado.[54]

Pero esta tesis resucita el viejo proyecto cooperativista, que asociaba la erradicación del capitalismo con la creciente gravitación de esos organismos comunitarios. Que este proceso reciba otra denominación entre las corrientes libertarias ("avance del contrapoder") no altera esa afinidad de origen. Es cierto que las cooperativas –como experiencias de organización económica popular autónoma– pueden aportan importantes experiencias para el desarrollo de la autoadministación popular. Pero su expansión no es sinónimo de creación de una sociedad igualitaria, porque enfrentan severos límites para desenvolverse en el capitalismo.

En el universo de la competencia entre grandes corporaciones, las empresas que intentan sustituir el patrón de la ganancia por el principio de la solidaridad tienden a quedar fuera de toda concurrencia. La expansión de las cooperativas –o de formas equivalentes de economía social o solidaria– es sistemáticamente socavada por esa rivalidad. Particularmente en la última década, el neoliberalismo ha ejercido una presión devastadora sobre esas iniciativas, forzando su creciente conversión en típicas empresas capitalistas.[55]

En la carrera por subsistir, las cooperativas son empujadas a aceptar las reglas financieras de los acreedores (control bancario sobre las

---

53 Esta observación es coincidentemente planteada por Laibman, David. "Contours of the maturing socialist economy". *Historical Materialism*, n° 9, invierno de 2001, Londres y por Ticktin, Hillel, *op. cit.*
54 Este esquema está expuesto en M.A. "Economía participativa". *Caja de Herramientas*. Buenos Aires, Intergalacktica, junio 2003.
55 Véase el balance de Gunn, C. "Markets against economic democracy". *Review of Radical Political Economics*, vol. 32, n° 3, septiembre 2000.

asociaciones), las normas laborales de los gobiernos (flexibilización, precarización) y las formas gerenciales del neoliberalismo (maximizar el rendimiento de corto plazo). Cuando se someten a estas presiones, los organismos comunitarios pierden sus ideales iniciales y terminan actuando como cualquier otra firma.

¿Qué rasgos de prefiguración libertaria perduran al cabo de este proceso de adaptación? ¿Qué modalidades anticapitalistas persisten cuando las cooperativas son asimiladas al sistema? ¿Cómo evitar esta absorción actuando en un marco regido por la explotación, el beneficio y la competencia? Los teóricos autonomistas no tienen respuestas para estos viejos dilemas del cooperativismo.

Sólo en un periodo de transición al socialismo las cooperativas podrían cumplir un rol verdaderamente transformador, porque la erradicación del capitalismo abrirá un vasto campo para el desarrollo de esa forma de gestión. Al desaparecer la competencia monopólica y el financiamiento privilegiado de las corporaciones, la economía solidaria podría florecer. El radio de acción de las mutuales, las asociaciones (y también la pequeña empresa privada) quedaría fijado por su nivel de eficiencia comparativa frente al sector público. Esta coexistencia permitiría concertar el ritmo deseado y factible de pasaje al socialismo.

Durante la transición, las cooperativas cumplirían un papel importante, pero no sustitutivo del rol preeminente de los organismos públicos centralizados, especialmente en dos áreas claves: la protección social y las grandes empresas estratégicas. En ambos terrenos, la propiedad pública y la gestión planificada son indispensables para contener la acumulación privada, disolver la primacía del beneficio y jerarquizar la satisfacción de las necesidades sociales. Este es el camino para construir una sociedad igualitaria que alivie la jornada de trabajo, racionalice las pautas de consumo, atenúe los desequilibrios ecológicos y democratice todas las instancias de la vida social.

La crítica del proyecto cooperativista fue encarada por Marx (contra Prohudon) y por Lenin (contra Bakunin) y este debate se ha prolongado hasta la actualidad. Algunos autores[56] consideran que Marx asignaba a las cooperativas un rol anticapitalista central como barrera de la explotación, como sustituto de la propiedad privada de los medios de producción y como modalidad del socialismo avanzado. Pero como el proyecto comunista apunta a la disolución estratégica del mercado, este programa exigiría también en cierto punto la desaparición de las cooperativas como entidades que operan en forma competitiva. Tener en cuenta este aspecto es importante para comprender por qué no corresponde impulsar su desenvolvimiento en desmedro de la organización planificada de la economía.

---

56 Lawler, James. "Market socialism". Ollman, Bertrell. *Market Socialism, op. cit.*

Los enfoques libertarios contienen muchos elementos favorables para la renovación del proyecto socialista. Estas contribuciones ya son tema de discusión en todos los movimientos juveniles de protesta, donde se percibe un renacimiento de cierta sensibilidad anarquista. Ese resurgimiento se observa en la reivindicación del igualitarismo radical, la descentralización organizativa y una ética antiautoritaria muy crítica de las jerarquías tradicionales. El colapso de la URSS y el declive del neoliberalismo han creado condiciones muy favorables para el florecimiento de ese estado de ánimo anticapitalista.

Pero la tesis autonomista contiene también serios errores que no deben omitirse. Es muy positivo batallar por una tercera alternativa igualmente diferenciada del capitalismo y del autoritarismo burocrático, pero esta opción supone la disolución progresiva y no abrupta del mercado y la integración subordinada de las instancias cooperativas a la planificación democrática.

BALANCES Y PERSPECTIVAS

¿Qué lecciones se pueden extraer de lo ocurrido en el socialismo real sobre el tipo de gestión económica que requeriría un nuevo proyecto emancipatorio?

Tanto el modelo centralizado como el descentralizado resultan necesarios para desenvolver la planificación. Pero ninguna de estas opciones de gestión eliminan las tendencias hacia la restauración. El capitalismo ha sido reimplantado en el ex bloque socialista a partir del fracaso descentralizador o por el simple estallido del centralismo. Ambas opciones contienen ciertos mecanismos indispensables para inaugurar un proceso no capitalista, pero también pueden incluir los vicios que asfixian a este programa.

El centralismo privilegia el ritmo de crecimiento y las inversiones de largo plazo, mientras que el manejo descentralizado pone el acento en la eficiencia de la gestión y en la calidad de los productos. Pero en la experiencia del socialismo real ambas alternativas sucumbieron y tanto la industrialización forzosa del centralismo, como la plena autonomía empresaria de los reformistas tuvieron consecuencias nefastas .

Se ha probado que acelerar en forma indebida la industrialización u otorgar atribuciones desmesuradas a los directores de las empresas destruye el proyecto anticapitalista. Por eso resulta conveniente combinar los mecanismos centralizados y descentralizados para afrontar los desafíos del crecimiento y la mejora del nivel de vida popular. Pero esta mixtura debe plantearse desde el inicio y no como reacción frente al fracaso de una u otra variante.

Bajo el socialismo real predominó un frecuente vaivén frente a estas dos opciones y en estos giros extremos se pusieron de manifiesto

Claudio Katz

las dificultades de ambas alternativas. Durante los períodos de primacía del centralismo, la economía se movía con rapidez y el volumen del PBI crecía a costa de la calidad o del nivel de consumo. Y viceversa, en las fases descentralizadas se intentaba apuntalar la eficiencia y la productividad en desmedro del ritmo de crecimiento.

En los países periféricos, la combinación de ambos mecanismos debería apuntar a superar el subdesarrollo en un marco de conquistas sociales. En lugar de intentar esta mixtura, los economistas de las formaciones burocráticas se apegaron a una u otra alternativa o recurrieron empíricamente a ambas. A través de giros inesperados, buscaron cíclicamente alcanzar ciertas metas desarrollistas y distribucionistas. Pero siguiendo esta política, el extremo centralismo que predominó en la URSS o Checoslovaquia no condujo a mejores resultados que la descentralización húngara o yugoslava.

Para encontrar en el futuro los puntos de empalme entre la centralización y la descentralización hay que desarrollar dos rasgos que estuvieron ausentes en el socialismo real: el desarrollo subordinado del mercado y un marco político de efectiva democracia. Esta combinación era el eje del proyecto que promovía Trotsky en los años treinta para aunar la intención desarrollista de Preobrazhensky con la preocupación armonicista de Bujarin. Esta triple propuesta no fue retomada ni siquiera por los economistas de Europa Oriental, que en los años setenta sugirieron mixturar los dos modelos de gestión.

La eficiencia de ambas modalidades requiere el auxilio del mercado y el control democrático. La centralización y la descentralización no pueden reemplazar al complemento mercantil, ni a la supervisión popular, para avanzar hacia la socialización gradual de la economía. La vigencia del mercado no es una propuesta estratégica, sino un instrumento impuesto por el atraso económico. Constituye un elemento indispensable y al mismo tiempo conflictivo para el logro del objetivo comunista. Por eso conviene precisar muy bien, en cada momento, las esferas y la dimensión de su introducción.

La inclusión del mercado debería apuntar hacia objetivos radicalmente opuestos a los predominantes en la fase final de las formaciones burocráticas. Allí, el intercambio mercantil no reapareció para complementar el plan, sino para reestablecer la gran propiedad privada y para convertir a los trabajadores en asalariados de los nuevos capitalistas. La aplicación del mercado como instrumento de la transición es la antítesis de su introducción para este resurgimiento de la acumulación. Ambos procesos son tan antagónicos como la NEP de Lenin y el shock neoliberal de Yeltsin.

Una prueba de esta oposición entre el mercado –como instrumento de la transición y herramienta de la restauración– está a la vista hoy en la URSS o en Europa Oriental. Allí, el regreso del capitalismo no se consuma a través del simple avance del intercambio comercial, sino por medio de privatizaciones manipuladas desde arriba por los antiguos planificadores. No es la expansión del mercado sino esta abrupta conversión capitalista de las elites lo que afianza la restauración.

La transición al socialismo no es incompatible con la acción limitada y regulada del mercado. Pero esta presencia debe ser explicitada claramente e instrumentada fuera del sector estatal. Simular procedimientos mercantiles en la esfera socializada es doblemente pernicioso. No sólo obstaculiza la gestión del plan, sino que además sugiere la superioridad intrínseca del mercado y este supuesto socava el sentido del proyecto socialista. Esta imitación abrió el camino de la restauración en Europa Oriental cuando los promotores de las reformas sustituyeron la copia del mercado por la construcción del capitalismo y reemplazaron la simulación juego mercantil por la extracción de plusvalía.

Definir con nitidez el radio de acción del mercado implica distinguir el manejo estatal descentralizado de la actividad comercial o industrial privadas y evitar así que la dinámica espontáneamente mercantil afecte a la propiedad pública. Esta supervisión popular y democrática del mercado es la mejor forma de contrarrestar el alcance de la economía informal, que tiende a desenvolverse en forma descontrolada y subterránea en cualquier proceso de transformación anticapitalista.

La principal causa del fracaso de la centralización y la descentralización en las formaciones burocráticas fue la asfixia de la democracia. Este ahogo fue más determinante de las frustraciones populares que la eliminación prematura del mercado (o su reintroducción distorsionada). Ninguna modalidad de gestión planificada puede prosperar sin la deliberación colectiva.

Los períodos de mayores logros bajo el socialismo real estuvieron signados por la intervención popular. Esta presencia indicaba la vitalidad de los procesos revolucionarios y favorecía la adaptación flexible del curso económico a las prioridades de la población. La construcción socialista exige esta presencia popular para que la política económica se amolde a los reclamos mayoritarios. La extensión radical de la democracia abriría un abanico de alternativas para encontrar formas óptimas de empalme entre el crecimiento y la mejora del nivel de vida.

El fracaso del socialismo real no prueba la inviabilidad del proyecto emancipatorio. Esa frustración no era inexorable. Fue el producto específico de los hechos políticos predominantes durante la década pasada. Ninguno de los cuatro procesos claves de ese período –ascenso mundial del neoliberalismo, asimilación de las elites burocráticas al capitalismo, destrucción de las expectativas socialistas en el Este y crisis de la izquierda de Occidente– era inevitable. Y si bien el desenlace final de estos sucesos afecta al proyecto socialista, no anula su vigencia, ni su actualidad. El programa emancipatorio se sustenta en un dato que perdura: la opresión y la crisis que generan la permanencia del capitalismo.

Como resultado de esa perdurabilidad, el debate sobre los caminos de la transición al socialismo se mantiene vigente. En los países avanzados esta discusión exige definir las vías para defender, afianzar y extender las conquistas sociales en una dura batalla contra el capital, y en las naciones periféricas se impone también precisar cuáles serían los senderos para emerger del subdesarrollo. Para lograr este complejo objetivo, la transición es insoslayable y la omisión de este período constituye un grave error de varios modelos anticapitalistas, que deducen del fracaso del socialismo real la posibilidad de un salto inmediato hacia formas comunistas de organización de la sociedad. La dimensión teórica de estos problemas ha sido explorada por varios autores y será el tema de la cuarta y última parte de nuestro ensayo.

CAPÍTULO IV

PROBLEMAS TEÓRICOS DEL SOCIALISMO

Existe una fecunda historia de investigaciones sobre los problemas teóricos de la transición al socialismo. Pero esta tradición comenzó a perder influencia a partir del colapso del socialismo real y su incidencia actual es muy limitada en los debates sobre modelos alternativos al capitalismo.

Este olvido induce a empezar desde cero una elaboración que ya tiene sólidos cimientos y muchas pruebas de factibilidad o inviabilidad. Ignorar estos antecedentes conduce a presentar ciertas iniciativas –que ya fueron concebidas, practicadas o desechadas– como si fueran novedosos descubrimientos. El análisis de un período previo o ensamblado con el debut del socialismo es el trasfondo común de esa herencia teórica. Todos las polémicas del pasado tuvieron presente de manera explícita o implícita los problemas de una transición.

Primero se discutieron los fundamentos de la disciplina que debía estudiar ese período y luego se intentó definir las regulaciones económicas objetivas de esa etapa. Las respuestas a estos interrogantes definieron las posturas de cada autor frente a tres temas centrales de una economía planificada: el cálculo, el incentivo y la innovación. Revisar estas controversias es indispensable para formular un nuevo proyecto socialista.

LA TEORÍA ECONÓMICA DEL POSCAPITALISMO

¿Cómo se deben conceptuar los problemas de la transición socialista?¿Qué disciplina teórica habría que utilizar para esa finalidad? ¿Son aplicables las viejas categorías de la economía política o hay que introducir nociones más afines al futuro comunista?

Claudio Katz

Estos dilemas enfrentaron durante décadas los autores que intentaron adaptar la teoría y la práctica económica marxista a una situación jamás imaginada por los fundadores del socialismo científico. La teoría de Marx se basaba en una crítica de la economía política, cuya vigencia estaba originalmente asociada con la existencia del capitalismo. Se esperaba que una vez erradicado este sistema, también desaparecería la disciplina en que se sustentaba el análisis de este régimen social. Por eso Engels[1] pronosticó la sustitución de la economía política por una ciencia positiva, que a su juicio bastaría para permitir la administración consensuada en la nueva sociedad.

El compañero de Marx pensaba que el mercado se diluiría aceleradamente con la implantación de la propiedad pública de los medios de producción e imaginaba que la economía política perdería sentido en el curso de la extinción de todos los resabios capitalistas. Si las categorías económicas tendían a disolverse junto a la desaparición del estado, ¿qué vigencia podrían preservar los conceptos elaborados para explicar una sociedad clasista ya inexistente?

Otros pensadores[2] retomaron posteriormente esta misma previsión, incorporando un nuevo argumento: la inutilidad de una disciplina destinada a clarificar la opacidad capitalista, en un proceso de creciente transparencia de la vida económica y social. Estimaban que una vez eliminada la propiedad privada de los medios de producción se tornaría innecesaria la matriz teórica utilizada para enmascarar la opresión burguesa y justificar con variadas mistificaciones el poder de la clase dominante.

Luxemburgo destacaba que estas funciones encubridoras se volverían superfluas con la desaparición del capitalismo. La economía política perdería sentido al tornarse visible todo lo que sucede en el mundo del trabajo. Ya no habría que descifrar leyes económicas oscurecidas por la alienación mercantil, ni desenmascarar la plusvalía oculta bajo la libre contratación de la fuerza de trabajo. Tampoco sería necesario demostrar que el origen de la ganancia se encuentra en la expropiación del trabajo excedente, ni que la coerción social constituye un pilar del capital.

Pero esa tesis resultó poco aplicable a la realidad inmediata de los regímenes transitorios que emergieron en la URSS, China o Cuba, porque la economía política no podía diluirse en sistemas que se encontraban tan lejos de la meta socialista. La previsión de Engels no estaba concebida para el debut de la revolución anticapitalista en países periféricos, sino para un proceso socialista inaugurado en Europa y rápidamente extendido hacia las naciones subdesarrolladas.

En la nueva realidad creada por la revolución bolchevique, un segmento esencial de estudio de la economía política –como es el merca-

1 Engels, Federico. *El Anti–Duhring*. Buenos Aires, Claridad. 1972. (Tercera Parte).
2 Luxemburgo, Rosa. "Introducción a la Economía Política". *Cuadernos de Pasado y Presente*, nº 35. Córdoba, 1972. (Cap. 1 y prólogo).

do– no tendía a diluirse, ni resultaba además conveniente su abrupta erradicación. Por eso se imponía reformular la vieja disciplina en lugar de decretar su simple eliminación. Para interpretar la dinámica de un nuevo régimen de transición al socialismo, la economía política ya no servía, pero tampoco resultaba totalmente prescindible. ¿Qué teoría, entonces, era pertinente para indagar la nueva realidad? ¿Cuál sería su objeto específico? ¿Cómo denominarla?

Preobrazhensky[3] propuso desenvolver una ciencia del sistema mercantil–socialista, diferenciada tanto de la economía política utilizada para el análisis del capitalismo, como de la ciencia de la producción organizada que a su juicio debía integrarse, en el comunismo, a las futuras tecnologías sociales. El economista soviético consideraba que la nueva disciplina debía permitir la indagación de las leyes vigentes en el prolongado período intermedio de la transición.

Éste estimaba que la nueva teoría contribuiría a dilucidar la dinámica de la economía soviética y a definir políticas favorables al desarrollo socialista. Su visión era adecuada porque el nuevo régimen ya no estaba sujeto a las leyes de la competencia y el beneficio, pero tampoco se encontraba regido por los patrones de una regulación socialista. Se requería construir, por lo tanto, una disciplina para analizar las contradicciones, discernir las alternativas y formular las opciones de la gestión planificada de esa etapa.

Posteriormente, algunos autores[4] bautizaron a la nueva teoría con el nombre de economía política del socialismo, omitiendo que el enfoque inicial fue concebida para un estadio previo al socialismo y que apuntaba a indagar los problemas específicos de la transición. Especialmente Lange[5] utilizó esa denominación para referirse a la rama de una disciplina económica, que a su entender debía indagar las leyes presentes en todos los modos de producción. Para el estudioso polaco, algunos principios de esa teoría correspondían a cualquier sistema (equilibrios técnicos, relaciones entre consumo y producción) y otras sólo al socialismo (normas de satisfacción de las necesidades sociales). Consideraba que ciertas categorías eran compatibles con el capitalismo (circulación de mercancías) y que otras sólo servían para orientar la gestión planificada.

Pero esta tesis aglutinaba en un mismo y único universo de reflexión teórica a los temas de la transición y del socialismo, confundiendo los problemas de un período intermedio con los dilemas futuros de una so-

3 Preobrazhenski, Eugen. *La nueva economía*. Barcelona, Ariel, 1970. (Cap. 1).
4 Véase Brus, Wlodzimierz. *Economía y política en el socialismo*. Buenos Aires, Amorrotu, 1973 (Cap. 1).
5 Lange, Oskar. "El papel de la ciencia en la sociedad socialista". *La economía en las sociedades modernas*. México, Grijalbo, 1966. Lange, Oskar. *Economía política*. México, Fondo de Cultura Económica, 1974. (Cap. 4).

ciedad de plena abundancia y libertad. Además, sugería la existencia de una disciplina suprahistórica igualmente válida para estudiar fenómenos de la Antigüedad, del Medioevo, de la revolución industrial o del socialismo. El carácter específico de la economía política como ciencia acotada al análisis del valor y del mercado en el capitalismo quedaba disuelto.

La visión de la economía como disciplina extendida al estudio de diversos modos de producción (feudalismo, capitalismo, socialismo) excluía de hecho el proyecto de una ciencia positiva de Engels o el esquema de una visión directa y transparente de la realidad de Luxemburgo y también descartaba la tecnología social concebida por Preobrazhensky. En el nuevo enfoque quedaba poco espacio para imaginar un horizonte de emancipación integral en un porvenir comunista ulterior.

Durante el período de mayor esplendor internacional de la Unión Soviética, esta visión de la economía política del socialismo alcanzó gran predicamento. Conformaba un *manistream* de los economistas del Este y Oriente, que rivalizaba con la economía keynesiana predominante en Occidente. Pero a partir de las protestas inauguradas en el '69, una fuerte corriente de renovación intelectual puso en tela de juicio este universo teórico y entre los marxistas recuperó terreno el cuestionamiento al carácter históricamente inamovible de una disciplina económica. Esta crítica se apoyó en gran medida en la relectura de los autores, que subrayaban la gravitación del problema de la alienación y del fetichismo en la teoría marxista.

Pero este señalamiento de la transitoriedad histórica de la economía como ciencia social también introdujo un costado problemático. Muchas reivindicaciones de las ideas de Marx sobre la extinción de la economía omitieron que estaban referidas a una sociedad ya liberada de la coerción mercantil y no a una situación inmediata de erradicación del capitalismo. Ignoraron que la vigencia de nuevas formas de pensamiento científico no se encontraba a la vista, dada la total inmadurez del socialismo y la ausencia aún mayor de un estadio comunista.

Comprender esta secuencia de eslabones históricos es vital para asignarle a la teoría económica alguna finalidad concreta en un programa emancipatorio. Quien mejor resolvió estos dilemas fue Preobrazhensky, al postular la necesidad de una disciplina orientadora de la política económica, hasta tanto el desarrollo del socialismo permitiera la extinción de este tipo de instrumentos. Se puede discutir si los principios que brindaría esa teoría serían leyes o regulaciones, pero lo central es reconocer su necesidad para indagar la dinámica de la transición. Esta disciplina no debía ser la economía política del capitalismo, ni tampoco la ciencia positiva del futuro.[6]

---

6   Samary analiza qué problemas plantea la interpretación de los principios de ese período como leyes o como reguladores. Samary, Catherine. *Le marché contre l'autogestion. L'expérience yougoslave*. París. La Brèche, 1988. (Introd.).

Mandel[7] captó muy bien la importancia de esta teoría económica de la transición. Por un lado, demostró que las discusiones sobre la URSS no estaban referidas a problemas asociados con la gestión de la abundancia y cuestionó presentar estos debates como controversias sobre la economía política del socialismo. Pero, por otra parte, defendió la necesidad de una teoría de la planificación no capitalista contra la expectativa de una súbita irrupción de nuevos patrones científicos, ya desconectados de toda herencia económica. Destacó que mientras subsista la producción mercantil también persistirá alguna variante de la economía política.

La importancia de una disciplina de la transición pasó desapercibida para quienes suponían que el socialismo se estaba realizando en la URSS, pero también es ignorada en la actualidad por quienes desechan la utilidad de este fundamento, considerando que una emancipación socialista a escala mundial resolverá espontáneamente los duros dilemas de un período intermedio. Justificar un próximo fin de la economía política simplemente señalando el decrecimiento futuro de la opacidad mistificadora del mercado implica ignorar el carácter históricamente prolongado de esa transformación.[8]

Reconocer la necesidad de una disciplina específica de la transición es la única forma de abordar los problemas de esta etapa sin eludir sus complejas disyuntivas. Este fundamento es indispensable para desenvolver la planificación e identificar las opciones de política económica factibles. Pero además es el basamento teórico para revisar tres importantes discusiones de la economía planificada: el cálculo, el incentivo y la innovación.

LA SIMULACIÓN DEL CÁLCULO EN LANGE

La controversia sobre el cálculo fue iniciada por el liberal L.Von Mises apenas surgió la Unión Soviética. Tomando al comunismo de guerra como referencia empírica, ese teórico neoclásico objetó la capacidad de la planificación para realizar estimaciones de los precios y sustituir la eficiencia del mercado. Partiendo de esa objeción, desató un ataque en regla contra todos los aspectos de la gestión planificada, señalando que esta modalidad implicaba la eliminación de la moneda y la consiguiente destrucción del cálculo racional. Por eso afirmó que el socialismo conducía a la "barbarización de la sociedad".[9]

---

7   Mandel, Ernest. *Traité d´économie marxiste*. (Cap. 18). París, Union Générale D´Éditions, 1969.
8   Rieznik comete esta equivocación. Rieznik, Pablo. "Román Rosdolsky y la "economía socialista". *Prensa Obrera* nº 772, Buenos Aires, 2002.
9   Bensimon presenta una reseña general de todo el debate. Bensimon, Guy. "L'Économie socialiste". Di Ruzza Renato, Fontan,el Jacques. *Dix débates en économie politique*. Grenoble, PUG, 1994.

Esta polémica –que se desplegó a lo largo de varias décadas con la intervención de múltiples actores– arrastró un problema de origen: cuestionar la factibilidad del cálculo en una economía planificada partiendo del corto episodio del comunismo de guerra. Esta referencia fue aceptada por la mayoría de los participantes de la polémica, sin notar que ese período no fue representativo de la gestión planificada. Adoptar esa etapa como eje analítico constituía una distorsión equivalente a discutir la lógica general del capitalismo observando el funcionamiento peculiar de la economía de guerra de 1914-1918.

Pero la aceptación de este marco se explica por el impacto que produjo el contexto germano y soviético de esa época sobre el pensamiento económico. El debate sobre el funcionamiento del mercado y del plan se encontraba muy influido por estas excepcionales coyunturas. Una dificultad de muchas respuestas marxistas al convalidar este cuadro analítico fue olvidar que el comunismo de guerra constituyó tan sólo una respuesta coyuntural frente a la situación extrema que siguió al triunfo de los bolcheviques.

Pero el debate tomó impulso en términos más abstractos como una contraposición entre modelos ideales del mercado y del plan. Lange formuló la refutación más conocida a las objeciones neoclásicas, demostrando que un planificador puede actuar con idéntica eficiencia que el mercado en la determinación de los precios. Para ello debe imitar el vaivén de la oferta y la demanda, recurriendo a un procedimiento matemático de tanteo, que simule la convergencia entre ambas fuerzas en la cotización de cada bien. Mediante esta simulación, los planificadores podrían resolver todas las ecuaciones requeridas para cada estimación, a través de la simple copia de la acción mercantil.

Hayek –el principal seguidor de V. Mises– contraatacó señalando que este procedimiento era inviable por el elevado número de ecuaciones necesario para realizar ese tipo de cálculos. Pero Lange, a su vez, respondió elaborando un modelo iterativo de "precios sombra", que reproduce las reacciones del subastador walrasiano en la determinación de esas magnitudes. Este enfoque tuvo un efecto demoledor sobre los planteos ortodoxos, porque se sostenía en la misma lógica del pensamiento neoclásico. Situaba al planificador en un rol sustituto del mercado e imaginaba su acción como una mera reproducción de la dinámica mercantil. Si ese comportamiento no permitía la determinación eficiente inicial del nivel de los precios, tampoco la libre acción de la oferta y la demanda podría lograr ese objetivo.

Hayek destacó, entonces, la incapacidad del plan para procesar la información con la misma velocidad que el mercado y cuestionó también la rigidez de ese mecanismo para afrontar situaciones variadas o imprevistas. Señaló que ningún organismo puede administrar la voluminosa cantidad de señales que naturalmente absorben la oferta y la demanda.

Pero a esta objeción respondía el modelo del "tatonement simulado" que propuso Lange y que justamente subrayaba la ausencia de inconvenientes para reproducir la acción mercantil. Las únicas limitaciones para concretar esa copia eran de naturaleza técnica, es decir derivadas de la ausencia de instrumentos capacitados para procesar la información. Lange argumentaba que si el mercado opera como una máquina de conversión de los datos en variables económicas, también los planificadores podrían cumplir esa labor. Remarcó la inexistencia de impedimentos teóricos para que desenvolvieran esa función con la misma eficiencia que el mercado. Además, destacó que su propuesta mantenía las ventajas mercantiles de la asignación de los recursos, en función de los criterios de equilibrio y utilidad, sin cargar con los costos de la anarquía y la irracionalidad del capitalismo.

En los años treinta y cuarenta –bajo el impacto de la gran depresión y del contundente desprestigio del liberalismo– la defensa de la planificación que planteó Lange gozaba de gran popularidad también en la heterodoxia. Por ejemplo, Schumpeter[10] defendía la factibilidad de un modelo de asignación planificada basado en la imitación del mercado y estimaba que una burocracia socialista no enfrentaría inconvenientes para ajustar adecuadamente las cantidades y los precios mediante sucesivos tanteos. Opinaba que este mecanismo contribuiría a eliminar la incertidumbre que caracteriza al capitalismo.

En este adverso clima Hayek desplazó la polémica sobre el cálculo hacia un debate sobre la motivación. Aceptó que la planificación era cuantitativamente viable, pero señaló que anulaba los incentivos para cualquier acción de los agentes económicos. Esta postura defensiva fue complementada con otro tipo de críticas exclusivamente políticas y centradas en el carácter despótico de cualquier régimen socialista ("un camino hacia la servidumbre"). La escasa influencia de sus argumentos económicos indujo a V. Mises y Hayek a cambiar el terreno de la controversia.

Al demostrar que la crítica ortodoxa contra la planificación no se sostiene en sus propios términos, Lange introdujo una rigurosa refutación interna de la tesis neoclásica. Demostró que en ese marco teórico la fijación de los precios resulta igualmente eficiente si es guiada por los tanteos del planificador o si es orientada por la oferta y la demanda. Remarcó que no hay razones para objetar el primer mecanismo partiendo de un universo conceptual walrasiano. Con el argumento de la simulación iterativa, Lange desconcertó a sus adversarios y los refutó en su propio campo conceptual.

Pero el éxito de este razonamiento constituye al mismo tiempo su principal debilidad desde el punto de vista socialista, porque abre se-

---

10 Schumpeter, Joseph. *Capitalismo, socialismo y democracia*. Barcelona, Folio, 1984 (Cap. 16).

rios interrogantes sobre el sentido de la planificación. Si esta forma de gestión se torna eficiente cuando opera con los mismos parámetros que el mercado, ¿para qué copiar el modelo original?

Como ejercicio de simulación con fines polémicos, el modelo de Lange es indudablemente útil. Pero esta aplicación se reduce sólo al nivel abstracto de la controversia. Fuera de ese ámbito el esquema constituye un planteo también crítico del proyecto comunista. Por eso cuando Lange utilizó el modelo para justificar la propuesta de socialismo de mercado introdujo un fundamento equivocado para la gestión descentralizada. En vez de presentar estos mecanismos como simples alternativas de administración, convirtió la simulación mercantil en el procedimiento orientador de la planificación. No se dio cuenta de que si este postulado resultara válido y el mercado constituyera una insoslayable instancia de cualquier gestión exitosa, sus adversarios neoclásicos tendrían razón en la crítica al programa socialista.

Al proponer la imitación mercantil Lange ignoró la contradicción que implica el uso de este procedimiento en una economía crecientemente socializada. No percibió que este mecanismo pierde sentido cuando la abundancia diluye el rol de los precios como indicadores de la demanda o de la insatisfacción de las necesidades sociales. En el universo comunista resultaría completamente inútil el uso de un mercado ficticio comandado por el plan para determinar los precios.

Pero Lange planteó este enfoque por razones que desbordan el marco inicial de la polémica y que provienen de su postura frente a las experiencias del socialismo real que conoció muy directamente y en las que participó activamente. A pesar de haber distinguido la dinámica del mercado y del capitalismo, aceptó desenvolver la controversia con los neoclásicos como una confrontación entre plan y mercado y no como una polémica entre capitalismo y socialismo. De esta forma propició discutir más las formas de gestión que la naturaleza de dos sistemas económico-sociales antagónicos. Su modelo de simulación mercantil se adaptó a esa distorsión del debate que impuso la ortodoxia.

Por otra parte, Lange identificó la planificación compulsiva vigente en la URSS con una modalidad del socialismo. Ese nivel de estatización integral fue tomado como un escenario natural del plan central y no como una deformación de las formaciones burocráticas. El economista polaco captó los enormes desequilibrios de esos sistemas, pero no el ataúd que representaban para el proyecto socialista. Por eso buscó atemperar los conflictos de ese sistema importando mecanismos mercantiles al interior del plan, sin observar las nuevas contradicciones que introducía esta incorporación.[11]

---

11 Durante su intensa labor teórica y contradictoria acción política, Lange mantuvo una postura ambigua frente a los regímenes burocráticos. Por un lado cuestionó el despotismo, pero por otra parte participó de la *nomenkla-*

EL FUNDAMENTO EN LA LEY DEL VALOR

Un fundamento de la simulación mercantil propuesta por Lange fue la vigencia de la ley del valor bajo el socialismo. El economista polaco interpretó que esta regla constituye un principio intermedio presente tanto en el capitalismo como en el socialismo. Entendía que debido a esta extensión histórica correspondía interpretar que la formación de los precios en una economía planificada podía quedar sujeta a los criterios mercantiles.[12]

Pero la ley del valor regula sólo el desenvolvimiento capitalista, determinando el nivel de los precios (y la consiguiente valorización de las mercancías) en función del tiempo de trabajo socialmente necesario para la producción de estos bienes. En ese sistema carente de planificación general, afectado por sistemáticas rupturas de las relaciones entre la producción y el consumo y sometido a las crisis convulsivas que desata la desenfrenada competencia por el beneficio, la ley define ciertas reglas de formación de los precios que permiten la reproducción de la acumulación. ¿Por qué razón debería perdurar esta modalidad en una economía ya sustraída del pleno reinado de la ganancia y la concurrencia?

En realidad, la ley del valor tiende a regir parcialmente durante la transición que precede al socialismo, pero ya no domina sobre el conjunto de la economía. Preobrazhensky[13] planteó correctamente esta interpretación al señalar que ese principio prevalece únicamente sobre el ámbito de las operaciones menos alcanzadas por la asignación directa de los recursos. Define la formación de los precios del sector privado, pero ejerce un impacto muy reducido sobre las ramas estatales e influye de manera intermedia en las áreas enlazadas de ambas esferas.

Lejos de constituir un fundamento invariable de los precios, este rol de la ley del valor tiende a decrecer a medida que la acción mercantil queda progresivamente disuelta por el avance de la planificación. Suponer, por el contrario, que la ley se eterniza contradice la perspectiva de una economía crecientemente socializada, en donde la abundancia diluye el rol de los precios en tanto indicadores de la demanda o de la insatisfacción de las necesidades sociales. Ese universo comunista implica una sociedad liberada de la coerción monetaria, que permite remu-

---

tura, y esta oscilación se verificó en sus distintos textos. Un ejemplo de este vaivén es su reivindicación de la democracia socialista, en un texto recientemente reproducido. Lange, Oskar. "Démocratie, capitalisme, socialisme...". *Inprecor* nº 487. París, noviembre de 2003.

12 Lange, Oskar. *Problemas de economía política del socialismo, op. cit.* (Cap. 1).
13 Preobrazhensky, Eugen. *La nueva economía, op. cit.* (Cap. 3). Rosdolsky retomó esta tesis en su polémica con Lange, Rosdolsky, Román. *Génesis y estructura de El capital.* (Cap. 34). México, Siglo XXI.

nerar la labor de cada individuo en función de sus necesidades, es decir, sin ninguna atadura a los criterios mercantiles.

La incompatibilidad de este objetivo igualitario con la perdurabilidad de la ley de valor no era reconocida por Lange, que omitió la función históricamente variable de este regulador, dominante bajo el capitalismo, vigente durante la transición y decreciente en el socialismo hasta su plena extinción en el comunismo.

El cuestionamiento a su enfoque fue ampliamente retomado por Guevara y otros partidarios del sistema presupuestario de financiamiento durante el debate económico cubano de 1963-1964. Esta corriente planteó que la ley del valor no operaba en el sector público y que el horizonte comunista implicaba la extinción de todo principio de intercambio mercantil.

Aunque la discusión abarcó muchos problemas, el grado de perdurabilidad de la ley del valor se convirtió en un tema de confrontación contra los modelos de socialismo de mercado propuestos en esa época en la URSS y ya ensayados en Yugoslavia. Guevara identificaba a estos experimentos con la perspectiva de una restauración capitalista y como reacción frente a ese curso defendió la gestión centralizada. Pero desarrolló este enfoque desde una original perspectiva de socialismo antiburocrático.[14]

LA RESPUESTA DE DOBB

La respuesta que ensayó Lange frente al desafío neoclásico en el terreno del cálculo se basaba en una simulación mercantil apoyada en una interpretación de la ley del valor que Dobb[15] no compartía. En vez de considerar las virtudes del mercado en el contexto del plan, el economista inglés cuestionó la eficacia mercantil para procesar adecuada-

14 Tal como ocurrió con la discusión soviética de los años ´20 la polémica involucraba una definición de la estrategia económica a desarrollar en Cuba. En las distintas posiciones en juego existían aspectos conciliables para desenvolver el crecimiento balanceado requerido en la isla para evitar la anulación prematura del intercambio mercantil y las ineficiencias de la centralización excesiva. El proyecto político revolucionario del Che no exigía la implementación de una gestión sin mercado, sino conjugar el entusiasmo revolucionario con el desarrollo productivo y el bienestar creciente de la población. Véase Guevara, Ernesto. "Sobre el sistema presupuestario", "Sobre la concepción del valor", "La planificación socialista". Mandel, Ernest. "El gran debate económico", Bettelheim, Charles. "Formas y métodos de la planificación socialista". Guevara, Ernesto. "Escritos económicos". *Cuadernos de PYP*, Córdoba, 1969.
15 Dobb, Maurice. "Los economistas y la teoría económica del socialismo". *El cálculo económico en una economía socialista*. Barcelona, Ariel, 1970.

mente la información. Recordó que el mercado es un mecanismo que actúa por tanteos y siempre de manera *ex post*, es decir cuando los efectos nocivos de su dictamen ya afectan al conjunto de la economía.

En esta línea ofensiva de argumentación, Dobb remarcó las debilidades del mercado y planteó que ese instrumento de asignación de los recursos genera crecientes desequilibrios. Destacó que ese mecanismo opera siguiendo los estrechos horizontes de la empresa o del consumidor individual, sin poder orientar positivamente la inversión de largo plazo y sin lograr armonizar la producción con el consumo global. El economista inglés cuestionó la simulación de Lange, señalando que transfería a una economía socializada los problemas del capitalismo y señaló que por esa vía se neutralizaban las virtudes de la planificación para regular las inversiones.

Dobb defendía la planificación a ultranza y estimaba que esta forma de gestión no presentaba problemas significativos de cálculo. Pensaba que esos inconvenientes eran resolubles con el desarrollo de técnicas más sofisticadas de administración de los precios y cuestionaba el argumento de la información voluminosa, destacando que el cálculo económico gira principalmente en torno a ciertas cotizaciones básicas. Y si bien reconocía ciertas limitaciones de la planificación para realizar esta asignación, subrayaba sus ventajas en comparación a la atomizada formación mercantil de los precios.[16]

Dobb tampoco aceptaba la existencia de agudos obstáculos en el plano de la escasez, porque entendía que la acumulación sostenida bajo el mando del plan tendería a saturar la demanda. Sus respuestas fueron aprobadas por otros críticos marxistas del modelo de Lange, que destacaban la inoperancia de la simulación mercantil para guiar las inversiones, contabilizar los recursos y evitar los desajustes que caracterizan al capitalismo.[17]

El principal aporte de Dobb fue su crítica externa al planteo neoclásico. Demostró la falsedad de los supuestos ortodoxos, porque asignan erróneamente al mercado una intrínseca superioridad de cálculo. El marxista británico refutó esta creencia, recordando todos los desequilibrios capitalistas que eran ignorados en la respuesta de Lange. Además, remarcó la capacidad del plan para regular los precios, desmontando los mitos ortodoxos sobre la información cuantiosa.

Estos señalamientos permitieron sustraer la discusión del marco neoclásico que había convalidado Lange. Pero, en perspectiva, convie-

---

16 Howard y King presentan una visión general y también crítica de ese enfoque. Howard, M.C., King, J. E. *A history of marxian economics*, vol. II. Princenton, 1992. (Cap. 18).

17 Bettelheim cuestionó estos problemas del socialismo de mercado. Bettelheim, Charles. *Planificación y crecimiento acelerado*. México, FCE, 1965. (2° parte, cap. 1).

ne observar ambas respuestas como señalamientos complementarios. Esta es la evaluación que formulan algunos analistas al repasar el pensamiento maduro de los dos economistas.[18] La crítica externa de Dobb e interna de Lange pueden integrarse como dos fundamentos de una respuesta marxista al cuestionamiento neoclásico.

Pero más allá de esta polémica y de su acertada refutación de las objeciones neoclásicas, el enfoque de Dobb evadía el análisis de muchos problemas del socialismo real que afloraron a partir de la discusión del cálculo. Su visión sobre la planificación realmente existente en la URSS era más encubridora de los defectos de la gestión burocrática que el esquema de Lange. Mientras que esta última concepción buscaba afrontar ciertos problemas, la ciega defensa de la planificación compulsiva ignoraba esas dificultades. Las controvertibles soluciones propuestas por el modelo descentralizado abordaban los múltiples inconvenientes ignorados por los partidarios de la centralización extrema.

Esta omisión se explica por la apasionada identificación que establecieron los promotores de la economía de comando con la planificación totalitaria. Por eso hablaron del socialismo como una realidad ya presente en la URSS, cuando la economía de ese país se encontraba agobiada por las penurias, el desabastecimiento y un desenvolvimiento productivo muy inferior al promedio de las naciones capitalistas avanzadas. La negación de estos datos debilitaba la respuesta al cuestionamiento neoclásico, al asociar de hecho el comunismo con el subdesarrollo, la ineficiencia y los graves desequilibrios que se acumulaban en la Unión Soviética. En lugar de presentar a ese proyecto como una construcción lejana, convalidaba su identificación con la escasez y la gestión económica compulsiva.

Dobb no tomaba en cuenta los problemas de cálculo derivados de la usurpación burocrática del programa socialista. Estos defectos no eran males propios de la planificación como creían los liberales, sino distorsiones específicas de una gestión totalitaria. Reconocer este hecho era vital para colocar el debate sobre los precios en su justo término, es decir, lejos de la mitología neoclásica pero también de la fanática ceguera de los defensores del socialismo realmente existente.

LA OLEADA NEOLIBERAL

La discusión sobre el cálculo tuvo un fuerte impacto en la Unión Soviética a partir de los años sesenta, porque coincidió con cierto reconocimiento de los efectos negativos de la gestión totalitaria. Esta aceptación dio lugar a numerosos proyectos de modificación de los

---

18 Brus, Wlodzimierz. *Problèmes généraux du fonctionnement de l'économie socialiste*. París, Maspero, 1968. (Cap. 2).

mecanismos de precios. Pero aunque este debate perduró a lo largo de tres décadas, nunca logró traspasar el ámbito de la academia o de los cerrados círculos dirigentes del PCUS. La inviabilidad de los precios fijos y de su administración burocrática era analizada en voz baja por todos los funcionarios del sistema, pero la modificación de este sistema siempre enfrentó dos obstáculos de largo arrastre: la descontrolada extensión de la estatización stalinista y la persistencia de un agobiante régimen político despótico. La rigidez de los precios obedecía además a la inflexibilidad general de la estructura económica y la consiguiente imposibilidad de afrontar los problemas que las autoridades observaban y que toda la población percibía cotidianamente.

Desde el comienzo de la desestalinización, numerosos especialistas e intelectuales realizaron análisis recurrentes de la inmovilidad de los mecanismos de los precios. El debate se afianzó con el renacimiento del pensamiento económico en los años sesenta y con la difusión pública de los problemas ocultados al gran público. Liberman[19] propuso flexibilizar los precios para revertir el comportamiento conservador de las empresas, que en su obsesión por cumplir las metas cuantitativas del plan central acaparaban abastecimientos, empleaban trabajadores en exceso e inflaban los costos. Consideraba que una adaptación de los precios a ciertos vaivenes de la oferta y la demanda permitiría contrarrestar los crecientes síntomas de ineficiencia de la economía soviética. Nemchinov[20] propuso esa misma corrección para evitar que las firmas continuaran elaborando planes por debajo de sus posibilidades. Destacó la necesidad de evaluar la eficiencia comparativa de las distintas ramas para adecuar la fijación de los precios a la eficacia de cada sector.

Pero estas discusiones impulsaron un notable desarrollo de las técnicas matemáticas de cálculo sin facilitar la corrección de las anomalías de los precios. Esta mejora no prosperó porque el debate eludía la raíz política de la gestión económica arbitraria que predominaba en la URSS. La renovación de las técnicas de cálculo no resolvía ese obstáculo.[21]

La ausencia de mecanismos deliberativos impedía revertir la manipulación de los precios en una estructura política muy fosilizada. El dilema era desenvolver la democracia y encontrar vías de corrección para adaptar esas variables a los costos y a las prioridades de la planificación o preservar la inoperancia totalitaria y empujar al país hacia la restauración capitalista. Al cabo de varias décadas de fracasos reformistas esta segunda alternativa se impuso en todo el bloque socialista.

19 Liberman Evsei. "Plan, beneficio y primas" *Plan y beneficio en la economía soviética*. Barcelona, Ariel, 1968.
20 Nemchinov, V.S. "Objetivo planificado e incentivo material", en Liberman, Evsei. *Plan y beneficio en la economía soviética*. Barcelona, Ariel, 1968.
21 Mandel advirtió tempranamente contra estas limitaciones. Mandel, Ernest. *Traité d´économie marxiste*. (Cap. 18). *op. cit.* 1969.

Claudio Katz

Los debates sobre el cálculo reaparecieron en los años ochenta en un cuadro ya no de inmovilismo, sino de evidente crisis en la URSS. El contexto era completamente diferente al pasado porque –a diferencia de los años treinta o setenta– no prevalecía una gran depresión capitalista en las naciones avanzadas, sino más bien su relativa contención. En cambio, bajo la ascendente presión del neoliberalismo comenzaba a notarse la acentuada disgregación del socialismo real.

En este clima, los teóricos de la derecha resucitaron los viejos textos de V. Mises y Hayek y resurgió la tesis ortodoxa, que postula la identificación de las leyes del mercado con el funcionamiento de cualquier economía. Proliferaron los autores que acusaban a la "antieconomía colectivista" de haber sofocado los patrones de utilidad y escasez, que requiere la "gestión racional del proceso productivo".[22]

Esta caracterización que encubre las raíces capitalistas de las crisis contemporáneas reapareció con gran vigor y ganó mucho espacio. Los teóricos ortodoxos interpretaron el desplome del socialismo real como una confirmación de su tesis y por eso repitieron una y otra vez que la gestión planificada "autodestruye la economía".

Esta falsa interpretación del colapso de la URSS contaminó a todo el espectro académico y político. La oleada neoliberal no solo se impuso entre el establishment intelectual de Occidente, sino que influyó dramáticamente sobre los socialistas de mercado. Los argumentos de capitalismo fanático que expresaron V. Mises y Hayek fueron incorporados por numerosos autores en su rehabilitación del mercado y de la capacidad de este mecanismo para gestionar la información.[23]

La furibunda crítica a la ceguera de los planificadores que aceptaron muchos autores terminó incluso socavando los cimientos de cualquier reflexión heterodoxa. También los keynesianos se colocaron a la defensiva frente a la oleada de extremismo privatista, y al aceptar muchas fantasías neoliberales erosionaron sus propias trincheras frente al alud neoclásico.

Los mayores estragos de esta oleada reaccionaria se observaron en las filas del socialismo de mercado. En el nuevo contexto de la restauración, muchos herederos de Lange aceptaron total (Kornai) o parcialmente (Brus) las tesis expuestas por Hayek sobre el cálculo. Por ejemplo, Roemer[24] –avalando esta última revisión– cuestiona actualmente la viabilidad del modelo de simulación iterativa.

Quienes contemporizaron con la avalancha neoliberal no registran la total falta de realismo de la visión neoclásica. En los regímenes restau-

---

22 Un ejemplo fue Pellicani, Luciano. "La antieconomía colectivista", en *Socialismo del futuro*, vol. 1, nº 2. Madrid, 1990.
23 Un caso de este tipo fue Nove, Alec. *La economía del socialismo factible*. Madrid, Siglo XXI, 1987 (Primera Parte).
24 Roemer, John. *op. cit.* (Cap. 4).

rados de Rusia y Europa Oriental, los precios no se establecen equilibra-
damente en torno a un juego inocente de la oferta y la demanda, sino
que emergen de una sofocante competencia monopólica empobrecedo-
ra de la mayoría popular.

LA OPCIÓN INFORMÁTICA Y EL CÁLCULO PARTICIPATIVO

Al comienzo del siglo XXI, el debate sobre el cálculo está asumien-
do nuevas características. Algunos partidarios de la planificación centralizada interpretan que las dificultades padecidas en el pasado para
procesar la información obedecieron al subdesarrollo de los sistemas
informáticos y estiman que, en la actualidad, con el vertiginoso desarrollo de las nuevas tecnologías de la información, esas insuficiencias
podrían superarse con facilidad.[25]

Pero si bien es cierto que la revolución informática acrecienta cualitativamente el alcance del cálculo planificado, no conviene ignorar que
el colapso de la URSS se produjo justamente en el debut de este avance.
Y este desarrollo de la computación, en vez de reforzar la economía del
bloque socialista contribuyó a su implosión. Este dato confirma que los
problemas de la estimación planificada no se localizan en la esfera técnica, sino en la órbita política. Bajo una gestión totalitaria ninguna mejora de la calidad del cálculo resuelve los problemas creados por la
manipulación de los precios. En la oscuridad de una economía que
funciona en las sombras, estos índices no pueden estimarse ni modifi-
carse adecuadamente.

Lo cierto es que un sistema no mercantil de fijación de los precios
no podría desenvolverse eficazmente de manera abrupta, ni siquiera
contando con los auxilios informáticos más avanzados. Sólo al cabo de
un largo período de experimentación conjunta del plan y el mercado, el
primer mecanismo lograría operar con plenitud.

La necesidad de esta etapa intermedia es también ignorada por quienes consideran que una economía participativa –fundada en el interés
colectivo– no encontraría obstáculos para recolectar y procesar adecuadamente la información.[26] Esta visión omite que un sistema de administración colectiva necesita no sólo el sostenimiento mayoritario de la
población, sino también la vigencia de ciertos patrones de bienestar. Y
esta administración resulta impensable mientras persistan las jornadas
de trabajo extenuantes o la escasez de bienes esenciales. Lo que podría
instrumentarse en el socialismo desarrollado no podría concretarse en
lo inmediato, especialmente en los países periféricos.

25 Cottrell, Allin, Cockshott, Paul, *op. cit.*
26 Albert, Michel, *op. cit.*. (Cap. 10).

Claudio Katz

Seguramente en las naciones avanzadas esta transformación asumiría un ritmo mucho más acelerado. Pero en ningún caso se puede instaurar repentinamente la administración *ex ante* de todos los precios. Este cambio requiere no sólo transformar el régimen de propiedad y asegurar un alto grado de satisfacción de las necesidades materiales, sino también un elevado nivel de maduración de la conciencia socialista.

Albert ha planteado acertados argumentos para ilustrar cómo podría procesarse la información en una economía participativa. Destaca que el interés colectivo y el entusiasmo de la población permitirían superar muchos inconvenientes derivados de la complejidad de tareas en la economía contemporánea. Señala que habitualmente se desconoce la enorme inversión de tiempo que la población realiza en actividades adicionales a su jornada de trabajo para cumplir con las exigencias de la producción y el consumo corrientes. Al incorporar estos componentes en el proceso laboral, se enriquecería además la sociabilidad y la vida comunitaria.

Pero estas acertadas observaciones no resuelven el problema de cómo llegar a ese estadio de administración popular eficiente. No basta con demostrar las ventajas de una forma de cálculo consensuado de las principales variables económicas. Hay que concebir también cómo se gestionarían los nuevos precios de forma transparente y eficaz. Y en este punto, no hay forma de evadir la necesidad de una transición al socialismo que combine el plan con el mercado. Este peldaño intermedio sería indispensable para alcanzar los objetivos que postula el pensamiento libertario.

LOS BONOS DE TRABAJO

La discusión sobre el problema del cálculo en una economía no capitalista ha conducido también a revisar la propuesta de bonos laborales que concibió Marx. Este instrumento fue imaginado para remunerar el trabajo y fijar los precios en el socialismo, es decir en una etapa signada por la vigencia de principios igualitarios más avanzados en la producción que en la distribución.

El autor de *El capital* recogió esta iniciativa de los socialistas ricardianos, que esperaban contrarrestar con el auxilio de estos títulos las crisis de sobreproducción. También recogió las ideas de los socialistas utópicos, que experimentaron la utilización de los certificados de trabajo en sus comunidades fabriles. Para Marx, la efectividad de estos papeles dependía de la socialización de la producción y por eso opinaba que sólo en un contexto de disolución creciente del mercado, los bonos podrían reemplazar a la moneda. En esa sociedad podrían sustituir la verificación indirecta del trabajo incorporado a las mercancías por una estimación directa de esa magnitud.

Pero este cálculo siempre fue motivo de controversias entre los marxistas. Mientras que algunos autores[27] destacan las dificultades existentes para estimar los costos y los precios con los parámetros del valor-trabajo, otros analistas plantean que esta evaluación es realizable mediante la reducción de las diversas modalidades laborales a cierta unidad homogénea de trabajo.[28]

Pero, en cualquier caso, conviene definir qué tipo de sociedad se imagina para introducir esa forma de fijación de los precios. Si se tiene en mente un futuro poscapitalista aún lejano, la discusión sigue los parámetros de Marx y se desenvuelve en términos de cautelosas suposiciones abstractas. Aquí los bonos de trabajo podrían ser pensados como instrumentos posibles de un porvenir socialista. Pero si, en cambio, se concibe su aplicación para una economía de transición, el uso de este mecanismo es muy problemático.

Se intentaron ciertos ensayos muy parciales de introducción de los bonos en el comunismo de guerra soviético y durante el auge maoísta en China. Pero partiendo de estas experiencias, Bettelheim[29] sitúa las dificultades de cálculo en dos planos: el cómputo de actividades indirectas a la fabricación de cada bien y la estimación de los cambios registrados en el propio proceso productivo. Para contrapesar estos inconvenientes se tendió a recurrir a alguna contabilidad monetaria adicional, y por eso algunos autores sugieren que su utilización futura debería contemplar algún ajuste al comportamiento de la demanda.

Pero los problemas observados en la URSS y China no se originaron en esta falta de flexibilidad, sino en el carácter transitorio de estos regímenes que imposibilitaba la sustitución de la moneda por los bonos concebidos para una situación de madurez del socialismo. La definición del período en que se introducirían los bonos constituye, por lo tanto, el punto central de análisis de estos instrumentos.

¿Los certificados serían medios de intercambio semejantes o antagónicos a la moneda? Algunos autores[30] los visualizan como una forma mercantil de enlace entre las unidades económicas cooperativas, mien-

27 Andreani, Tony. "Le socialisme de marché: problèmes et modelisation" Bidet Jacques, Kouvélakis, Eustache. *Dictionnaire Marx Contemporaine*. París, PUF, 2001.
28 Itho señala que este cálculo puede concretarse sin inconvenientes con el auxilio de ciertas técnicas matriciales e instrumentos informáticos. Itoh, Makoto. "Money and credit in socialist economy". *Capital and Class*, n° 60, otoño de 1996.
29 Bettelheim, Charles. *Planificación y crecimiento acelerado*. México, FCE, 1965. (2° parte, cap. 2 y 3).
30 Lawler, James. "Market socialism". *Ed* Ollman Bertrell. *Market Socialism*. op. cit.

tras que otros analistas[31] remarcan más acertadamente que serían herramientas cualitativamente diferentes al dinero. Por eso Marx los comparó con tickets de teatro, es decir con papeles personalizados, que no circulan ni son transferibles u operables como reservas de valor. Estas características no monetarias confirman que su eventual uso correspondería a una etapa avanzada de extinción del mercado, es decir a una sociedad radicalmente diferente a la observada bajo el socialismo real.

Sólo en un período de ese tipo los certificados podrían cumplir su función desmistificadora de la moneda, ya que el intercambio se realizaría de manera transparente computando el trabajo realizado. En ese estadio, los bonos contribuirían a disipar la fetichización del dinero que prevalece en toda economía mercantil.[32]

Quizás se podría adelantar este proceso de emancipación de la alineación mercantil con cierto uso parcial de los bonos en un período de transición. Pero esta aplicación constituiría solo un ensayo anticipatorio. Mientras subsista la escasez se reproducirá el mercado y en esas condiciones conviene transparentar el libre uso de la moneda. Los bonos podrían coexistir con esta circulación monetaria solo como forma de cálculo de los costos en el sector socializado. Pero su aplicación abusiva los convertiría en una simple expresión del típico racionamiento que rige en los momentos de agudo desabastecimiento.

Estas dificultades son parcialmente ignoradas por los promotores de la aplicación inmediata y masiva de los bonos de trabajo en el debut de una transformación anticapitalista. Cockshott y Cottrell[33] proponen introducirlos inmediatamente para remunerar a los trabajadores (de acuerdo a su aporte laboral) y para fijar los precios (en función de su contenido en unidades de trabajo). También Itoh[34] alienta esta idea, y Dietrich[35] estima que las computadoras actuales brindarían el soporte tecnológico necesario para este tipo de contabilización.

Pero para implantar de esta forma los certificados de trabajo hay que reemplazar la moneda y decretar el fin compulsivo del mercado en economías (especialmente periféricas) que sufrirían situaciones de pe-

---

31 Ollman, Bertrell. *Market mystification in capitalist and market socialiste societies, op. cit.*

32 Este rol de emancipación ideológica es subrayado por Astarita y Ollman y en esta misma línea se inscriben las propuestas de Westra de reconfigurar la sociedad en base al valor de uso. Astarita, Rolando. "La naturalezä de la URSS", *Octubre hoy, op. cit.* Ollman, Bertrell, *idem.* Westra, Richard. "Marxian economic theory and an ontology of socialism: a Japanese intervention". *Capital and class 78*, otoño de 2002.

33 Cottrell, Allin; Cockshott, Paul, *op. cit.*

34 Itoh, Makoto. "Money and credit in socialist economy". *Capital and Class*, n° 60, otoño de 1996.

35 Dietrich, Hanz. "Entrevista". *Página 12*, 7-5-01.

nuria. Por ese camino se socializaría la miseria y el dinero oficialmente sepultado renacería bajo formas sustitutas de cualquier otro patrón (metálico, bien preciado, divisas extranjeras), como ha ocurrido cada vez que los medios de circulación carecieron de respaldo real (por ejemplo, en situaciones de hiperinflación).

Sólo en el marco de una razonable satisfacción de los consumidores, los certificados podrían comenzar a funcionar. Su introducción sería factible en combinación con la moneda durante la transición. Este ensamble de dos indicadores reflejaría el carácter intermedio del período. De la misma forma que ciertos rasgos del comunismo futuro pueden anticiparse en la gratuidad de la educación o la salud, también sería posible prefigurar elementos del socialismo en la contabilización parcial con bonos de trabajo.

Pero en este caso, los certificados complementarían a la moneda sin sustituirla y por esa vía podrían corregirse algunos defectos de la asignación *ex ante* que Piva[36] señala, al cuestionar la pretensión de reemplazar con la planificación las preferencias del consumidor o el comportamiento de la demanda. La aplicación de estos instrumentos requiere la desaparición del mercado en un largo proceso de consolidación socialista.

EL MODELO FUTURO

¿Qué lecciones se pueden extraer para el futuro del debate sobre el cálculo? ¿Cómo se estimarían los precios en una economía planificada de transición?

En ese período los precios ya no serían categorías puramente mercantiles, pero tampoco representarían sólo indicadores técnicos del proceso productivo o de las necesidades sociales. Si la transición estará regulada por la coexistencia conflictiva del plan con el mercado los precios deben reflejar esta dualidad, expresando de manera simultánea la vigencia de una gestión coordinada *ex ante* por los planificadores y verificada *ex post* por el intercambio mercantil. ¿Cómo se combinan prácticamente ambos principios en la formación efectiva de los precios?

Varios economistas han coincidido en proponer mecanismos para viabilizar esta mixtura mediante la división de la estructura económica en dos sectores: uno regido por los precios regulados y otro por los precios libres. Laibman[37] plantea que en el primer segmento las empresas sólo deberían competir en calidad y servicios, mientras que en el segun-

---

36 Piva, Adrián. "Problemas de la planificación". *Documento de trabajo*. Buenos Aires, Facultad de Ciencias Sociales, enero 2000.
37 Laibman, David. "Contours of the maturing socialist economy". *Historical Materialism*, nº 9. Londres, invierno de 2001.

Claudio Katz

do regiría la concurrencia de mercado. Devine[38] sostiene que en el sector regido por la determinación centralizada de las inversiones, los precios deberían surgir de una coordinación negociada entre los principales actores del proceso económico. En el segmento no regulado prevalecerían, en cambio, los mecanismos de la oferta y la demanda. ¿Pero cómo se compatibilizaría esta división de tareas?

El mayor desafío en el ámbito planificado es evitar la arbitrariedad de los planificadores y el divorcio de los precios de las necesidades del crecimiento o del consumo. Aquí podría introducirse una valuación de los costos en unidades de trabajo, pero sujeta a las modificaciones generadas por el entrelazamiento con el sector mercantil.

Los precios regulados deberían involucrar a todos los productos y servicios estratégicos que operarían bajo la esfera de la propiedad pública. Pero esta determinación debería adecuarse a los cambios registrados durante la peregrinación de estos bienes por la franja mercantil. Las relaciones entre los precios regulados y libres dependería en última instancia de la madurez de la transición y serían muy distintas en cada país, en función de la inserción internacional y el grado de desarrollo prevalecientes en cada nación.

De la experiencia observada en el ex bloque socialista surge esta necesidad de un doble cálculo de los precios en términos contables y de mercado. Lo más complejo es lograr una estimación de la primera variable que incluya todos los costos sociales directos e indirectos presentes en la producción de cada bien.[39]

Si se distorsiona este último cómputo no hay forma de obtener un diagnóstico adecuado de la situación en que se encuentra la economía. Este análisis requiere el uso de comparaciones internacionales, pero al mismo tiempo esta evaluación exige que los precios actúen como índices efectivos de los costos de producción. La brecha entre los precios regulados y mercantiles locales con sus equivalentes internacionales sería un indicador de los desniveles de productividad que convendría observar con mayúscula atención.[40]

Pero lo central es tener presente que la mixtura de precios regulados y mercantiles responde a la realidad de una etapa de transición y contiene rasgos combinados de los distintos tipos de precios analiza-

---

38 Devine, Pat. "Socialism as social tranformation", en Michele Cangiani ed. *The Milano Pappers: esayss in societal alternatives*, Montreal, Black 2002. Rose Books.

39 Lange introdujo numerosas nociones de la microeconomía para perfeccionar esta estimación. Lange, Oskar. *Problemas de economía política del socialismo, op.cit.* (Cap. 2).

40 Véase Campbell, Al. "Democratic planned socialism". "Building Socialism theoretically: alternatives to capitalism and the invisible hand". *Special Issue, Science and Society*, vol. 66, n° 1, primavera de 2002.

164

dos por Marx (valor, precio de producción, de mercado, etc.), junto a nuevos índices propios del socialismo. No expresan plenamente ni a unos, ni a otros.

Para que un sistema de precios dual funcione efectivamente en el sector mercantil debe regir la oferta y la demanda y en la esfera regulada debe actuar genuinamente el plan. Ambos criterios fallaron en el socialismo real. Observando cómo la vigencia de un sector mercantil quedó bloqueada en esos países por las medidas de estatización integral, habría que evitar en el futuro cualquier estatización anticipada. Los planificadores cuentan con dos instrumentos claves de regulación sobre el sector mercantil –los impuestos y el crédito– que permiten orientar el rumbo de esa franja sin ninguna manipulación de los precios.[41]

El éxito de un doble régimen de precios libres y planificados exige garantizar la vigencia de los principios que justifican la existencia de estos dos sectores. Si en lugar de precios determinados por el mercado y por el plan se recurre al funcionamiento simulado de un sistema en el otro, se llega al peor de los mundos, porque se pierden las ventajas que aportan ambas franjas para la transición. Este fue el principal defecto de los experimentos de socialismo de mercado, que pretendieron orientar la dinámica del sector estatizado con criterios mercantiles.

Por otra parte, la vigencia de la democracia es indispensable para que puedan operar genuinamente los mecanismos de formación de los precios en el sector planificado. En esta esfera se pueden combinar las ventajas del modelo centralizado para definir las grandes inversiones para gestionar las ramas de bienes de capital con los aciertos del modelo descentralizado, para administración corriente de algunas empresas y para la orientación de las inversiones secundarias.

La conveniencia de uno u otro criterio depende de la situación concreta de cada país y de cada coyuntura en la transición. Pero la vigencia de la democracia es la condición ineludible para que cualquier opción seleccionada sea efectiva. Esta preeminencia resulta indispensable para que el sistema de precios pueda servir al cumplimiento de cuatro objetivos claves de la planificación.

En primer lugar, la presentación de distintas alternativas para que la mayoría de la población defina sus preferencias. Pero estas opciones solo pueden ser consideradas si contienen objetivos factibles estimados a partir de cálculos confiables. Por eso no se pueden fijar precios

---

41 Trotsky insistió en la necesidad de mantener una amplia franja de precios libres en oposición a la colectivización total. Subrayó que en ese sector los precios debían reflejar la realidad económica de la misma manera que la moneda estable debía expresar los niveles de productividad del trabajo. La certeza de estas advertencias fue reconocida posteriormente por todos los reformadores del sistema de precios que rigió en la URSS. Trotsky, León. *La revolución traicionada*. México, Ediciones del sol, 1969 (cap. 4).

Claudio Katz

divorciados de los costos o de las necesidades sociales. Si para cierto período del plan se define, por ejemplo, la prioridad de maximizar el consumo per capita y se cuantifica el comportamiento de las principales variables que inciden sobre esa meta (ingreso, empleo, inversión, productividad), resulta posible definir varias alternativas de combinación de estos componentes para alcanzar el objetivo buscado. Estas opciones deberían ser puestas a consideración de toda la población. Pero los números presentados deben ser realistas y no invenciones de funcionarios, para que la sociedad elija la alternativa deseada.[42]

Desenvolver este tipo de escenarios es técnicamente factible, dados los avances ya logrados en la informatización y la experiencia acumulada en el diseño de las proyecciones que realizan los grandes organismos públicos. Lo que cambiaría sería el sentido de los cálculos que periódicamente se elaboran en institutos, universidades y departamentos especializados. Pero la fiabilidad de estas estimaciones dependería de la consistencia de los precios considerados para el cálculo y esta solidez requeriría, a su vez, de la existencia de debates públicos y abiertos que sólo pueden desenvolverse en el marco de una real democracia.

Este ámbito resulta indispensable –en segundo lugar– para que ciertas técnicas de la planificación desarrolladas bajo el socialismo real tengan la aplicación que no lograron en esos regímenes. El perfeccionamiento de estos procedimientos, tanto en el plano de la coherencia del plan (balances materiales, tablas de insumos–productos) como de su optimización (programación lineal), no pudo ser aprovechado en sistemas totalitarios que tendían a ocultar cualquier dato revelador de los privilegios de la alta burocracia. Un nuevo modelo de transición debería reconstruir las raíces de esta herencia intelectual y de sus elaboraciones del cálculo agregado y desagregado, de los test de coherencia y de los análisis de la variante óptima para la utilización de los recursos.[43]

En tercer lugar, se requiere plena transparencia para que el sistema pueda operar con creciente visibilidad. Un democratización radical en el funcionamiento político de la sociedad resulta esencial para que la información circule abiertamente y rijan los mecanismos de control popular.

Finalmente, esta democratización también permitiría la elaboración y el perfeccionamiento de las nuevas técnicas de cálculo que han desarrollado las corporaciones internacionalizadas para la gestión corriente de la producción y el intercambio. Estas empresas operan internamen-

42 Brus desarrolló un modelo de ese tipo. Brus, Wlodzimierz. *Economía y política en el socialismo*. Buenos Aires, Amorrotu, 1973. (Cap. 5).
43 Bettelheim y Lange trabajaron intensamente en estos campos. Bettelheim, Charles. *Planificación y crecimiento acelerado, op. cit.* (Prólogo). Lange Oskar. "El papel de la ciencia en la sociedad socialista". *La economía en las sociedades modernas*. México, Grijalbo, 1966.

Bureaucracy come out of productive?

Problemas teóricos del socialismo

te con cierta independencia del mercado, siguiendo criterios de eficiencia técnica que están relativamente divorciados del vaivén de la oferta y la demanda. Este modelo de funcionamiento podría constituir otro pilar de la planificación, pero su efectividad dependería de la capacidad de este sistema para eliminar (o por lo menos contrarrestar y atemperar progresivamente) la manipulación burocrática de los precios.

EL DEBATE SOBRE LOS INCENTIVOS

Junto a la controversia del cálculo, el debate sobre los incentivos ha ocupado un lugar destacado en el análisis de la economía planificada. También aquí Hayek desató la discusión cuando afirmó que la ausencia de estímulos anula la efectividad de cualquier cálculo en un régimen no capitalista. Con este cuestionamiento, el referente del neoliberalismo desplazó su inicial crítica neoclásica inspirada en Walras (la estimación de los precios sin mercado es imposible) hacia un planteo también ortodoxo, pero de corte austríaco (aunque el cálculo sea posible, la falta de incentivos asfixia la planificación).

La corriente austríaca desconfía de las potencialidades cuantificadoras del mercado, pero realza sus virtudes motivadoras. Siguiendo esta orientación, Hayek no objetó la incapacidad del plan para fijar los precios, sino su inutilidad para alentar la inversión empresaria.

Los seguidores de Lange mantuvieron frente a este nuevo desafío su línea de refutación inicial. Señalaron que el problema de la motivación es equivalente en una corporación capitalista y en una empresa sujeta al plan. En ambos casos existe la misma dificultad para alentar a los gerentes a cumplir su rol de maximizar los beneficios de los accionistas (en el primer caso) y los intereses de los ciudadanos (en el segundo). Recordaron que estos obstáculos a la gestión eficiente de los *managers* es frecuentemente reconocido por los expertos en economía industrial y señalaron que este dato ilustra cómo el problema del incentivo afecta a diversos tipos de economías.

Estas observaciones fueron muy acertadas porque Hayek ignoraba por completo este tema. Omitía que los manejos abusivos de los directivos constituyen dificultades habituales de la gestión capitalista y que, por lo tanto, este problema no es exclusivo de las economías planificadas.

En este campo, los socialistas de mercado plantearon una respuesta análoga a los precios sombra y destacaron la necesidad de encontrar formas óptimas de intermediación, para hacer frente a los inconvenientes de la motivación. Estos mecanismos de aliento deberían facilitar la gestión gerencial, tanto en las empresas guiadas por el patrón mercantil como en las compañías orientadas por la dirección planificada. En ambos casos, los administradores deberían ser inducidos a optimizar el manejo de las firmas –privadas o públicas– afectadas por la ausencia de estímulo eficaces.

Siguiendo esta sugerencia, algunos autores[44] propusieron organizar el funcionamiento de las empresas públicas imitando el modelo bursátil. Promovieron distribuir las acciones entre toda la población y exigir a los gerentes un manejo de la compañía basado en la obtención de los elevados rendimientos que exigen los tenedores de cupones. Imaginaron que por esta vía, los *managers* quedarían sometidos al tipo de estímulos pecuniarios que rige bajo el capitalismo, pero con la ventaja de actuar a favor de la propiedad comunitaria.

Tal como ocurrió en el debate sobre el cálculo, la tesis de Hayek quedó situada a la defensiva hasta el colapso del socialismo real. Cuando ese desplome produjo el renacimiento del liberalismo, los neoclásicos resucitaron el cuestionamiento a cualquier administración motivada por el interés público frente al gerenciamiento basado en el estímulo pecuniario directo. Señalaron que el primer modelo se limita a simular sin éxito la dinámica del segundo, porque carece del fundamento lucrativo en que se apoya la acción del gerente capitalista.[45]

Esta visión no sólo ganó terreno en el pensamiento económico convencional, sino que también impactó a varios partidarios del socialismo de mercado. Por ejemplo, Roemer[46] actualmente considera que el capitalismo resuelve mejor el problema del principal–agente, porque propicia la intermediación guiada por el incentivo material. El correlato de esta conclusión es sustituir el antiguo esquema de cálculos con precios sombra e incentivos limitados a los *managers* de las empresas públicas, por un modelo de economía mixta con precios y estímulos asociados a la acumulación privada.

Pero este repliegue de algunos seguidores de Lange no debilita la consistencia de su argumento original contra Hayek. Esa refutación interna aporta una respuesta válida al cuestionamiento neoclásico, ya que ilustra cómo el mismo obstáculo observado en una economía planificada está presente cotidianamente bajo el capitalismo. Se basa en un razonamiento defensivo y debilita la consistencia del programa socialista al proponer la transferencia de los méritos del mercado al plan. Pero este defecto no anula el acierto de plantear que la ausencia de estímulos no es patrimonio exclusivo de una economía planificada.

El debate sobre el incentivo tuvo varias aristas, aunque frecuentemente se confundieron los distintos planos del problema. Existe una di-

---

44 Roemer, John. ¿"Puede haber socialismo después del comunismo?" *Revista Buenos Aires*, diciembre 1995, Buenos Aires.

45 Wonell retoma este planteo. Wonnell, Christopher. "Roemer and market socialism". *Review of social economy*, vol. LVI, n° 1, primavera de 1998.

46 Roemer, John. *Un futuro para el socialismo, op. cit.* (cap. 4 y 5).

mensión abstracta de la discusión sobre el carácter de los estímulos en un marco socialista avanzado, un nivel concreto de análisis en la transición (que incluye las fracasadas experiencias en el socialismo real) y una esfera de replanteamiento futuro de la cuestión. Estas tres instancias nunca quedaron clarificadas en las polémicas que enfrentaron a los partidarios de Hayek y Lange. Pero otro debate más centrado en la factibilidad del incentivo no mercantil en un futuro socialista complementó esa primera controversia.

ESCASEZ, ABUNDANCIA Y NECESIDADES

El trasfondo teórico de la tesis neoclásica es la defensa del principio de escasez como criterio rector del funcionamiento de cualquier economía. Los ortodoxos estiman que los deseos y las necesidades de los consumidores son siempre ilimitados frente a los restringidos recursos existentes. Plantean que, en estas condiciones, solo el estímulo pecuniario asegura la organización eficiente de la producción y la administración eficaz de la distribución.

En esta tesis se apoya la defensa del incentivo monetario que presentó Nove.[47] Afirmó que el proyecto comunista está formulado en términos de abundancia e ignora los dilemas reales de la escasez. En oposición a este desconocimiento, postula que la motivación material es insoslayable para que los trabajadores y directivos maximicen sus esfuerzos productivos. Argumentó así a favor del carácter inevitable del incentivo capitalista.

Mandel[48] polemizó contra esta concepción reconociendo que la motivación pecuniaria se origina en última instancia en la escasez. Pero destacó que esta restricción no es absoluta y no obliga a un sometimiento eterno a las reglas de la asignación mercantil. Señaló que la disponibilidad y requerimiento de cada bien son siempre relativos y pueden mensurarse por el nivel de saturación de su consumo corriente. Cuando se alcanza este abastecimiento en gran escala, la provisión del producto supera estructuralmente a su potencial adquisición. Esta situación indica –en términos microeconómicos– que la elasticidad de la demanda en relación al ingreso tiende a cero o es negativa. En este caso –visible por ejemplo en el terreno de la alimentación básica en los países desarrollados–, la restricción de la escasez desaparece.

Con este argumento Mandel refutó el concepto neoclásico de necesidades ilimitadas y destacó la existencia de niveles de satisfacción indi-

47 Nove, Alec. *La economía del socialismo factible, op. cit.* (Primera Parte).
48 Mandel, Ernest. "The myth of market socialism", *New Left Review*, n° 169. Londres, mayo de 1988. Mandel, Ernest. "In defense of socialist planning" *New Left Review*, n° 159. Londres, septiembre de 1986.

vidual muy diferentes para el consumo de bienes básicos, secundarios o de lujo. Remarcó que a cierto nivel de desarrollo de las fuerzas productivas, la escasez efectiva desaparece para el primer tipo de productos y por eso su consumo cesa de aumentar al incrementarse el ingreso. En este caso, la asignación mercantil pierde sentido ya que la demanda no interactúa con la oferta y, dada la abundancia efectiva de los bienes, su provisión gratuita resulta más efectiva que su compra–venta.

La eliminación de situaciones de escasez es factible en las economías avanzadas, lo que también permitiría prescindir allí del estímulo pecuniario. Como existe una jerarquía de las necesidades, también el uso del aliento monetario sería relativo y tendería a decrecer drásticamente a partir de una reorganización socialista de la economía. Si los bienes abundantes son gratuitamente entregados, la asignación y el estímulo mercantiles quedarían restringidos a los sectores no esenciales afectados por la escasez.

Esta refutación de Mandel tiene el mérito de sustraer el análisis del incentivo del encuadre metafísico que auspician los pensadores neoclásicos. Demuestra que el problema de las necesidades no es antropológico sino histórico–social, y depende tanto del sistema económico vigente (capitalista o socialista) como del nivel productivo alcanzado por cada economía nacional. El economista belga planteó que el aliento mercantil requerido en cada situación no está predeterminado por el egoísmo humano, ni por la tiranía de las necesidades, sino por el régimen social y las circunstancias históricas predominantes.

Al destacar que la abundancia o la escasez no son parámetros uniformes e invariables, sino magnitudes cambiantes, Mandel también propuso respuestas diferenciadas para cada situación, pero partiendo de una premisa clave: en la economía contemporánea ya es posible comenzar a reemplazar la motivación pecuniaria por incentivos cooperativos. El economista belga desarrolló interesantes propuestas sobre este tema, pero en su crítica a Nove recurrió a veces a una defensa de la planificación a ultranza, que contradecía su postulada aceptación del mercado en la transición. Esta posición fue posteriormente rectificada.[49]

Desde una acertada óptica socialista, la aplicación de los incentivos debería orientarse por el principio de acrecentar progresivamente el igualitarismo. Habría que buscar los caminos para sustituir paulatina-

---

49 Samary destaca ese error en la polémica con Nove. Mandel planteó un programa de colectivismo acabado y no un modelo transitorio. En los hechos, proponía erigir una economía estructurada en torno al valor de uso, sin moneda, ni precios, es decir alejada de la propuesta de plan, mercado y democracia sugerida por Trotsky. Pero Samary también señala que esta unilateralidad fue corregida en una reivindicación posterior de este último proyecto. Samary, Catherine. "Mandel's view of transition to socialism". Ernest Mandel Seminar. Julio 4-6-1996. IIRE, Amsterdam.

mente el estímulo capitalista por alientos morales, que induzcan a todos los individuos a trabajar en función del interés colectivo. Este cambio apuntaría al abandono progresivo del individualismo competitivo que rige las sociedades reguladas por la ganancia.

Esta meta es compartida por el modelo de Albert y Hahnel[50] que propone jerarquizar los reconocimientos sociales en desmedro de los estímulos materiales. Ambos autores sugieren, por ejemplo, introducir en el plano laboral formas de trabajo compartidas (*job balanced*) junto a una distribución más equitativa de las tareas deseables e indeseables entre todos los trabajadores. Con el mismo propósito igualitario, promueven remunerar las distintas labores en proporción al esfuerzo realizado, para reemplazar la retribución basada en la eficiencia o la especialidad de cada trabajador.[51]

Estos ejemplos ilustran cómo se podría facilitar la paulatina sustitución del estímulo pecuniario por el aliento colectivo, en un proyecto de emancipación. Pero esta transformación sería un proceso de largo plazo y supondría una mutación completa de las conductas individuales que impulsa y premia el capitalismo.

El gran equívoco neoclásico radica en desconocer que esa transformación es posible. Por eso proyectan hacia el futuro los comportamientos competitivos actuales, como si el modelo de agente económico racional –construido a partir de la experiencia capitalista– debiera reproducirse indefinidamente. En ese esquema no cabe la perspectiva de una sociedad estructurada en torno a los reconocimientos sociales y motivada por la conciencia común de los objetivos compartidos.[52]

LOS INCENTIVOS EN LA TRANSICIÓN

La reivindicación de los ideales comunitarios del marxismo frente al darwinismo social que postulan los neoclásicos constituye un aspecto central de la controversia sobre los incentivos. Pero otra dimensión igualmente importante es el esclarecimiento de los senderos para al-

---

50 Albert, Michel, Hahnel, Robin "Socialism as it was always meant to be". *Review of Radical Political Economics*, vol. 24, n° 3-4, 1992. Albert Michel. *Thinking forward*, *op. cit.* (Cap. 10).

51 Estas iniciativas fueron muy discutidas en la década del setenta por algunos marxistas del Este, que promovían superar los efectos nocivos de la división del trabajo a través de la rotación de tareas y la eliminación de los privilegios jerárquicos en los centros industriales. Mandel, Ernest. "La solución de recambio de R. Bahro", *Crítica al Eurocomunismo*. Madrid, Fontamara, 1978.

52 Ollman desarrolla esta crítica. Ollman Bertrell. "Market mystification in capitalist and market socialist societies", *op. cit.*

Claudio Katz

canzar esos propósitos. Estas vías suponen la vigencia de distintas etapas de tránsito hacia el comunismo, que a su vez exigirían la vigencia combinada de incentivos materiales y morales.

Omitiendo estos pasos, la defensa del estímulo social frente al pecuniario se reduce a un contraste de modelos abstractos. Por eso, junto a la explicación del carácter más deseable el primer tipo de incentivos, hay que clarificar cómo podría lograrse su progresiva extensión. Y este debate obliga a analizar con más atención el proceso de construcción del hombre nuevo que emergería bajo el socialismo, a través de un largo proceso de mutación de la conciencia popular.

Esta transformación supone la creciente afirmación de un patrón de abundancia relativa, primero de los bienes básicos y luego de los productos más prescindibles. Como esta plétora de bienes aparecería paulatinamente, también el reemplazo de los estímulos materiales por los incentivos morales sería evolutiva y durante un extenso período prevalecería una combinación de aliento a ambos tipos. Esta mixtura debería abarcar a todas las esferas, pero sería especialmente importante en el campo laboral, puesto que allí se define el curso de la productividad y la consiguiente posibilidad de generalizar los estímulos morales, a partir de un gran salto en el desarrollo de esa variable. Pero este giro dependería no sólo de mejoras palpables en el bienestar colectivo, sino también de un significativo desarrollo de la conciencia socialista.

Este proceso es factible porque carecen de consistencia los argumentos antropológicos que plantean los autores neoclásicos, para postular la eternidad de los incentivos materiales ("el individuo es hijo del rigor", "la sociedad progresa si prevalece la ambición por el dinero"). Sin embargo, sería también ingenuo suponer que una vez derrocado el capitalismo podría consumarse la supresión inmediata de los estímulos materiales, especialmente en las economías subdesarrolladas.

Una visión materialista debe seguir en este terreno la indicación que planteó Marx, al asociar la remuneración del trabajo con lo que producirían o necesitarían los trabajadores, en dos fases distintas de la sociedad futura (primero el socialismo y luego el comunismo). Si el teórico alemán advirtió que el derecho burgués continuaría rigiendo inicialmente en la esfera distributiva, es porque asociaba cada etapa de maduración del socialismo con el nivel de la abundancia alcanzado. Este razonamiento indica que la gravitación de los estímulos morales en comparación a los materiales y de los incentivos colectivos en relación a los individuales dependerá de ese parámetro. Solo una reducción radical de la escasez quitaría atractivo a la puja por mejorar exclusivamente el ingreso personal.

La transición constituiría, por lo tanto, un período de equilibrio entre dos formas de incentivo cuya proporción no puede predeterminarse con antelación. Lo que sí puede anticiparse es que el estímulo material será menos gravitante en las economías avanzadas que pueden

172

prescindir de saltos inmediatos en la productividad y que ya reúnen las condiciones para una drástica reducción de la jornada de trabajo.

Pero también la conciencia política socialista sería determinante del tipo de incentivos prevalecientes, porque el grado de solidaridad social vigente definiría distintas modalidades de anticipación del comunismo. La combinación de incentivos adecuados al desarrollo productivo está directamente asociada con el nivel de disponibilidad cooperativa que evidencie la mayoría de la población. Por eso el ritmo de la prefiguración comunista dependería del consenso logrado en torno a erigir una sociedad igualitaria.

Para alcanzar esos objetivos es tan nocivo la aplicación de políticas voluntaristas de movilización colectiva permanente (como por ejemplo el gran salto adelante del maoísmo), como el perverso estímulo de beneficios excluyentes para los directores de empresa, que precedió al desplome del socialismo real. Partiendo del criterio anticapitalista de privilegiar las necesidades sociales sobre la lógica del beneficio, la transición requeriría armonizar incentivos cooperativos y estímulos pecuniarios. Para avanzar hacia el socialismo habría que conjugar el progreso simultáneo de la producción y la equidad.

Este equilibrio preocupaba a Trotsky[53] cuando, en oposición a la colectivización forzosa, postulaba la aplicación de una norma salarial adaptada a la realidad de la URSS. Proponía incentivos materiales –radicalmente distintos al sistema de coerción stajanovista– y estímulos morales asociados al ejemplo personal, pero muy diferenciados del modelo compulsivo de las brigadas de choque laboral. Su visión apuntaba a preservar el espíritu socialista del trabajo colectivo sin someter a la fuerza laboral a exigencias faraónicas, y pregonaba también facilitar con ciertos incentivos salariales el avance de la productividad.

Este equilibrio entre la motivación y la eficiencia nunca pudo ser alcanzado de manera perdurable en el socialismo real. Las dos recetas que cíclicamente utilizó la burocracia gobernante fracasaron. Ni la movilización política centralizada para lograr récords de producción, ni el estímulo particular con bonificaciones dieron los resultados buscados. La gestión burocrática corroía por igual a ambas alternativas.

La ausencia de genuina democracia volvería a frustrar en el futuro el uso socialista de la movilización colectiva y del incentivo personal. Ambas instancias son indispensables, pero requieren el concurso de la mayoría de la población y una aplicación que evite las bruscas oscilaciones de un esquema a otro que predominó en el socialismo real.

A la luz de este balance, conviene revisar el debate cubano de los años sesenta sobre los estímulos laborales. Esta discusión estuvo inicialmente impregnada por la euforia que produjo el triunfo de la prime-

---

53 Trotsky, León. *La revolución traicionada, op. cit.* (cap. 4).

ra revolución socialista de América Latina y por el desarrollo de un promisorio modelo alternativo al sistema burocrático-paternalista vigente en la URSS. Guevara[54] encarnó ambos rasgos y planteó una contundente reivindicación de los incentivos morales, la educación colectiva y los deberes sociales, en oposición a los estímulos materiales que promovían los socialistas de mercado. Su valoración del trabajo voluntario constituía una nítida manifestación del resurgimiento del espíritu revolucionario frente al conservatismo predominante en el campo socialista. Con este planteo el Che aportó una contribución clave al proyecto de construir un hombre nuevo a través de la cooperación y la solidaridad.

Pero hay que situar su propuesta en el contexto político del momento para no unilateralizar la defensa del estímulo moral, como un principio abstractamente válido e invariablemente opuesto en cualquier circunstancia al incentivo material. El propio Guevara era consciente de la función específica de su propuesta, que estaba destinada a reforzar la cohesión social y la conciencia política de la población cubana en pleno auge de la revolución. La reivindicación del estímulo moral era conveniente y oportuna en esa época y en ese país, pero no implicaba un rechazo principista del estímulo material. Este tipo de aliento resultaría insoslayable en los procesos de transición socialista que podrían encararse en el futuro en las economías subdesarrolladas.[55]

EL PROBLEMA DE LA INNOVACIÓN

El problema de la innovación concentra un tercer tipo de crítica neoclásica contra la planificación, ya que la ortodoxia cuestiona la capacidad del socialismo para desenvolver avances tecnológicos. Afirma que sólo el mercado canaliza espontáneamente el saber tácito y disperso que subjetivamente detentan los individuos, permitiendo la conversión de estas cualidades en innovaciones.

Esta crítica recoge la tesis austríaca que postula la existencia de conocimientos endógenos que los trabajadores y directivos incorporan a las unidades productivas. Afirma que este acervo no puede ser transferido ni desplegado a través de convocatorias institucionales o motivaciones no pecuniarias. Destaca que sólo la atracción ejercida por la rentabilidad puede inducir la conversión de este conocimiento primero en invenciones y luego en innovaciones. Los neoclásicos consideran que incluso si la planificación lograra asignar eficientemente los recursos a través de los precios-sombra o motivara con premios la acción eficaz

---

54 Guevara, Ernesto. "Sobre el sistema presupuestario". *Escritos Económicos*. Córdoba, Cuadernos de PYP, 1969.
55 Tablada Pérez brinda en cambio una interpretación muy sesgada hacia la crítica de todo estímulo material. Tablada Pérez, Carlos. *El pensamiento económico de Ernesto Che Guevara*. La Habana, 1987.

de los directivos, nunca lograría resultados óptimos en el terreno del cambio tecnológico.

Esta crítica al plan constituye en realidad una extensión de la polémica que separa dentro del propio ámbito neoclásico a los walrasianos de los austriacos. Mientras que el primer grupo subraya las virtudes de la mano invisible para distribuir adecuadamente los recursos, el segundo sector destaca que la motivación es el principal mérito del mercado. Este argumento adoptó Hayek cuando sustituyó su crítica del cálculo planificado por la objeción a la ausencia de incentivos en el socialismo. Al extender esta visión al terreno de la innovación, destacó que en el universo de la incertidumbre y la información imperfecta sólo el mercado permite un procesamiento positivo de los cambios tecnológicos.

Durante el auge del estatismo keynesiano esta visión contaba con pocos adherentes. El propio Schumpeter[56] –que inspiró la reivindicación neoclásica del empresario innovador– defendía la planificación en abierta oposición a Hayek. Consideraba que este mecanismo contrapesaba el derroche prevaleciente en el capitalismo burocratizado y facilitaba el cambio tecnológico. Pero en el clima neoliberal de la última década, la tesis austriaca ha encontrado creciente receptividad.

Algunos autores[57] consideran que ese enfoque plantea un desafío teórico al marxismo mucho más serio que la objeción del cálculo, porque no puede refutarse simplemente demostrando la factibilidad de una estimación *ex ante* de los precios. El problema radica en que incluso si este procedimiento fuera posible y acertado, igualmente persistiría la dificultad para canalizar el conocimiento no codificable. Como, además, numerosos teóricos evolucionistas y heterodoxos han convertido al elogio de la innovación en la principal justificación del capitalismo contemporáneo, este debate ha ganado creciente importancia en la actualidad.[58]

---

56 Schumpeter, Joseph. *Capitalismo, socialismo y democracia*. Barcelona, Folio, 1984 (cap. 17). Véase también Graham, Keith. "Schumpeter's critique of Marx: a reappraisal". *European Journal of Political Research*, vol. 23, nº 2. Londres, 1993. Heilbroner, Robert. "Was Schumpeter right after all?" *Journal Economic Perspectives*, vol. 7, nº 3, verano de 1993.

57 Devine reconoce la importancia de este tema y Howard y King sugieren que el cuestionamiento austriaco pone de relieve un flanco débil de la planificación. Devine, Pat, Adaman, Fikret. "On the ecomic theory of socialism". *New Left Review*, nº 221, enero-febrero de 1997. Howard, M.C., King J.E. *A history of marxian economics*, vol. II, Princenton 1992 (cap. 18).

58 Los casos típicos son Nelson, Ricard; Winter, Sidney. *An evolutionary theory of economic change*. Massachusetts, Harvard University Press, 1982. Rosenberg, Nathan. *How the west grew rich*. Nueva York, Basic Books, 1986.

El modelo de Lange no brinda elementos para ensayar una respuesta marxista a este problema porque un innovador no puede ser simulado. La acción de este agente no puede describirse con las ecuaciones de los precios sombra, ya que en el universo del conocimiento tácito no rigen las reglas del modelo walrasiano. En este terreno, los méritos del socialismo deben ser postulados con otros argumentos.

La principal contradicción de la tesis austriaca radica en que, por un lado, reivindica el carácter universal y endógeno del conocimiento y, por otra parte, postula que sólo el mercado puede movilizar este atributo. Pero si el epicentro de la innovación está situado en la transmisión informal del saber: ¿Por qué razón el aprovechamiento de esta potencialidad requiere una mediación mercantil? Dos esferas completamente distintas son intrínsecamente asociadas sin ninguna justificación. Peor aún, ambos planos se encuentran en abierto conflicto, porque las relaciones informales entre los agentes –confianza, reciprocidad, buena voluntad– son constantemente socavadas por la competencia y la dominación del concurrente más poderoso.

La ortodoxia atribuye además sólo a los capitalistas una facultad innovadora, que por otra parte interpreta contradictoriamente como un rasgo característico de todos los individuos. En su esquema, sólo los empresarios enlazan el conocimiento disperso. Pero como el cumplimiento de esta labor requiere cuantiosas sumas de capital o un acceso privilegiado al crédito, el manejo de un recurso universal queda restringido en la práctica al control de la clase social dominante y sus gerentes.[59]

Los neoclásicos tampoco notan que al interior de la empresa la movilización del conocimiento innovador no está regida por principios mercantiles. Allí el capitalista simplemente se apropia de las mejoras introducidas en cualquier producto, y por esa vía el conocimiento informal, lejos de ser retribuido, es explícitamente confiscado.

La ortodoxia no registra cómo las nuevas tecnologías desarrolladas por el avance en la socialización del trabajo al ordenamiento mercantil. Ignora que en el proceso productivo cotidiano se establecen conexiones puramente técnicas y se desenvuelve una cooperación objetiva informal, parcialmente autonomizada del patrón de la ganancia. En estos casos, la propia dinámica de la innovación tiende a independizarse de las normas de la rentabilidad. Este rasgo expresa cómo las fuerzas productivas se expanden vulnerando las estrictas fronteras que impone la propiedad privada de los medios de producción.

---

59 Elson y Devine destacan estas contradicciones. Elson, Diane. "Socialismo de mercado o socialización del mercado", en *La crisis de la economía soviética*. Buenos Aires, Imago Mundo, 1992. Devine Pat, Adaman Fikret. "The economic calculation debate: lessons for socialist". *Cambridge Journal of Economics*, vol. 20, nº 5, 1996.

Las invenciones motivadas por la curiosidad o surgidas de la propensión natural de los trabajadores a mejorar su actividad ilustran este impulso no lucrativo al avance tecnológico. Por esta vía se gestaron grandes innovaciones, que antes de convertirse en negocios capitalistas perseguían fines cooperativos. Incluso, las huellas de la revolución informática contemporánea pueden rastrearse en la búsqueda de instrumentos para mejorar la comunicación humana. Este ejemplo desmiente la identificación absoluta entre lucro e innovación que postulan los neoclásicos e indica que la cooperación planificada debidamente incentivada podría actuar con gran eficacia en una sociedad poscapitalista.[60]

LA INNOVACIÓN EN LA TRANSICIÓN

La crítica austriaca a la ineficiencia de la innovación bajo el socialismo fue planteada en los mismos términos abstractos que los cuestionamientos a la viabilidad del cálculo o la motivación en economías planificadas. Esta objeción se basaba en el carácter supuestamente óptimo del cambio tecnológico en el universo del mercado perfecto (siempre inalcanzable, pero igualmente reivindicado). Este esquema fue refutado por varios marxistas, que contrapusieron a las fantasías neoclásicas los desequilibrios que genera la innovación en el capitalismo realmente existente. Por eso postularon un modelo alternativo de cambio tecnológico en un proceso de maduración socialista.

T. Smith[61] describe, por ejemplo, cómo en esa sociedad desarrollada se podría pautar la intensidad de las transformaciones, acelerando inicialmente su despegue, estabilizando posteriormente su desarrollo y seleccionando las prioridades sectoriales. Pero esta acción requeriría primero sustraer la innovación de la órbita de la competencia y del beneficio.

Smith puntualiza, además, que en un modelo de autoadministración socialista debería predominar la consulta colectiva para superar el elitismo y tornar accesibles al conjunto de la población las decisiones de la innovación. Propone definir cada elección tecnológica en base a diversas opciones y promueve el estímulo moral a la invención, institucionalizando los mecanismos de cooperación laboral informal. También sugiere adaptar estos cambios a una evaluación previa de su impacto social, ecológico y humano.

---

60 Hemos retratado el caso de la revolución informática en Katz, Claudio. "Tecnología e socialismo", en *Globalizaçao e socialismo*. San Pablo, Xamá Editoria, 1997.

61 Smith, Tony. "La production flexible: une utopie capitaliste?" *Cahier d'Étude et de recherche*. Amsterdam, 1995.

Pero esta descripción indudablemente corresponde a un estadio avanzado del socialismo. La ausencia de condicionamientos mercantiles permitiría en esa etapa resolver colectivamente el rumbo de la economía. Incluso podría ensayarse la sustitución del ciclo económico por un ciclo científico, como norma determinante del cambio tecnológico. El patrón de este cambio quedaría fijado por el ritmo de la invención y por las preferencias colectivas. Pero este proceso sólo podría desenvolverse en un estadio avanzado de disolución del mercado, es decir en una etapa próxima al comunismo.[62]

Este proyecto constituye la alternativa marxista al programa neoclásico de mercado transparente, competitivo y perfecto. Pero no basta con imaginar ese horizonte, también resulta necesario diseñar un modelo de innovación para la transición, a fin de evitar una polémica abstractamente polarizada en torno a los rasgos de la sociedad deseada. En la etapa intermedia, el cambio tecnológico estaría orientado por el plan en una economía parcialmente sujeta a la dinámica mercantil.

Devine[63] propone para este período un esquema de innovación que integra la gestión planificada a ciertos lazos mercantiles. En su modelo, las decisiones económicas centralizadas coexisten con facultades autónomas de cada empresa. Señala que en un marco de creciente propiedad socializada, los fondos destinados al cambio tecnológico serían distribuidos en proporción al grado de eficiencia comparativa demostrado por cada compañía. Regiría de esta forma cierta ponderación de los éxitos y los fracasos de cada firma.

En este cuadro de planificación participativa se implementaría la negociación coordinada entre los distintos actores del proceso innovador. El objetivo sería compatibilizar los distintos intereses que irrumpen en cada instancia del cambio tecnológico, buscando armonizar las exigencias de los usuarios, los trabajadores y los sectores más afectados o beneficiados por cada tipo de transformación. Esta propuesta reconoce que la movilización del conocimiento tácito es un problema real, planteado aunque no resuelto por los austriacos. Pero en lugar de apostar a una mágica solución mercantil, Devine propone acertadamente atar la innovación al plan en las áreas económicas claves (*market forces*) y permitir su asociación con las señales del mercado en las esferas no prioritarias (*market exchange*).

---

62 Richta planteó esta concepción sobre el ciclo científico. Richta, Radovan. *La civilización en la encrucijada*. México, Siglo XXI, 1971.

63 Devine Pat. "Market socialism or participatory planning". *Review of Radical Political Economics*, vol. 24, n° 3- 4, 1992. Devine Pat. "Participatory planning through". "Building Socialism theoretically: alternatives to capitalism and the invisible hand". *Special Issue, Science and Society*, vol. 66, n° 1, primavera de 2002.

Otros marxistas[64] plantean también la posibilidad de asignar al empresario cierto rol en un modelo semejante. Proponen la creación de un fondo de inversiones para distribuir recursos en función de la eficiencia de cada compañía, pero agregando cierta remuneración para los individuos que introduzcan innovaciones. Esta retribución sería acotada y, además, reabsorbida al cabo de un período por el sector público. De esta forma quedaría neutralizada la acumulación privada y la conversión de los innovadores en capitalistas.

Como esta propuesta plantea un serio riesgo para el proyecto socialista, su eventual implementación requeriría explícitas restricciones al enriquecimiento y a la expansión de la actividad privada. Además, no convendría utilizar la denominación de empresarios para quienes reciben premios limitados por su contribución al cambio tecnológico, en una economía planificada. Las limitaciones a la apropiación privada de los medios de producción deberían quedar subrayadas para marcar nítidas diferencias con el capitalismo.

El innovador de la transición tampoco debería asemejarse al caudillo schumpeteriano, que busca la realización individual a través de la aventura innovadora. Su acción tendría que desenvolverse en un cuadro de construcción colectiva del socialismo. El marco de la coordinación negociada facilitaría esta integración de los excéntricos creadores al proceso de edificación conjunta de la nueva sociedad. El reconocimiento social cumpliría un papel clave como sustituto de la competitividad, en el estímulo de la innovación.

Pero estas ideas surgen de un balance crítico de lo ocurrido con los dos modelos de cambio tecnológico implementados en el bloque socialista: la coerción centralista y la desarticulación descentralizadora.

CENTRALISMO, BUROCRACIA E INNOVACIÓN

La planificación compulsiva que predominó en las formaciones burocráticas anuló los estímulos a la innovación. No sólo obstaculizó la movilización del conocimiento tácito, sino que dificultó el avance tecnológico general, cada vez que era superado el estadio de la acumulación extensiva.

El rígido centralismo propició la conducta conservadora de los directores de empresa, que temiendo el desabastecimiento ocultaban costos y jerarquizaban las metas cuantitativas en desmedro de la calidad. Tomando en cuenta estas experiencias, algunos autores[65] propo-

---

64 Laibman, David. "Contours of the maturing socialist economy". *Historical Materialism*, n° 9. Londres, invierno de 2001.

65 Kotz, David. "Socialism and innovation". "Building Socialism theoretically: alternatives to capitalism and the invisible hand". *Special Issue, Science and Society*, vol. 66, n° 1, primavera de 2002.

nen resolver en el futuro este problema, introduciendo el modelo de coordinación negociada que postula Devine.

Pero el bloqueo a la innovación que prevaleció en la URSS no obedeció sólo a los desaciertos de una forma de gestión, sino que fue producto del carácter totalitario de esos regímenes políticos. Este despotismo sofocaba la deliberación democrática requerida para el progreso del cambio tecnológico en una economía no capitalista. Para mantener sus privilegios, la burocracia impedía los cuestionamientos a su administración y a las metas expuestas en el plan central. Por eso se disuadían las innovaciones en el proceso productivo y se generalizó la aversión al riesgo y la despreocupación por la calidad de los productos.

Numerosas descripciones retratan a los directores de empresa como un grupo hostil al cambio tecnológico, que buscaba preservar los coeficientes técnicos vigentes para asegurarse la inestable provisión de suministros. Esta inflexible e hipercentralizada forma de gestión determinó, por ejemplo, el retraso de la URSS en la revolución informática. El importante desarrollo inicial que había logrado en este campo (especialmente en las aplicaciones militares o espaciales) se diluyó cuando esta transformación tecnológica se consolidó a escala internacional.[66]

El despotismo político tuvo efectos demoledores sobre el proceso de conversión de las invenciones en innovaciones. Mientras que la URSS exhibía interesantes logros en la etapa del descubrimiento y la experimentación, los fracasos se acumulaban al momento de convertir esas novedades en mejoras de productos. La rutina burocrática invariablemente sofocaba ese salto.

El despotismo político resultó particularmente nocivo para el desarrollo de la informática, porque los avances en esta actividad son incompatibles con el ocultamiento de la información y la obsesión por el secreto que caracteriza a los sistemas totalitarios. En un régimen que proscribía la circulación de fotocopias había poco espacio para el desarrollo del *software* e Internet. El clima de opresión vigente en los institutos científicos, el poder discriminatorio de los directores y la prohibición de lecturas extranjeras asfixiaron el promisorio desenvolvimiento de las nuevas tecnologías de la información y este freno revirtió los sorprendentes avances logrados inicialmente, bajo el impulso del cálculo planificado.

Esta contradicción entre rápidos progresos en los laboratorios y total ineficacia en la extensión productiva fue reconocida ampliamente en los años ochenta y convertida en un tema central de la *perestroika*.[67]

---

66 Borón confirma esta caracterización. Borón, Atilio. *URSS–CEI. ¿Hacia dónde?* Tesis 11, Buenos Aires, 1992.

67 Véase por ejemplo, Aganbeguian, Abel. *Le double défi sovietique*. París, Económica, 1987.

Pero la implosión posterior de la URSS confirmó que el embudo tecnológico expresaba la decadencia de un sistema político que no podía revertirse con ajustes administrativos. La ausencia de mecanismos deliberativos impuso un ahogo estructural a la innovación que las reformas de Gorbachov no lograron remontar.

Pero este fracaso tecnológico también fue consecuencia del proyecto estratégico de construir el socialismo a través de una competencia con el mundo capitalista. Esta política alimentó la creencia de que el socialismo emergería de una acumulación de éxitos económicos y científicos en la URSS. Esta ilusión ocultaba que bajo el manto de una gran potencia, el país conservaba muchos rasgos de subdesarrollo estructural, que le impedían no sólo competir exitosamente con el líder norteamericano sino incluso alcanzar el status de cualquier economía avanzada. La URSS perdió su competencia tecnológica con los Estados Unidos, pero no fue esta derrota la causa del fracaso del socialismo real. Al contrario, en parte esta frustración se debió a la prioridad asignada a esa inútil rivalidad.

Esa concurrencia conspiraba contra el principio básico de fomentar la construcción participativa y popular del socialismo. En lugar de apuntalar la creación de una nueva sociedad a través de la acción consciente de los trabajadores, se apostaba al deslumbramiento internacional que generarían los logros de una gran potencia. Esta concepción explica por qué se privilegiaban las innovaciones representativas del poderío del sistema socialista en desmedro de los cambios tecnológicos que resolvieran los problemas cotidianos de la población. El gigantismo, la desatención por la calidad y el desinterés por los costos fueron en gran medida subproductos de esta distorsión ideológica.

En el afán de forjar innovaciones propias de la URSS superiores al rival occidental, durante el período stalinista se intentó incluso erigir una tecnología específicamente socialista. Omitiendo el carácter universal de la ciencia, se fantaseaba con desenvolver técnicas no capitalistas y por eso los recursos existentes no se concentraron en el desarrollo de las modestas (pero imprescindibles) innovaciones que necesitaba un régimen de transición.

En síntesis, la incapacidad del modelo centralista para fomentar el cambio tecnológico fue producto de un régimen autoritario y de una estrategia de autarquía, centrada en la ruinosa competencia con el capitalismo avanzado. Sin embargo, quienes deducen de este fracaso la incompatibilidad del comunismo con la revolución informacional[68] y la consiguiente conveniencia de la restauración, no se dan cuenta de que el remedio sugerido es peor que la enfermedad.

68 Castells, Manuel. "El comienzo de la historia". *El socialismo del futuro*, vol. 1, nº 2, Madrid, 1990.

Claudio Katz

La introducción del capitalismo en Rusia ha provocado una devastación en tiempo récord de los limitados logros que la URSS había obtenido en el campo de la ciencia y la tecnología. Como bajo el capitalismo contemporáneo el proceso de la innovación está exclusivamente localizado en los centros imperialista, Rusia ha sido condenada a padecer un brutal desmantelamiento de institutos, laboratorios y centros de investigación, mientras soporta la fuga masiva de cerebros y la sistemática destrucción del acervo de conocimientos acumulados durante décadas. Esta demolición confirma que el capitalismo no es la alternativa al fracaso del modelo centralista.

LA OPCIÓN DE LOS AUSTRIACO–SOCIALISTAS

Mientras los defensores de la gestión burocrática elogiaban los avances científico–técnicos de la URSS, varios economistas afines al socialismo de mercado reconocieron el impacto negativo de la gestión centralizada sobre la innovación. Por eso impulsaron cambios orientados a revertir ese desaliento estructural del cambio tecnológico.

Estos autores interpretaban que un sistema económico sustraído de la tiranía del beneficio ofrece condiciones favorables para la innovación. Pero también consideraban que la gestión centralizada distorsionaba la información y obstruía la motivación requerida para modernizar la actividad productiva. Por eso propusieron transferir a las empresas ciertas decisiones de inversión a fin de modificar el comportamiento conservador de los directores.[69]

Ciertos autores[70] analizan esta escuela de austriaco socialistas, caracterizando que en el plano teórico reconocían la existencia de dificultades para movilizar el conocimiento tácito en una economía planificada y que en la práctica promovían la creación de empresarios socialistas, para actuar en un marco de propiedad pública y gestión descentralizada.

Pero estas propuestas nunca prosperaron. Inicialmente este fracaso obedeció a la resistencia de la *nomeklatura* central a resignar atribuciones y a derivar facultades hacia los funcionarios regionales. Cuando este rechazo cedió y comenzaron a implementarse algunos cambios auspiciados por los promotores de la descentralización, las reformas tampoco impulsaron la innovación. Los directores de empresas ya estaban más interesados en la apropiación que en el manejo autónomo de

69 Brus promovió intensamente este cambio con la mira puesta en el avance tecnológico. Brus, Wlodzimierz. *Economía y política en el socialismo*. Buenos Aires, Amorrotu, 1973 (cap. 4).

70 Devine, Pat, Adaman, Fikret. "On the ecomic theory of socialism". *New Left Review*, nº 221, enero-febrero de 1997.

las compañías, y en lugar de modificar el esquema de decisiones alentaron el cambio del sistema económico y de su régimen de propiedad. La prédica reformista convergió con la restauración, convirtiendo las propuestas de gestión empresaria autónoma en un proyecto capitalista. Esta evolución no era inexorable, ni descalifica al modelo descentralizador. Sólo confirmó los peligros que entraña este esquema para un proyecto socialista, especialmente cuando es promovido en un marco político internacional favorable a la restauración. Igualmente la propuesta austriaco–socialista arrastraba dos defectos internos que indujeron su convergencia con el curso procapitalista.

El primero es la reivindicación del mercado como instancia de regulación económica deseable en el largo plazo e imprescindible para la innovación en cualquier sistema económico. Esta tesis es antagónica con el proyecto comunista, porque si el cambio tecnológico exige eternizar la norma mercantil, todo avance hacia el socialismo disolviendo ese principio conduciría al estancamiento de la sociedad. En este punto se aceptaba implícitamente las toscas tesis de V. Mises y Hayek.

En segundo término, el principal obstáculo a la motivación innovadora en el socialismo real radicaba en la excluyente gestión por arriba de los regímenes dictatoriales. Esta ausencia de participación popular constituía el principal problema del cambio tecnológico que los austriacos socialistas rehuían considerar en su programa de cambio de gestión. Peor aún, al promover una transferencia de atribuciones a los directores de empresa se acentuaba esta falta de presencia de los trabajadores en las decisiones de innovación.

En estas condiciones, el empresario socialista tendió a convertirse en un capitalista en gestación que adaptaba sus discursos a los ritmos de la restauración. Esta transformación fue subterránea y poco visible en Europa del Este, pero se verifica nítidamente en la actualidad en China. Allí el empresario ya no es hoy un funcionario con mayores retribuciones por su contribución a la innovación, sino que actúa como un hombre de negocios que acumula propiedades y privilegios para anticipar la erección de una clase dominante. Un modelo descentralizado para impulsar la innovación sólo puede contribuir a la transición socialista si se encuadra en un proyecto anticapitalista instrumentado a través de la democracia efectiva y la intervención popular.

CAPÍTULO V

DEMOCRACIA SOCIALISTA

El avance del socialismo presupone la instauración de una democracia genuina. Esta conclusión surge del descalabro del socialismo real y de la evidente incompatibilidad que existe entre la emancipación social y cualquier forma de totalitarismo político.

El socialismo sólo podrá emerger por abajo como un proceso participativo a través de autoridades legitimadas por la mayoría popular. El intento de instaurar ese objetivo desde arriba mediante dispositivos paternalistas, restringiendo las libertades públicas y anulando la disidencia ha fracasado como experiencia y ha perdido atractivo como proyecto.

Pero la democracia socialista constituye por el momento sólo un anhelo. Su contenido no puede aclararse contraponiendo simplemente la soberanía popular con las tiranías del ex bloque socialista. El modelo futuro debe ser también concebido analizando los sistemas políticos predominantes bajo el capitalismo. Ese contraste permite imaginar qué instituciones deberían ser anuladas, cuáles podrían reformarse y cómo emergerían nuevos organismos, en el curso de un proceso de progresiva equiparación social.

Utilizar el término democracia para caracterizar un régimen de transición socialista plantea algunos problemas. Este concepto se encuentra actualmente emparentado con causas nobles y también con operaciones atroces. Ha sido el estandarte de la lucha contra muchas dictaduras y el emblema de grandes atropellos imperialistas. Impulsó la resistencia contra la opresión y justificó las guerras coloniales.

Como la palabra democracia arrastra una carga valorativa muy fuerte, resulta aconsejable añadirle alguna noción aclaratoria. Conviene siempre definir qué tipo de democracia se está evaluando en cada mo-

185

mento y lugar. Esta precisión contribuye a evitar que la admiración o el desagrado que suscita el término impida esclarecer el contenido del problema en debate.

La democracia socialista es un proyecto y su análisis se ubica en el terreno de las hipótesis deseables. Es un régimen que debe concebirse a partir de la caracterización de las democracias capitalistas y del balance de las democracias populares del Este y Extremo Oriente. Pero la prefiguración de una democracia socialista se nutre también de las experiencias inacabadas o fugaces del consejismo y la democracia directa. De esa síntesis surge esa propuesta.

EL SIGNIFICADO DE LA DEMOCRACIA

Existen dos interpretaciones clásicas de la democracia: una realza los procedimientos del sistema y la otra su contenido evolutivo. El primer enfoque identifica a ese régimen con un conjunto de mecanismos destinados a facilitar las decisiones políticas. Estas reglas incluyen el voto ciudadano, la preponderancia de la mayoría y la vigencia de ciertas libertades públicas (derecho de expresión, opinión o reunión), que permiten el funcionamiento de un gobierno representativo.

La segunda caracterización sostiene que estas normas constituyen sólo el componente operativo de un régimen caracterizado por la creciente ampliación de los derechos ejercidos por todos los miembros de la sociedad. Estos atributos que surgieron en la órbita civil, se extendieron a la esfera política y actualmente gravitan sobre el terreno social. Desde esta óptica la democracia no es un dispositivo, sino un sistema de ampliación de la ciudadanía.

Mientras que la primera visión presenta a la democracia como un método para seleccionar funcionarios, la segunda destaca que esta elección sólo contribuye a la gestión de la sociedad. Este último enfoque estima que la rivalidad entre dirigentes para comandar los asuntos públicos (gobierno de los políticos) representa apenas un ingrediente del consenso ciudadano (gobierno del pueblo).[1]

Pero ambas concepciones omiten analizar el carácter de clase de la democracia. Como procedimiento o forma de organización, la democracia funciona al servicio de los grupos que controlan el poder. Esta dominación determina la elección de los gobernantes, los mecanismos electorales y el alcance de los derechos concedidos a la población. Por

---

1 Schumpeter es el referente clásico del primer enfoque. Nun presenta una versión contemporánea del segundo. Schumpeter, Joseph. *Capitalismo, socialismo y democracia, op. cit.* (Cap. 20, 21, 22 y 23). Nun José. *Democracia*, Fondo de Cultura Económica, Buenos Aires, 2000. (Cap. 1 a 9).

esta razón, el radio de acción de la democracia se encuentra socialmente limitado. Sus reglas no pueden cuestionar las fortunas de los empresarios, la propiedad privada de los medios de producción o la coerción del mercado laboral. Un sistema de filtros institucionales –que verifica la fidelidad de los políticos a estas restricciones– asegura la reproducción de estos condicionamientos.

El análisis marxista subraya esta dimensión clasista de la democracia. Destaca que las reglas de la plusvalía y la explotación tienen su correlato en normas que legitiman la preeminencia capitalista en la esfera política. Esta supremacía asegura la continuidad del mismo sistema bajo diferentes formas de gobierno.

Este sustrato clasista es igualmente ignorado por las interpretaciones instrumentales y evolutivas de la democracia, que simplifican el alcance de este régimen al reducirlo a un método (aplicable a cualquier sociedad) o a una estructura de derechos ciudadanos. Ambas visiones omiten la sujeción primordial de este sistema a las necesidades del capitalismo, es decir a los requerimientos de la ganancia y la acumulación.

El enfoque instrumental olvida que la selección de administradores (gobierno de los hombres) está supervisada por instituciones dependientes de la clase dominante. La tesis evolutiva desconoce que el marco jurídico vigente (gobierno de las leyes) también apuntala los intereses de los grandes capitalistas. Las reglas de juego de la democracia no son principios adoptados para asegurar el bien común, sino normas tendientes a adecuar la estructura política a las exigencias de los banqueros, los empresarios y los altos gerentes.

Esta concentración del poder decisorio en manos de la clase dominante convierte al ejercicio de la democracia en una actividad más formal que real. En el escenario democrático actual se dirimen ante todo los conflictos que toleran los dueños del poder. Cualquier análisis de la democracia que omita estos condicionamientos tiende a navegar por el universo de la fantasía.

La democracia burguesa es formal porque opera en torno a mecanismos que aseguran la perpetuación del *status quo*. Los votantes son periódicamente convocados a optar entre falsas disyuntivas de un mismo sistema de opresión. Esta imposibilidad de elegir deriva de la existencia de desigualdades sociales, que impiden dotar al sufragio de un significado real. La democracia comenzará a operar de manera sustantiva cuando las decisiones centrales se encuentren efectivamente sujetas al aval mayoritario. En una transición socialista se verificaría este cambio hacia la democracia efectiva.

LOS MITOS DEL LIBERALISMO

El principio de un individuo un voto como fundamento de la representación política fue tardíamente adoptado por el capitalismo, porque

Claudio Katz

las clases dominantes se opusieron al sufragio universal. Bajo la encarnizada presión de la acción popular, la burguesía renunció paulatinamente a sus formas monárquicas y autocráticas de gobierno y aceptó esta norma igualitaria. El derecho al voto fue conquistado en las barricadas de las ciudades francesas (1793-1794, 1848-1850, 1871), inglesas (1830) y belgas (1886-1913).

La burguesía sólo desmontó los mecanismos de proscripción y calificación del voto cuando percibió que el sufragio universal era compatible con el mantenimiento de su dominación. Hasta que la experiencia de gobierno confirmó esta adaptabilidad, la confrontación en torno al sufragio universal presentaba fuertes connotaciones anticapitalistas. Las elites gobernantes temían que el voto igualitario constituyera un paso hacia la república social.[2]

Por estas razones la democracia representativa constituye una modalidad política relativamente reciente. Hasta la Primera Guerra Mundial la forma actual del sufragio universal regía solo en Noruega (y en menor medida en Francia y Suiza). Este sistema se abrió paso bajo el efecto de tremendas conmociones políticas y sociales. Solo en 3 de los 17 países más desarrollados del mundo la democracia burguesa representativa emergió de procesos políticos internos. En los restantes casos fue un producto directo de las guerras mundiales.[3]

El derecho de voto para las mujeres y las minorías étnicas fue también arrancado en la posguerra en un marco de tormentosos acontecimientos. Por ejemplo, los negros del sur norteamericano recién obtuvieron ese logro en los años setenta. Si se observa el conjunto del planeta, esta contemporaneidad de la democracia representativa es aún más evidente. Hace tres décadas predominaban las dictaduras no sólo en casi todos los países subdesarrollados, sino también en la periferia de Europa. Y la presencia de este tipo de regímenes es todavía muy elevada en Asia y África.

Este desacople histórico entre el capitalismo y la democracia representativa refuta la identificación habitual entre ambos sistemas que difunde el liberalismo. Es falsa la presentación de los derechos ciudadanos como un desemboque natural del desarrollo mercantil y la asociación de la igualdad del voto con el libre mercado. Si estos procesos fueran tan compatibles, el sufragio universal no hubiera tardado tres siglos en generalizarse. Los capitalistas aceptaron la democratización de su régimen político contra su voluntad y en medio de grandes terremotos sociales. Pero posteriormente encontraron la forma para integrar las conquistas populares a sus mecanismos de dominación.

2   Hobsbawn describe este proceso. Hobsbawn, Eric. *La era del imperio*. Buenos Aires, Crítica, 1999. (Cap. 4).
3   Therborn puntualiza este hecho. Therborn, Goran. "Existen verdaderamente amenazas contra la democracia". *Los límites de la democracia*. Buenos Aires, Clacso, 1985.

En el último siglo la democracia capitalista se ha caracterizado por este doble proceso de extensión y neutralización de los nuevos derechos políticos. Cercenar estos avances a través de la representación indirecta y la deslegitimación de toda acción extraparlamentaria ha sido el objetivo tradicional del constitucionalismo burgués. Por eso en Gran Bretaña las elites preservaron el manejo aristocrático de la actividad política luego de implantar el sufragio universal. En los Estados Unidos se introdujeron filtros institucionales para distorsionar la representación y bloquear la deliberación ciudadana. En Francia la masificación del voto fue complementada con mecanismos plebiscitarios que deformaron los resultados del sufragio.

La mitología liberal omite esta historia de conflictos y presenta a la democracia representativa como un resultado natural de la modernización paulatina de la sociedad.[4] Esta interpretación gradualista desconoce toda la cronología de sublevaciones populares, opresiones clasistas y cataclismos político–militares. Olvida que un largo período de dominio oligárquico sucedió a la revolución inglesa del siglo XVII y precedió a la conquista del sufragio universal en 1920. Ignora que dos siglos de esclavitud y segregación racial transcurrieron entre la adopción de la Constitución norteamericana y la conquista de los derechos civiles. Desconoce que la democratización en Europa Occidental fue consecuencia de la revolución francesa y de sucesivas movilizaciones militares de toda la población. En ningún caso la democracia representativa emergió suavemente como la forma natural de gobierno capitalista.[5]

El liberalismo apuntaló inicialmente las formas monárquicas y oligárquicas de gobierno burgués. Como asociaba la extensión de la democracia con la introducción de derechos sociales, solo aceptaba modalidades muy restrictivas de representatividad. Los liberales pregonaban el equilibrio de poderes necesario para asegurar la estabilidad de los gobiernos y se oponían a toda exigencia de soberanía popular.[6]

Esta tradición antidemocrática perdura hasta la actualidad. Cuando los neoliberales propugnan aislar la esfera económica de cualquier interferencia política su intención es garantizar el desenvolvimiento irrestricto del capitalismo a costa de la democracia genuina. Sus teóricos afirman que esta protección de la actividad económica permite el pleno funcionamiento del mercado y la consiguiente realización de los individuos. Pero no aclaran cómo puede efectivizase este progreso en un ámbito que perpetúa la desigualdad entre propietarios de los medios de

---

4   Esta caracterización presenta Eisenstadt, S.N. "Los resultados de las revoluciones". *Los límites de la democracia, op. cit.*
5   Un análisis de estas conmociones ofrece Skocpol Theda. "Demasiado escaso o demasiado abundante". *Los límites de la democracia, op. cit.*
6   Este conflicto describe Rosenberg, Arthur. *Democracia y socialismo.* México, 1981. (Cap. 2).

Claudio Katz

producción y trabajadores desamparados. Mientras que el primer grupo goza del derecho a contratar asalariados, el segundo sector padece la penuria de la explotación. Es evidente que el ejercicio real de la democracia es incompatible con este despotismo social.

El liberalismo siempre enmascaró esta inequidad con la ilusoria identificación de la equivalencia mercantil con la igualdad política. Sustentó estos mitos en tesis contractualistas (los individuos negocian libremente la organización de la sociedad), ideas neoclásicas (el hombre selecciona alternativas óptimas cuando se respeta la guía invisible del mercado) y creencias utilitaristas (el bien común emerge del despliegue del interés individual). Estas concepciones apuntaron a afianzar el desarrollo del capitalismo en franca oposición a la soberanía popular.

El neoliberalismo ha extremado esta postura reaccionaria al resucitar la teoría del Estado mínimo, que circunscribe el papel de la democracia a la custodia del libremercado. Sus teóricos plantean descaradamente que el régimen representativo sólo debe otorgar garantías jurídicas a los capitalistas, reduciendo los gastos sociales y expandiendo la estructura represiva. Las campañas de la derecha contra los "excesos de la democracia" ilustran este rumbo.[7]

VACIAMIENTO Y MUTILACIÓN

El desarrollo capitalista tiende a neutralizar las conquistas democráticas, a medida que las clases dominantes integran estos logros a sus dispositivos de gobierno. Existen numerosas descripciones de este vaciamiento.[8] Estos retratos detallan cómo el protagonismo de los ciudadanos desaparece cuando las grandes corporaciones convierten la representación en un canal de transmisión de sus propios intereses. Esta gravitación de la elites acrecienta el manejo secreto del poder y la digitación burocrática de un sistema que pierde sustento social.

Junto a la apatía de los ciudadanos se extiende la opacidad de la vida política y el divorcio entre los gobernantes y los gobernados. La creciente irrelevancia del voto es un efecto de esta fractura y de la gravitación del clientelismo, que convierte a los comicios en actos rituales de legitimación del *status quo*. La democracia burguesa actual tiende a

7   Sobre estas tendencias cabalgan los neoconservadores que promueven la militarización de la sociedad para hacer frente a las "amenazas de terrorismo" e impulsan nuevas formas de proscripción de los movimientos populares. Dos ejemplos de orientación aparecen en: Dahrendorf, Ralf. "Democracia sin demócratas". *La Nación*, 24-1-04 y Sartori, Giovanni. "Países serios, Estados canallas". *Clarín*, 26-7-03.
8   Un retrato de este proceso presenta Bobbio, Norberto. *El futuro de la democracia*. México, Fondo de Cultura Económica, 1984. (Cap. 1).

transformarse, además, en un mecanismo más dependiente del ingenio mediático que de la participación cívica. Se desenvuelve como una rama del espectáculo, sujeta al manejo profesional de los publicistas que aplican sus reglas comerciales para la renovación de los viejos programas o el lanzamiento de nuevos candidatos.[9]

El régimen político norteamericano constituye un ejemplo de esta degradación. Sus tradicionales rasgos elitistas –carácter aristocrático del senado, bonapartista de la presidencia y vitalicio de la judicatura– han desembocado actualmente en un parlamento directamente manejado por lobbystas.[10]

La formación de la Unión Europea se está consumando también bajo la hegemonía de la selecta burocracia que comanda la comunidad. El proyecto constitucional que promueve este grupo apunta a reforzar las ventajas de las corporaciones, las atribuciones de los bancos, la privatización de servicios públicos y el atropello de las conquistas sociales.[11]

Este curso del sistema político Estadounidense y europeo corona varias décadas de transformación del Estado burgués. Estos cambios consolidaron el poder del ejecutivo en desmedro del legislativo y potenciaron las atribuciones de la burocracia no electiva en desmedro de los cargos sujetos al voto popular. Este giro autoritario no amenaza la supremacía del régimen constitucional, ni anticipa una regresión a las formas dictatoriales del pasado. Pero modifica la naturaleza interna del sistema representativo, reforzando la regimentación, las tendencias totalitarias y la presencia del Estado policial.

En el capitalismo avanzado los resabios populares de las democracias burguesas tienden a debilitarse. Los resortes del poder se concentran en manos de la minoría tecnocrática que sostiene los negocios de la clase dominante. Pero la estabilidad de este régimen se verifica sólo en las viejas democracias imperialistas (y sus socios actuales), que en el pasado introdujeron derechos políticos para sus ciudadanos mientras esclavizaban a los habitantes de sus colonias. La absorción de recursos provenientes de la periferia en que se sostenía ese sistema no ha desaparecido en el siglo XXI.[12]

---

9 Una descripción de este giro mediático presentan Campione, Daniel. "Los problemas de representación política y el movimiento social". *Periferias* nº 8, año 5, segundo semestre de 2000 y Hirsch, Joaquim. "Adios a la política" *Cuadernos del Sur*, nº 31, abril 2001.

10 Lazare, Daniel. "Dictadura constitucional en Estados Unidos". *Le Monde Diplomatique*, nº 8, febrero 2000.

11 Un análisis de este proceso brindan : Salesse, Yves. "Une Constitution inacceptable" y Buster, G. "En attendant L'Esprit de Saint Denis". *Inprecor* 487, noviembre de 2003.

12 Anderson destaca este sustento histórico de la estabilidad democrática en los países centrales. Anderson, Perry. Los resultados de las revoluciones y el contexto geohistórico. *Los límites de la democracia, op. cit.*

Claudio Katz

Estas transferencias socavan el funcionamiento de las democracias del subdesarrollo. En numerosos casos, la principal función del sistema político vigente en el Tercer Mundo ha sido apañar esta depredación imperialista. Lo ocurrido en las últimas dos décadas en America Latina ilustra cómo este saqueo genera democracias de baja intensidad. Al actuar como instrumentos de enriquecimiento de las clases dominantes y de sus socios extranjeros, estos sistemas pierden legitimidad y recurren a la represión para contener las protestas populares. Estas sublevaciones se extienden al decrecer la expectativa en los regímenes constitucionales como canales de superación de la miseria.

El colapso de las democracias autoritarias de América Latina no obedece a ninguna tara congénita de la población, ni se resolverá –como sueñan algunos neoliberales– copiando la trayectoria de los países avanzados.[13] Esta imitación se encuentra bloqueada en el competitivo espacio del mercado mundial por las democracias imperialistas, que no comparten sus privilegios con democracias neocoloniales. Por eso la creciente polarización de ingresos impide extender el nivel de vida vigente en el centro al conjunto de la periferia. Esta fractura explica por qué el deterioro de los mecanismos de representación es tan agudo en los países subdesarrollados.[14]

EL DOBLE SIGNIFICADO DE LA CIUDADANÍA

La evolución de la ciudadanía ilustra el contradictorio proceso de conquistas populares que pierden significado al quedar absorbidas por el sistema democrático–burgués.

El principio de un hombre–un voto que inauguró la vigencia de una esfera pública común para todos los miembros de la sociedad fortaleció, además, la lucha de las clases oprimidas. La propia dinámica de las demandas democráticas tendió a rebasar el horizonte cívico y a potenciar los reclamos sociales. Con cada nuevo derecho ciudadano se acrecentaron las demandas de los trabajadores, porque la mayor igualdad formal impulsaba el rechazo a las desigualdades de clase.

Pero bajo el capitalismo todos los avances en la emancipación política (igualdad cívica) siempre fueron contrapesados por frustraciones en el terreno de la emancipación humana (explotación capitalista). La

13 Por ejemplo, Grondona, Mariano. "Desarrollo y democracia capitalista". *La Nación*, 6-4-04.
14 El avance democrático a nivel municipal, local y regional no contrarresta el despotismo de regímenes que actúan al servicio de los grandes capitalistas y acentúan la frustración de las aspiraciones populares. Harnecker no reconoce esta limitación. Harnecker, Marta. "La izquierda latinoamericana y la construcción de alternativas". *Laberinto* nº 6, junio 2001.

ciudadanía moderna oculta esta contradicción, al difundir el imaginario de un Estado y una legislación que protege por igual a todos los miembros de la comunidad. En esta mistificación se asienta la dominación ideológica de la burguesía.[15]

La ciudadanía presenta este doble carácter de conquista popular y mecanismo de legitimación del orden vigente. Por eso en los períodos de expansión capitalista (1890-1914 o 1945-1975) se ampliaron simultáneamente los derechos cívicos y el poder de la burguesía. Cuando se circunscribe la lucha social al universo ciudadano, esta dualidad queda diluida. El progreso de las libertades civiles y la consolidación de los privilegios capitalistas constituyen las dos caras del desenvolvimiento de la ciudadanía.[16]

El sistema político burgués es permeable a muchas transformaciones, pero no puede trasponer ciertas barreras, ni cuestionar las relaciones de apropiación, explotación y dominación que rigen bajo el capitalismo. Bajo este sistema las clases dominantes gobiernan proclamando derechos que siempre vulneran y jamás realizan. Conceden el sufragio universal, pero administran el Estado escapando al voto y aceptan la competencia partidaria pero manejan el poder desde cúspides burocráticas.

Estas contradicciones son reconocidas por quienes actualmente redefinen a la ciudadanía en términos sociales. Este replanteo propone incorporar esta última dimensión social a los pilares tradiciones de ese concepto. Se interpreta que junto a la igualdad jurídica y al sufragio universal la ciudadanía debe incluir las protecciones sociales establecidas a partir de la posguerra.[17]

---

15 La implementación práctica de los ideales de la ciudadanía (libertad, universalidad, progreso, fraternidad) siempre chocó con la realidad opresiva del capitalismo y por eso es correcto caracterizar que la ciudadanía –al igual que el Iluminismo o la modernidad– constituye un proyecto inacabado. Esta tesis desarrollan Callinicos, Alex. "Social theory". *Polity Press*. Gran Bretaña, 1999, (cap. 1). También Artous, Antoine. "Citoyenneté, démocratie, communisme". *Contretemps*, nº 3, febrero 2002.

16 La gravitación de ambos aspectos con ponderaciones muy distintas es discutida por Tarcus, Horacio. "Estado, clase, ciudadanía". Fanjul, Angel. "Estado, clase, ciudadanía". Wood Meiskins Ellen. "Estado, clase, ciudadanía". Navarro Toledo, Caio. "Adios a la revolución"? *Cuadernos del sur* nº 27, Buenos Aires, octubre de 1998. Holloway, John. "Marxismo, Estado y capital", *Cuadernos del Sur*. Buenos Aires, 1994.

17 Adoptando el curso histórico de Gran Bretaña como modelo, la ciudadanía es vista como una síntesis de los derechos civiles inaugurados en el siglo XVII (libertades personales y de contratos), los derechos políticos obtenidos en el siglo XIX (elegir y ser elegido) y las normas sociales introducidas a partir de la segunda mitad del siglo XX. Esta tesis defiende Nun, José, *op. cit.* (Cap. 9).

Pero esta tesis omite que la obtención de estos últimos derechos también consolidó la petrificación de la democracia en el techo alcanzado durante la prosperidad de los años cincuenta y sesenta. Estos logros quedaron restringidos a los países desarrollados y al club de naciones asociadas a los capitalistas del centro. Además, desde los años ochenta comenzó una reacción neoliberal que ha provocado el desmantelamiento de muchas conquistas populares. Si para importantes sectores de los países desarrollados el componente social de la ciudadanía ha quedado severamente contraído, para las tres cuartas partes del mundo esa triple síntesis de derechos contemporáneos nunca comenzó a corporizarse.

El capitalismo contemporáneo no puede consumar la ciudadanía plena porque la concurrencia por el beneficio socava todas las conquistas populares. Este sistema interpone en todos los terrenos una dinámica polarizante a la diseminación de la igualdad. Por eso la ciudadanía íntegra exige avanzar hacia el socialismo.

DESPRESTIGIO, BUROCRATIZACIÓN Y DESENCANTO

Al ampliar la autonomía de los negocios, el propio proceso de acumulación reduce la relevancia del status cívico, consolida la posición subordinada de los asalariados y acrecienta la tensión entre la igualdad política y la desigualdad social.

Este divorcio entre las esferas económica y política contrasta por ejemplo con el enlace de estos ámbitos que prevalecía en la Antigüedad. En esa época la obtención de derechos políticos le otorgaba a los campesinos un pasaporte de emancipación de la esclavitud. Por eso las conquistas políticas constituían instrumentos de mejoramiento de la posición económico–social para la minoría que accedía a ese privilegio (estaban excluidos los esclavos, las mujeres y los metecos).[18]

En cambio, bajo el capitalismo el status político no incide sobre la situación económica, porque existe una esfera intocable de la economía privada que no está sujeta a transformaciones gestadas desde la esfera política. Como las normas jurídicas, la gestión estatal y la fetichización mercantil consolidan esa asimetría, el ciudadano queda confinado a un ámbito carente de poder.

Este desplazamiento origina un vaciamiento de la democracia, a medida que la actividad de las corporaciones se torna inmune a las presiones ciudadanas. La constatación de este dominio deteriora la credibilidad de los regímenes políticos, cuando se torna evidente la impotencia del voto atomizado y socialmente indiferenciado para revertir la supremacía capitalista.

18 Esta tesis desarrolla Wood, Ellen Meiskins. *Democracy against capitalism.* Cambridge University Press, 1995. (Cap. 6 a 8).

Numerosas interpretaciones focalizan exclusivamente el análisis de esta crisis en el aspecto político. Destacan el avasallamiento del poder legislativo por el ejecutivo, la pérdida de representatividad y legitimidad o el predominio de la partidocacia. También remarcan el carácter complejo y demandante de la sociedad actual.[19]

Pero al desconectar estos rasgos del desarrollo de la acumulación, esta interpretación navega en la superficie de los hechos. No registra que cuanto mayor poder acaparan los capitalistas, menor gravitación política tiene la mayoría de los ciudadanos sobre la gestión del Estado.

Muchos analistas atribuyen el deterioro del sistema representativo actual a la expansión de la burocracia. Algunos cuestionan esta hipertrofia y otros sólo constatan este hecho, presentándolo como un resultado natural del progreso. En ambos casos, el capitalismo es exculpado de la decadencia del sistema político, ya que se omite la conexión existente entre la expansión de la corporaciones y fortalecimiento de la alta burocracia que maneja los asuntos públicos. Los neoliberales incluso prometen contrarrestar esta tendencia mediante privatizaciones, ocultando que la desregulación refuerza en vez atenuar el descontrol burocrático.

Muchos teóricos de la derecha computan el desprestigio de la democracia burguesa como un dato propicio para la dominación ideológica del capital. Por eso auspician la despolitización, en lugar de resucitar las viejas ilusiones en la representatividad. Promueven la expansión de la apatía, que en el pasado analizaron los dos grandes teóricos del desencanto en la democracia. Mientras que Schumpeter se burlaba de las ilusiones en la soberanía de los electores, Weber estimaba que la legitimidad de un sistema político emerge de líderes carismáticos y mecanismos plebiscitarios.

Pero a diferencia de ambos pensadores, los neoliberales ya no asignan gran relevancia a la función profesional de los políticos. Más bien tienden a desacreditar su labor, porque buscan enaltecer el rol de las corporaciones y de sus gerentes en el ejercicio directo del poder.

RESIGNACIÓN Y ADAPTACIÓN SOCIALDEMÓCRATA

Los teóricos de la socialdemocracia cuestionan la diferenciación marxista entre democracia burguesa y socialista, afirmando que los mecanismos representativos constituyen acervos universales adaptables a cualquier modo de producción. Por eso proponen humanizar al capitalismo reduciendo la desigualdad social, a través de la profundización de ese régimen político. Interpretan que la plasticidad del régimen consti-

---

19 Esta interpretación plantea Bobbio, Norberto. "¿Podrá sobrevivir la democracia?" *Los límites de la democracia, op. cit.*

tucional permitiría reemplazar el actual gobierno de las elites por formas de gestión más solidarias.[20]

Algunos analistas sugieren democratizar al capitalismo a través de un nuevo modelo de gestión[21] y otros impulsan extender la igualdad política al conjunto de las instituciones del sistema (escuelas, familias, empresas, administración pública).[22] Este proyecto coincide con la rehabilitación del contrato social que promueve el liberalismo de izquierda (Rawls, Dworkin, Cohen, Barry, Sen) para ampliar la igualdad de oportunidades, recursos y capacidades a todos los miembros de la sociedad.

Pero este enfoque desconoce que el sistema político actual se encuentra intrínsecamente atado a la dinámica convulsiva de la acumulación, la competencia y el beneficio. No es un régimen que regula el funcionamiento equilibrado del capitalismo, garantiza la disciplina de la clase dominante o asegura arbitrajes neutrales de los conflictos sociales. Al contrario, sostiene los privilegios de la burguesía y preserva su control clasista de todos los resortes de la vida social.

Las conquistas democráticas, la gravitación del voto y la participación popular no modifican estos condicionamientos. La democracia se encuentra estructuralmente proscrita en los ámbitos que perpetúan la reproducción del capital. Sus normas ratifican el derecho empresario a contratar y despedir, la atribución de los banqueros para manejar los recursos líquidos, la preeminencia de la competencia frente a la planificación y la existencia de un mercado laboral.

Los marxistas no subestiman la democracia cuando remarcan las limitaciones del constitucionalismo para modificar estos pilares del capitalismo. Simplemente subrayan que las desigualdades sociales características de ese sistema no pueden corregirse desde sus propias instituciones. La democracia plena es incompatible con el capitalismo, porque este sistema se basa en la apropiación burguesa del trabajo no remunerado a los asalariados. La igualdad de oportunidades no es realizable en un modo de producción sostenido en la explotación.[23]

---

20 Para Habermas este cambio se desarrollaría mejorando la comunicación entre los individuos, a través de la sustitución del actual paradigma de la producción por un nuevo paradigma del entendimiento. Habermas, Jurgen. *Ensayos políticos*. Barcelona, Península, 1988.
21 Held, David. *La democracia y el orden global*. Barcelona, Paidos, 1995, (Cap. 11).
22 Bobbio, Norberto. *El futuro de la democracia*. México, Fondo de Cultura Económica, 1984. (Cap. 2).
23 Callinicos desarrolla esta argumentación en su polémica con el liberalismo de izquierda. Callinicos, Alex. *Igualdad*. Madrid, Siglo XXI, 2003. (Cap. 3).

La democracia es un sistema político específico que presenta una modalidad burguesa actual y una eventual forma socialista en el futuro. Sólo esta segunda variante permitiría encaminar a la sociedad hacia la ciudadanía plena, porque eliminaría las barreras que impone el reinado del beneficio a la democratización irrestricta. Algunos autores (Held) ignoran estos obstáculos y otros (Habermas) estiman que el capitalismo posindustrial ha reducido estas limitaciones al atenuar el impacto de las crisis. Pero no explican por qué estas convulsiones perduran en el centro y alcanzan dimensiones catastróficas en la periferia. Tampoco aclaran por qué no se verificó la expectativa keynesiana de erradicar los turbulentos vaivenes del ciclo económico.

La propuesta de extender la democracia a las instituciones estratégicas del capitalismo (empresas, administración pública) toca el corazón de este sistema y por eso sus propios promotores (Bobbio) dudan de la factibilidad de ese proyecto. En realidad, sólo plantean el problema sin aproximarse a la solución, porque justamente en estos ámbitos la democratización cuestionaría la supremacía burguesa. Si el despotismo gerencial desapareciera de las fábricas y de la administración pública quedarían socavadas las jerarquías en que se apoya la tiranía del capital.

La experiencia de muchos gobiernos que debutan con ideas de izquierda y luego giran hacia la derecha ha confirmado la imposibilidad de erigir un capitalismo democratizado. Frente a estas frustraciones los teóricos socialdemócratas han optado por dos senderos: la resignación o la adaptación. Quienes siguieron el primer camino concluyeron aceptando que la democracia constituye solo un conjunto de promesas incumplidas y anhelos no alcanzados.[24]

Frente a la imposibilidad de implementar la transformación pausada del capitalismo, otros socialdemócratas han optado por una segunda alternativa: la adaptación al neoliberalismo. Este rumbo siguieron los gobiernos que renunciaron a objetivos redistributivos, abandonaron las metas reformistas y bajo la pantalla de una tercera vía asimilaron las concepciones del thatcherismo.

---

24 Bobbio confesó su escepticismo en la posibilidad de alcanzar los objetivos de tolerancia, no violencia, renovación gradual y fraternidad. Pero no aceptó que el origen de esta frustración es la imposibilidad de lograr una democracia plena sin remover al capitalismo. Borón destaca varias contradicciones de su pensamiento y varios comentaristas ilustran sus encrucijadas conceptuales. Borón, Atilio. "Filosofía política y crítica de la sociedad burguesa". *La filosofía política moderna*. Buenos Aires, Clacso-Eudeba, 2000. Vítolo, Alfredo. "El pensamiento de Bobbio". *La Nación*, 24-2-04, Sofri, Adriano. "Conjura de iguales". *Ñ*, 17-1-04. Puriccelli, Gabriel. "Bobbio la conciencia". *Página 12*, 12-1-04, Botana, Natalio. "Adiós a Norberto Bobbio", *La Nación*, 15-1-04.

Claudio Katz

Esta involución confirma que al abjurar de la perspectiva socialista también se entierran los ideales de la democracia plena. Si el objetivo socialista es ignorado, soslayado o pospuesto eternamente, no hay forma de escapar a la resignación o a la adaptación socio liberal.

SIMPLIFICACIONES DOGMÁTICAS

La validez de la crítica marxista a las expectativas en la democratización del capitalismo no debe conducir a ignorar las transformaciones que ha registrado la democracia burguesa en las últimas décadas.

Algunas visiones omiten estos cambios al resaltar el carácter instrumental de este régimen político. Remarcan que el sistema constitucional prevalece mientras garantiza el funcionamiento normal del capitalismo y es reemplazado por formas dictatoriales cuando deja de cumplir ese rol estabilizador. Señalan que esa adaptación se verificó en las incontables tiranías que precedieron o sucedieron a los regímenes democráticos en los países centrales durante la entreguerra y en la mayor parte de la periferia en la posguerra.[25]

Pero esa caracterización sólo constata que cualquier sistema político del capitalismo se encuentra al servicio de los empresarios y los banqueros, sin explicar por qué las formas dictatoriales (o bonapartistas no parlamentarias) típicas del siglo XIX han tendido a ser reemplazadas por el sistema representativo. Desde la posguerra este régimen se afianzó primero en las naciones desarrolladas y después en numerosos países subdesarrollados. La democracia burguesa ya no es un episodio coyuntural, ni un recurso de emergencia. Se ha convertido en la forma predilecta de gobierno de las clases dominantes. Esta preferencia deriva de la funcionalidad del sistema representativo para el desarrollo capitalista. La competencia mercantil opera con mayor plenitud cuando prevalece la concurrencia legislativa, la separación de poderes y la autonomía del poder judicial.[26]

Pero si la clase dominante también vacía su régimen político preferido es porque este modelo no se amolda con tanta facilidad a la concentración monopólica y al manejo burocrático del poder. El doble movimiento que rige el curso de la democracia burguesa —hacia su extensión formal y anulación sustancial— ilustra cómo coexisten la adaptabilidad y la tensión de este régimen con el capitalismo. Quienes subra-

---

25 Una síntesis de este enfoque defiende Moore, Stanley. *Crítica a la democracia capitalista*. Madrid, Siglo XXI, 1974. (Cap. 1 y 3).

26 Petras remarca esta funcionalidad. Petras, James. "Democracia y capitalismo". *Herramienta* n° 11, primavera- verano 1999-2000. "Capitalismo y democracia: conflicto, compatibilidad e instrumentación". *Herramienta* suplemento, septiembre 1999.

yan exclusivamente el componente funcional subdimensionan las contradicciones que oponen al capitalismo con la democracia. Se olvidan que la competencia por el beneficio y la explotación socavan los pilares de un sistema político que pregona la igualdad de todos los ciudadanos.

Esta omisión es complementada por el desconocimiento de las conquistas populares obtenidas dentro del sistema representativo. Es cierto que al consolidar la democracia burguesa estos logros también pueden obstruir la batalla por una transformación socialista. Pero incluso este obstáculo no reduce la importancia de esas conquistas. No solo el sufragio universal, sino todos los derechos obtenidos a partir de la derrota del nazismo, las dictaduras latinoamericanas o el *apartheid* sudafricano constituyen avances históricos de la lucha popular. La existencia de un debate en torno a la ciudadanía social también ilustra este progreso.

Quienes desconocen estos resultados de la movilización popular tienden a observar la gestión capitalista del sistema político como una sucesión de conspiraciones maquiavélicas. Olvidan que esta administración habitualmente se desarrolla bajo la amenaza de huelgas, protestas o sublevaciones.

Otros autores[27] rechazan asignarle a la democracia un valor universal, afirmando que un régimen político no puede ser identificado con ciertas aspiraciones del género humano (progreso, justicia, solidaridad). Esta objeción cuestiona acertadamente la indiferenciada utilización del término democracia para distintos propósitos. Pero no toma en cuenta que el componente valorativo de esta noción se encuentra relativamente incorporado a la tradición revolucionaria.

Esta asimilación se verifica en la utilización corriente del concepto democracia. Mientras que socialismo y capitalismo son denominaciones que no contienen fórmulas comunes, el sistema político de ambos sistemas (democracia burguesa y democracia socialista) incluye una noción compartida. Por eso ha sido tan frecuente la asimilación del proyecto marxista con la realización plena de la democracia.[28] Hasta mitad del siglo XIX ese término era reivindicado por las clases populares y despreciado por las clases dominantes.

Es por eso más adecuado remarcar la compatibilidad que la oposición entre la democracia y el socialismo. Y también es válido asociar a la democracia consecuente con el logro de ciertas metas de la civiliza-

27 Altamira, Jorge. "Marx, Engels y la democracia de fin de siglo". *En defensa del marxismo*, n° 10, diciembre 1995.
28 En Marx se verifica en distintas circunstancias un uso elogioso o despectivo del término democracia. Townshend destaca la primera aplicación y Coggiola la segunda. Townshend, Jules. "Lenin's The state and revolution" *Science and Society* n° 63, n° 1, primavera de 1999. Coggiola, Osvaldo. "150 años del *Manifiesto Comunista*".

ción humana, cuyo grado de realización podría verificarse en el terreno de la tolerancia, la solidaridad o la equidad.

Ciertos errores del dogmatismo derivan de la errónea identificación del florecimiento de la democracia burguesa con el capitalismo de libre cambio y del agotamiento de este régimen político con la decadencia imperialista. Esta tesis se originó durante la crisis de entreguerra, cuando era frecuente contrastar las tragedias dictatoriales del período con el viejo apogeo del parlamentarismo. Pero esta imagen perdió actualidad durante la posterior expansión (y simultáneo vaciamiento) del régimen constitucional.

La antinomia auge–decadencia constituye una proyección al plano político de la tesis económica catastrofista, que suplanta el análisis de las contradicciones del capitalismo contemporáneo por declamaciones de colapso. Este enfoque combina una visión simplificada de la economía contemporánea con cierta idealización del funcionamiento de este sistema durante el siglo XIX.

El capitalismo no se congeló en 1914 o en 1938. Es un sistema que está sujeto a transformaciones competitivas constantes, que repercuten directamente en la esfera política. Resulta indispensable comprender las contradicciones de este sistema para imaginar cómo pueden proyectarse al socialismo las conquistas democráticas obtenidas en las últimas décadas.

UN MODELO PARA EL PORVENIR

Los fracasos del sistema representativo burgués no se corrigen con más democracia, sino con otra democracia. Por eso el proyecto socialista no apunta a profundizar el sistema actual sino a crear otro régimen político.

La batalla por la democracia socialista retoma la tradición de los revolucionarios, que desde el siglo XVIII postularon distintas formas de república social. Del planteo de igualdad ante la ley se pasó al reclamo de sufragio universal y de la demanda de plenos derechos políticos se llegó al proyecto de ciudadanía social. Esta herencia –que se remonta a los niveladores ingleses, Robespierre, Babeuf y los cartistas– siempre giró en torno a la exigencia de soberanía popular.

La lucha por la democracia hasta el final implica que el ciudadano pueda decidir en los terrenos proscriptos por el régimen representativo actual. Este salto de la democracia política hacia la democracia económica constituye un eje del programa socialista y requiere avanzar hacia la apropiación colectiva de los medios de producción.

Para convertir las atribuciones formales del ciudadano en derechos reales hay que lograr formas de representación genuinamente democráticas (proporcionalidad de los elegidos, anulación del senado, revocación de mandatos, formas de iniciativa popular), en un marco de transformaciones anticapitalistas tendientes a alcanzar la igualdad social. Este proyecto constituye un peldaño del objetivo estratégico de construir una sociedad comunista. Para disolver las instituciones que sostienen el divorcio entre la sociedad y el Estado hay que erigir paulatinamente formas de autogobierno popular.

La democracia socialista brindaría los mecanismos para este salto hacia una sociedad desembarazada de la opresión clasista y la coerción mercantil. Por intermedio de la ciudadanía plena se establecerían los ritmos y las modalidades de una sociabilidad futura. La desburocratización radical de la sociedad y la construcción de una democracia sin dominación constituyen dos condiciones irremplazables para avanzar hacia esa emancipación.[29]

La democracia socialista generaría el marco de instituciones para desenvolver sucesivas transiciones hacia el comunismo. Si se recuerda que las formas políticas del capitalismo se corporizaron varios siglos después del debut de este modo de producción, cabe suponer que una transformación socialista tampoco alumbraría de inmediato los organismos óptimos de la nueva sociedad. La función de la democracia socialista sería crear el ámbito para descubrir, inventar y experimentar esas modalidades.[30]

Este proyecto debe concebirse desde su inicio como un programa internacional. A diferencia de los modelos políticos capitalistas surgidos para actuar a escala nacional, el socialismo es un objetivo solo realizable a nivel mundial. Por esta razón supone un tipo de instituciones que tenderían a desenvolverse a escala planetaria.

La figura de una república mundial de los soviets que se utilizó en el pasado para imaginar este sistema sólo brinda una imagen vaga de esa alternativa.[31] Como está referida a un lejano porvenir comunista, no aporta indicios de los caminos, ni de los puentes para alcanzar ese objetivo. Oponer la república mundial de los soviets al capitalismo globa-

---

29 Un análisis de estos cambios desarrollan Sabado y Artous. Sabado, François. "Révolution et démocratie". *Marxisme et démocratie*. París, Sylepse, 2003. Artous, Antoine. "La démocratie au coeur du projet de transformation sociale". *Critique Communiste* 162, primavera 2001.

30 Buscar formas políticas de anticipar la democracia socialistas es una manera de gestar el futuro emancipatorio. Pero si estos ensayos quedan divorciados de la lucha social, terminan introduciendo más obstáculos que aportes al proyecto liberador. Este tipo de dificultades enfrentan las experiencias del Presupuesto Participativo en Brasil y otros ensayos de democratización municipal en América Latina.

31 Negri mantiene esta propuesta pero desde una perspectiva totalmente diferente al marxismo clásico. Negri, Toni. "La república constituyente". *Cuadernos del sur* n° 27. Buenos Aires, octubre 1998.

lizado constituye más una proclama que una argumentación, puesto que no aporta pistas del carácter concreto que asumiría ese sistema. Proyectando en cambio al plano internacional los contrastes que separan a la democracia burguesa de la socialista se puede lograr una visión más precisa de la alternativa anticapitalista.

El punto de partida de esta prefiguración es observar la erosión que está provocando el avance de la mundialización sobre los regímenes políticos de distintos países. A medida que las grandes decisiones económicas, políticas y militares se transfieren a los organismos mundiales (FMI, ONU, OTAN) decae la legitimidad de los sistemas constitucionales vigentes y se deterioran la autoridad de los organismos tradicionales de esas naciones (legislaturas, cortes, presidencias).[32]

Pero esta desestabilización no elimina los mecanismos políticos nacionales, ni erige espontáneamente nuevas instituciones mundiales. Los niveles de soberanía se redistribuyen junto a la remodelación de los Estados, a través de un convulsivo proceso que está primordialmente condicionado por la dominación imperialista. En oposición a estos mecanismos despóticos que rigen al orden mundial, la democracia socialista comenzaría a instituir formas de equidad en las relaciones entre los países.

En el ámbito internacional no rige ni siquiera formalmente el principio de un hombre un voto (una nación un voto). Las desigualdades que separan a los países ricos de los pobres no están encubiertas por ninguna pantalla de la igualdad formal. Esta supremacía del más fuerte se justifica postulando que la coerción militar permite contrarrestar –a través de la intimidación– la pulsión natural de las naciones a embarcarse en una guerra de todos contra todos.[33]

En todos los organismos internacionales la democracia es un concepto actualmente hueco. La OMC y el FMI son plutocracias regidas por votos dependientes del aporte financiero de cada país y las decisiones de la ONU están sujetas al derecho de veto que detenta la elite dominante del Consejo de Seguridad.

Algunos autores igualmente observan que este cuadro totalitario no impide el surgimiento de ciertos derechos cosmopolitas constituyentes

---

32 Un análisis de estas transformaciones exponen Bensaïd, Daniel. "Les discordance des temps". *Les éditions de la Passion*. París, 1995. (Cap. 5). Beniés, Nicolas. "Sur la crisis de l'état–providence". *Critique Communiste*, n° 149, verano 1997.

33 La teoría realista de las relaciones internacionales postula que esta primacía de la fuerza genera obligaciones recíprocas entre los Estados, que aseguran la existencia de un "concierto entre las naciones" regulado por cambiantes equilibrios de poder.

de una ciudadanía global.[34] Reconocen que el avance de la mundialización deteriora la soberanía y la autonomía nacionales y aceptan que el
derecho a gobernar un territorio delimitado se encuentra tan restringido como la capacidad real para ejercer ese dominio. Pero también señalan que esta declinación impulsa la mundialización de la vida política.
Destacan que la internacionalización económica alienta la globaliza-
ción de la política, al mismo tiempo que genera soberanías divididas y
las autoridades superpuestas. Por eso proponen avanzar hacia la democratización del mundo con reformas de la carta de la ONU, que otorguen
plenas atribuciones a la asamblea general frente a la actual primacía del
Consejo de Seguridad.

Pero esta visión omite que las estructuras antidemocráticas del orden
mundial se asientan en la polarización imperialista y no pueden revertirse con anhelos jurídicos. Mientras se mantenga invariable el dominio
económico de las corporaciones y de los bancos, no podrán instrumentarse grandes progresos en la introducción de la democracia a escala
mundial. A este nivel es doblemente válido remarcar que el socialismo es
la condición para avanzar hacia una ciudadanía cosmopolita.

DEMOCRACIA DIRECTA E INDIRECTA

La democracia socialista debería conjugar la representación social
de los movimientos que batallan contra el capitalismo con la presencia
de las organizaciones políticas que promueven los programas emancipa-
torios. Esta síntesis permitiría integrar a los protagonistas de la transformación social en su doble rol de productores y ciudadanos, facilitando
el autogobierno de los trabajadores y el ejercicio pleno de los derechos
políticos. Este ensamble de ciudadanía social y emancipación política
permitiría, además, superar la abstracción burguesa del concepto de
ciudadanía sin anular el legado progresivo del sistema representativo.

La democracia socialista no emergería de la extinción repentina de
todas las instituciones precedentes, sino de la gestación de organismos
adaptados al largo proceso de construir una sociedad igualitaria. Este
camino exigiría procesar intereses diferenciados y armonizar conflictos, en los ámbitos que surjan de una triple acción destructiva, renova-
dora y creadora. Algunos organismos emergerían de la eliminación
completa de sus antecesores, otros derivarían de una transformación
del sistema precedente y un tercer tipo adoptaría la forma de instituciones completamente novedosas.[35]

---

34 Held, David. *La democracia y el orden global*. Barcelona, Paidos, 1995.
(Cap. 12).
35 Samary plantea esta conjunción. Samary, Catherine. "De la citoyenneté à
l'autogestion". *Marxisme et démocratie*. París, Sylepse, 2003.

Claudio Katz

Teniendo en cuenta que el capitalismo no se atuvo a un sólo régimen político, es probable que el socialismo se desenvuelva experimentando varios modelos hasta encontrar la forma de gobierno más adecuada. Seguramente recogerá la herencia del ciudadano activo de la polis griega, las formas avanzadas de sufragio del sistema representativo y los mecanismos desarrollados por los consejos obreros durante las grandes gestas revolucionarias.

Del antecedente griego (y también de las ciudades medievales y las pequeñas comunidades de agricultores) asimilaría el nivel de participación ciudadana y el empalme de derechos políticos y sociales. De la forma representativa retomaría la delegación que requiere el funcionamiento de cualquier sociedad compleja y territorialmente extendida. Del consejismo absorbería la dinámica de organismos creados para implementar una transformación social, frente a la resistencia de las clases dominantes.

¿Cómo articular concretamente la democracia directa e indirecta en una transición socialista? La principal dificultad estriba en armonizar la alta participación ciudadana con el funcionamiento eficiente del sistema político. El derecho de revocabilidad, por ejemplo, debería mixturarse con ciertas garantías de continuidad en el ejercicio de las funciones electivas. Las grandes decisiones tendrían que legitimarse a través del sufragio universal y la actividad cotidiana debería quedar sujeta a un riguroso control popular.

El funcionamiento de la democracia en gran escala implica cierto nivel de profesionalización, que no es contraproducente si está sujeto a la vigilancia de la mayoría. La representación puramente delegativa a través de portavoces paraliza el funcionamiento de un sistema político, si no coexiste con el otorgamiento de ciertas atribuciones a los representantes. El modelo político futuro debería recoger tanto la tradición del socialismo por abajo, como la herencia plasmada en mecanismos más avanzados de igualdad ciudadana.[36]

El modelo de negociación coordinada que propone Devine[37] ofrece un ejemplo de articulación posible entre la democracia directa e indirecta. En este esquema, las decisiones que guían al plan económico surgen del sufragio universal, las controversias entre los productores y (o)

---

36 Draper presenta un balance del choque entre el socialismo por arriba y por abajo, destacando el papel de la autoorganización obrera inicialmente opuesta al filantropismo reformista y posteriormente enfrentada con el autoritarismo stalinista. Draper, Hal. "Six variantes du socialisme a partir d'en haut." *Al´Encontre* n° 10. Lausana, Suiza, 2002.
37 Devine, Pat. "Market socialism or participatory planning". *Review of Radical Political Economics*, vol. 24, n° 3-4, 1992. Devine, Pat, Adaman, Fiker. "Reponse to Hodgson". *Economy and society*, vol. 30, n° 2, mayo de 2001.

los consumidores se zanjan por el camino de la representación y los trabajadores participan de la gestión directa de cada empresa.

Este esquema no obstaculizaría el desenvolvimiento de la economía, ni reduciría la autonomía que requieren los directores para adoptar decisiones. El modelo no implica autorizar la opinión de todos sobre todo, ni propicia reuniones permanentes para consultar cada aspecto de la planificación socialista. Lo que se plantea es un mecanismo para resolver en forma mayoritaria las grandes opciones económicas, negociando las divergencias y estimulando la participación popular.

La combinación de participación, representación y control directo se adaptaría a la mixtura de plan y mercado prevaleciente en cada etapa de la transición socialista. El objetivo sería lograr que la democracia en el lugar de trabajo converja con modalidades delegativas, que expresen la opinión de los consumidores y de los usuarios sobre la marcha del plan.

Algunas propuestas concretas de democracia socialista conciben un modelo de asambleas locales, regionales y nacionales basadas en el sufragio universal, que deberían incorporar también la representación específica de los asalariados. Este proyecto propugna la constitución de una legislatura compuesta por dos cámaras, para que el componente político ciudadano coexista con esa expresión social específica de los asalariados. Regiría así un filtro garante de los objetivos de los trabajadores, en un marco de derechos igualitarios para toda la población.[38]

Algunos críticos de esta propuesta destacan que la segunda cámara de los asalariados estaría afectada por la burocratización de esas organizaciones intermedias (sindicatos, asociaciones) y no expresaría las demandas espontáneas de la movilización social. Señalan que intentar superar este escollo mediante la institucionalización de la autoorganización obrera serían aún más contraproducente.[39]

Pero lo que está en juego en el proyecto de una segunda cámara no es la creación de estructuras para organismos provisorios, comparables por ejemplo a un comité de huelga. Se trata de forjar un sistema político que facilite la transición al socialismo y que permita al sujeto

38 Artous explicita los rasgos de este modelo y propone dirimir las eventuales diferencias entre ambas representaciones a través de referendums. Artous, Antoine. "La révolution, c´est la démocratie jusqu'au bout". *Critique Communiste* nº 169-170, 2003. Bensaid y Samary analizan otros aspectos de la propuesta. *Le sourire du spectre.* París, Ed. Michalon, 2000. (Cap. IV-2). Samary, Catherine. "De l´emancipation de chacun a l´intérêt de tous et réciproquement". *Contretemps*, nº 5, septiembre de 2002.

39 Salesse afirma que cualquier institucionalización desvirtúa el sentido de la autoorganización cuando decae la movilización. Salesse, Yves. *Reformes et révolutions: propositions pour une gauche de la gauche.* Ed Agone, 2001. (Cap. 2).

social protagónico de este cambio –la clase trabajadora– liderar esa transformación. Este es el sentido de una iniciativa tendiente a ilustrar la forma eventual de la democracia socialista.

MODELO PIRAMIDAL Y PARTIDO ÚNICO

El sistema piramidal de partido único constituyó el modelo característico del ex bloque de países socialistas. Durante décadas, este tipo de organización fue presentada como la forma específica de representación política comunista. Actualmente nadie cuestiona su carácter totalitario, impopular y burocrático.

Pero es también corriente asociar estos regímenes con el leninismo, olvidando que fueron dictaduras hostiles al objetivo inicial de instaurar una democracia socialista. Al identificar a Lenin con Stalin se coloca un signo de igualdad entre un proyecto liberador y una autocracia sanguinaria.[40]

Si se estudian las condiciones en que se desenvolvió la revolución rusa y los propósitos de sus dirigentes, salta a la vista que la teoría y práctica de Lenin era totalmente opuesta a la tiranía posterior. Se caracterizaba más bien por un exceso de confianza en la posibilidad de consumar un acelerado proceso de tránsito hacia el comunismo. Por eso –más allá de las medidas de excepción dictadas durante la guerra civil– Lenin promovía formas de democracia directa, afines a la hipótesis de este rápido pasaje hacia la disolución de las formas estatales.

La barbarie dictatorial de los años treinta aplastó a la generación de revolucionarios que promovía este proyecto emancipador y estabilizó en su reemplazo un sistema autocrático. Cuando los asesinatos masivos y el Gulag concluyeron esta labor destructiva emergió un régimen burocrático que perduró durante décadas, en un marco de pasividad, indiferencia y resignación de la población. El partido único expresaba a los distintos grupos de la *nomenklatura* central y a las variadas fracciones de las burocracias regionales. Estos sectores se disputaban el poder dentro del aparato estatal, excluyendo por completo los mecanismos básicos de la democracia (derecho de reunión, opinión u organización autónoma). Desde los años sesenta este régimen ya no constituía una autocracia personalista, sino un sistema que aglutinaba los heterogéneos núcleos de la capa dirigente. La finalidad del sistema era asegurar la vigencia de los compromisos entre estas diversas franjas.

Es evidente que ese régimen no guardaba el menor parentesco con la democracia socialista. El modelo piramidal proscribía, excluía o di-

---

40 Glaser ofrece un ejemplo de esta falsa identificación. Glaser, Dary. "Marxism and democracy". *Socialism and democracy*, vol. 12, n° 1-2, 1998.

rectamente aplastaba la participación popular, anulando así los pilares de un proyecto poscapitalista. Si la economía de la URSS estaba signada por la penuria, el derroche y la improductividad, la vida política del país se caracterizaba por la apatía y el sometimiento al paternalismo totalitario.[41]

Estos rasgos perduran hasta la actualidad, a pesar de la introducción del sistema representativo que acompañó la restauración capitalista. El manejo del Estado desde arriba por parte de reducidos segmentos de funcionarios y el dominio regional de las nuevas capas empresariales ilustran esta continuidad. La democracia burguesa en Rusia enmascara esta preservación de la autocracia en todos los órdenes de la vida política.

En Europa Oriental, el sistema piramidal fue implementado desde el exterior (con excepción de Yugoslavia) y su impopularidad fue mayor que en la URSS. Surgió al fin de la Segunda Guerra Mundial, junto a la redistribución de territorios que negociaron las potencias triunfantes. El régimen jamás contó con el aval de la población y favorecía a las elites locales asociadas con el hermano mayor de la URSS. Se mantuvo por medio de la represión larvada, la intimidación o la presencia directa de los tanques soviéticos.

El término democracia popular que utilizaban los ideólogos de estos regímenes para autodefinir los sistemas, contradecía la total ausencia de soberanía popular. Regía el monolitismo de los partidos comunistas y la intervención ciudadana en los asuntos públicos era nula, tanto en los países que optaron por la planificación centralizada y compulsiva (RDA, Checoslovaquia, Rumania) como en las naciones que ensayaron la apertura hacia el mercado (Yugoslavia, Hungría).

Esta preeminencia del mismo régimen antidemocrático para la gestión de cursos económicos diferentes demuestra cuán falsa es la identificación corriente entre comunismo y plan o entre democracia y mercado. El uso habitual de estos conceptos es tan poco riguroso como la vieja identificación entre las democracias populares y el socialismo. Los regímenes del Este desprestigiaron el proyecto comunista y provocaron un daño de largo plazo sobre la conciencia emancipatoria de la población.

La democracia socialista es frontalmente antagónica con el modelo piramidal y prefigurar sus rasgos es más importante que dilucidar la eventual combinación entre plan y mercado que prevalecería durante la transición. La razón de esta primacía es evidente: cualquier desacierto del programa económico puede corregirse en un marco de libertad y tolerancia políticas. Por el contrario, un logro en el primer plano alcanzado con mecanismos autoritarios indefectiblemente obstruye el avance hacia el socialismo.

41 Una descripción detallada presenta Moshé, Lewin, *op. cit.* (Parte 2 cap. 1 y 2 y parte 3, cap. 4 y 6).

También el régimen chino atravesó distintas etapas, bajo la matriz de una misma estructura de partido único. Este régimen inicialmente sostuvo el experimento de la autarquía y la planificación compulsiva, posteriormente apuntaló las reformas mercantiles y finalmente ha facilitado el pasaje hacia el capitalismo.[42] La implementación de orientaciones tan diferentes bajo un invariable sistema piramidal confirma que este modelo no es patrimonio excluyente de cierta forma de gestión económica. Más aún, formaciones económico-sociales capitalistas y no capitalistas pueden ser administradas por una misma estructura autodenominada comunista.

El caso de China incluso indica que la restauración más favorable para la naciente burguesía se concreta bajo la hegemonía de una organización de ese tipo y no en la situación de colapso que prevaleció en la URSS. La condición para que este pasaje sea exitoso es el mantenimiento de un régimen antidemocrático que impida la intervención autónoma de los trabajadores en la vida política y sindical del país. Las libertades individuales que promueve la democracia socialista apuntan hacia el objetivo exactamente inverso de eliminar el capitalismo y crear los cimientos de una sociedad igualitaria.

LAS RAZONES DEL MULTIPARTIDISMO

En el caso de Cuba, el debate sobre el régimen político tiene un significado completamente distinto. Aquí el sistema de partido único no emergió de una contrarrevolución (como en la URSS), de la implantación de un modelo desde el exterior (como en Europa Oriental), ni tampoco es el canal de la restauración (como en China). Reconocer estas diferencias es vital para comprender la variedad de fenómenos que subyacen bajo la apariencia de procesos semejantes.

En Cuba la estructura política oficial mantuvo en pie un régimen revolucionario no capitalista a 90 millas de Miami. Este sistema incentivó –en lugar de disuadir– la movilización popular y por eso el dispositivo piramidal siempre estuvo rodeado de formas de intervención masiva y de ciertas modalidades de democracia directa. Los organismos del poder popular y las asambleas municipales o regionales registran una escala de participación ciudadana superior a la media predominante en cualquier democracia burguesa y su grado de legitimidad siempre fue muy elevado.[43]

Sin embargo, ninguno de estos logros convierte al modelo cubano en un ejemplo deseable de democracia socialista, porque ese sistema

42 Lew, Roland. *La Chine Populaire*. París, PUF, 1999.
43 Spalding, Hobart. "People's power in Cuba". *Monthly Review* vol. 54, n° 9, febrero de 2003.

desautoriza a partidos, fracciones o corrientes de opinión diversas dentro del campo revolucionario. Este rechazo se fundamenta a veces en la reivindicación de la democracia consejista como una modalidad política superior al régimen parlamentario.

Pero el propio régimen cubano incluye el sufragio universal, el voto secreto y la elección de legisladores, confirmando que ciertos mecanismos del primer sistema no son incompatibles con el segundo. Lo que no existe en Cuba es la diversidad de organizaciones que brindarían contenido real a la representación parlamentaria.

Otras justificaciones del modelo actual destacan la especificidad de la historia cubana y la existencia de una tradición de organización antiimperialista unitaria desde la época de Martí. De este antecedente se deduce la vigencia de un camino original y no imitable por otros procesos revolucionarios. Pero si se generaliza este criterio, la democracia socialista pierde sentido como proyecto globalmente alternativo al capitalismo.

Es cierto que cada curso emancipatorio es singular y que la importación de esquemas exteriores ha sido una práctica nefasta durante el siglo XX. Pero deducir de estos fracasos la inexistencia de pautas generales para un proyecto de democracia socialista constituye una regresión hacia el puro pragmatismo. Que todos los procesos revolucionarios sean originales no implica que el sistema político del socialismo pueda adoptar cualquier forma.[44]

Finalmente, otros analistas argumentan que para los países pobres la prioridad no es la democracia política representativa, sino la democracia social. Pero contraponer ambos objetivos es muy peligroso, porque los avances en el nivel de vida popular no son perdurables, cuando se obtienen desde arriba y al margen de la acción autónoma del pueblo. Lo ocurrido en los ex países socialistas demuestra cuán nefastos son los resultados de cualquier transformación socio económica percibida por la población como una ofrenda ajena a su propia actividad. La experiencia de estos regímenes confirmó que el desarrollo económico no es una etapa previa a la libertad política, porque nada garantiza la fidelidad al socialismo de los iluminados que conducen la primera fase. Sólo la mayoría tiene el derecho a establecer los límites, los ritmos y las características de un cambio revolucionario.

Estos problemas son discutidos y parcialmente reconocidos en Cuba, pero no encarados ni resueltos por las organizaciones populares. Más bien predominan los giros políticos, las decisiones inconsultas y la indefinición. Estas mutaciones se han repetido una y otra vez en las últimas décadas. Durante los años sesenta se evitaba cualquier tipo de

44 Tal como ocurre en la filosofía de la ciencia, validar todas las alternativas conduce al relativismo extremo. Al desechar la búsqueda de la verdad cualquier debate se torna inútil.

A hint at the reality in Cuba!!

institucionalización política, en los años setenta se instauró un mecanismo de asambleas populares y en los noventa se generalizó la descentralización. Pero nunca varió la concentración del poder en torno al partido único y tampoco se ablandó el estricto control oficial sobre los medios de comunicación.[45]

Las alternativas socialistas son posibles dentro del propio proceso revolucionario. Para superar los obstáculos que enfrenta Cuba no hay que rendirse frente el imperialismo, ni encubrir la restauración capitalista con la fachada del constitucionalismo burgués. Se puede abrir el juego político hacia el mutipartidismo sin aceptar la legalización de las organizaciones que conspiran con el financiamiento de la CIA. Un proceso paulatino, regulado y supervisado de apertura evitaría que la profundización de la revolución desemboque en su antítesis. Las propuestas de avanzar paso a paso, con formas de democratización inicial dentro del partido y la prensa que han sugerido algunos autores, constituye la mejor vía para renovar el proyecto socialista.[46]

La democracia socialista debe incluir dos componentes desconocidos por el sistema piramidal: variedad de partidos consustanciados con la transformación social y garantías (tanto individuales como colectivas) para el ejercicio genuino de la representación. Ambos aspectos fueron aceptados en su madurez por algunos líderes de la revolución rusa. Por ejemplo, Trotsky explicó que en los soviets debía regir el derecho de distintos sectores obreros a constituir agrupamientos políticos diferenciados y a expresar libremente sus puntos de vista.[47]

El fundamento teórico de este multipartidismo es la existencia de heterogeneidad y contradicciones interiores entre los sectores sociales que participan de la transformación revolucionaria. La experiencia histórica demuestra que los intereses específicos de una misma clase nunca se han canalizado a través de un solo partido. Esta falta de uniformidad se ha potenciado en el capitalismo contemporáneo, ya que las diversas franjas de oprimidos se han diversificado y segmentado en todas las esferas (ingresos, cultura, especialización, profesiones).

45 Sobrino, Francisco. "Socialism, democracy and Cuba". *Against the Current*, n° 94, septiembre-octubre de 2001.
46 Estas propuestas presenta Bernabé, Rafael. "Notas sobre Cuba y la democracia socialista". *Convergencia Socialista*, n° 17, mayo-junio de 2003, México.
47 Esta tesis implicó un cambio de opinión que es analizado por Mandel, Ernest. *El pensamiento de León Trotsky*. Barcelona, Fontamara, 1980. Trotsky, León. *La revolución traicionada, op.cit.* (Cap. 10). Este giro es remarcado por Deustcher. También destaca que Trotsky redujo sus expectativas en la vitalidad de la democracia directa como forma de control cotidiano de la administración pública. Deutscher, Isaac. *Trotsky. El profeta desterrado, op.cit.* (Cap. 1).

La importancia de la representación indirecta para la democracia socialista obedece a un segundo motivo: los flujos y reflujos en el nivel de actividad popular. La existencia de etapas de movilización y participación muy cambiantes de la población limita la viabilidad de la democracia directa e indica la conveniencia de complementar estos mecanismos con formas delegativas.[48] Está demostrado que las organizaciones más aptas para la autoactividad de los trabajadores y para la captura del poder (soviets, consejos, asambleas populares) tienden a decaer en los períodos de repliegue. En estas fases se verifica la importancia de instituciones amplias, pero menos activas (como los sindicatos) y organismos minoritarios pero más consistentes (como los partidos). Esta variedad de estructuras se adapta a la fluctuante evolución de la conciencia de los trabajadores y explica por qué resulta necesaria la democracia delegativa.

La pendularidad de la participación popular es consecuencia no sólo de las dificultades de la vida cotidiana, sino también de la distensión objetiva que sucede a los grandes acontecimientos revolucionarios. Por eso la representación indirecta constituye una forma de complementar los picos de intervención popular con mecanismos que contrapesen la burocratización que acompaña a las fases de inactividad de las masas. Este problema puede ser encarado con el auxilio de ciertos instrumentos que se han desarrollado bajo la democracia burguesa. Este sistema incluye elementos universales que sobrevivirían a las condiciones históricas de su nacimiento y que podrían ser incorporados a la democracia socialista.[49]

CONSEJISMO Y DICTADURA DEL PROLETARIADO

El sistema piramidal del socialismo real deformó por completo el modelo consejista que formalmente reivindicaba. Pero esta distorsión no invalida al proyecto original. Como este esquema aún no atravesó por la prueba de la práctica, su conveniencia debería evaluarse en tanto propuesta deseable y posible. No hay que olvidar que el mérito de los teóricos de la democracia representativa en el siglo XVIII fue imaginar un sistema mucho antes de su instrumentación. Este mismo tipo de anticipación podría ser actualmente válida para el análisis del consejismo.

Esta modalidad fue inicialmente concebida como la forma política que debía asumir la dictadura del proletariado durante la transición al

---

48 Este problema fue analizado por Mandel, Ernest. *Trotsky como alternativa.* San Pablo, Xamá, 1995. (Cap. 5).

49 Texier describe este proceso y retoma la denominación de objetivación genérica para conceptuarlo. Texier. Jacques. "Formes de l´état moderne". *Critique Communiste* n° 161, invierno de 2000–2001.

socialismo. Los argumentos a su favor pueden resumirse en ocho afirmaciones. Primera: bajo todo sistema político subyace una dictadura de la clase que controla el poder y por eso corresponde explicitar que la actual tiranía de la burguesía será sustituida por la dominación de los trabajadores. Segunda: la dictadura del proletariado es un mecanismo indispensable para derrotar a las viejas clases dominantes que conspiran contra el socialismo. Tercera: si la democracia representativa es el sistema político más afín al capitalismo, el régimen de los consejos es el esquema propio del debut socialista. Cuarta: esta estructura se implantó en el pasado bajo el comando de un partido único, pero podría desenvolverse con formas multipartidarias. Quinta: la denominación popular y actualizada de la dictadura del proletariado es el gobierno obrero o de los trabajadores y el pueblo. Sexta: este sistema debería funcionar por medio de la democracia directa en base a soviets, consejos o asambleas, que aglutinen a la clase obrera y a sus aliados sociales (campesinos, pequeña burguesía urbana). Séptima: todas las medidas coercitivas adoptadas por los bolcheviques antes del triunfo stalinista fueron justificables frente a la amenaza de la contrarrevolución. Octava: estas tesis enunciadas por los líderes de la revolución de octubre son congruentes con el pensamiento político de Marx.[50]

El modelo consejista parte de subrayar que en toda sociedad clasista el régimen político encubre la dominación de los opresores. Aunque esta afirmación no contempla el controvertido problema de los regímenes históricamente duales (durante el pasaje del feudalismo al capitalismo, ¿la monarquía absoluta representó al primero o al segundo?), destaca correctamente que bajo el capitalismo los mecanismos de gobiernos se encuentran al servicio de las clases privilegiadas. Remarcar la preeminencia de estas formas de supremacía burguesa es vital frente a la habitual presentación del sistema representativo como una estructura que favorece por igual a todos los integrantes de la comunidad.

Pero este señalamiento tiene un significado genérico, puesto que sólo indica el fundamento de clase de todo régimen político. Puntualizar

---

50 Además de los textos clásicos de Lenin y Trotsky, estas ideas aparecen resumidas en Moore, Stanley. *Crítica a la democracia capitalista.* Madrid, Siglo XXI, 1974. (Cap. 1). Una defensa reciente ha sido planteada desde las páginas de *Prensa Obrera* de la Argentina impugnando las posiciones de la LCR francesa. *Prensa Obrera* 829–835 (12-03 a 2-04) y especialmente los textos de Rieznik, Pablo. "Kagarlisky, Allende, Lenin". *Prensa Obrera* nº 833, 15-01-04. Rieznik, Pablo. "La dictadura del proletariado y la prehistoria bárbara". *Prensa Obrera*, nº 830, 12-04. Antón, Luis. "LCR: a confesión de partes". *Prensa Obrera* 828, 12-03. Oviedo, Luis. "La LCR repudia la dictadura del proletariado". *Prensa Obrera* nº 826, 11-03. Aragó, Martín. "Un vergonzoso traspié de P. Rieznik". *Prensa Obrera* nº 831, 12-03. Gaido, Daniel. "De renegados y secretariados unificados". *Prensa Obrera* nº 829, 12-03.

esta hegemonía no alcanza para esclarecer las numerosas variedades que asume el ejercicio de esta dominación y, por la misma razón, postular que la transición al socialismo requerirá una dictadura de los oprimidos tampoco ilustra la modalidad política específica de ese pasaje.

Si la burguesía históricamente mantuvo su primacía social gobernando por medio de autocracias, democracias, tiranías, monarquías, bonapartismos o parlamentarismos, también el socialismo podría contener cierta diversidad de regímenes, bajo el mismo dominio de los oprimidos sobre las viejas clases opresoras. La dictadura del proletariado constituye una noción referida a este antagonismo clasista y no precisa cuál es el mecanismo óptimo para edificar el socialismo. Esta es la acepción primordial del concepto que postuló Marx.[51]

La hegemonía política de la mayoría sobre la minoría está contemplada tanto en el proyecto de la democracia socialista multipartidaria como en la propuesta del consejismo monopartidario. Sólo la reflexión teórica y el balance de la experiencia histórica pueden esclarecer cuál de estas formas es más adecuada para un proceso poscapitalista.

El régimen específicamente imaginado por Marx se nutrió de la experiencia de la Comuna. Por eso reivindicaba las medidas de autogobierno adoptadas por los sublevados de París (armamento popular, anulación de la división de poderes, revocabilidad de funcionarios, equivalencia de remuneraciones, sustitución de los ministerios por comisiones electivas) y concibió un modelo de organización gubernamental basado en estas iniciativas. También Lenin se inspiró en el primer gobierno obrero de la historia para postular una forma de democracia popular directa basada en el poder de los soviets.

Pero en otras ocasiones, Marx y Engels ponderaron también los mecanismos de representación del sistema republicano. Esta defensa se enlazaba con la crítica del utopismo socialista y del comunalismo prohudoniano. Por eso varios autores interpretan que en los fundadores del marxismo existe una oscilación entre el cuestionamiento del sistema representativo (en oposición al liberalismo burgués) y su reivindicación (frente a las tesis anarquistas).[52]

Hay que tomar en cuenta, además, que la propia Comuna no se redujo a ensayos de democracia directa, sino que contemplaba también la utilización del sufragio universal. La Comuna recogía la tradición de organización popular descentralizada que sucedió a la revolución francesa y se ensayó en un territorio homogéneo (talleres y barrios de París), durante un período histórico previo al desarrollo de la industria

---

51 Venturini subraya este sentido del concepto. Venturini, Juan Carlos. "Lucien Seve: camino al capitalismo". *Alfagura* n° 18, septiembre 1997.

52 Véase Townshend, Jules. "Lenin's The state and revolution". *Science and Society* n° 63, n° 1, primavera de 1999. Texier, Jacques. "L'état moderne comme forme de la communauté". *Contretemps*, n° 3, febrero 2002.

Claudio Katz

moderna. En este escenario, el ejercicio de la democracia directa resultaba más factible que en la sociedad surgida del fin del artesanado, la manufactura y la primitiva gran industria.[53]

Estas mismas limitaciones aparecieron en el régimen soviético, que en los hechos no operó como una democracia directa sino con formas delegativas. Como la vigencia efectiva de este régimen antes de su burocratización fue muy corta (1918-1924) y convulsiva (guerras revolucionarias y movilizaciones excepcionales de la clase obrera), resulta difícil proyectarla como un sistema político perdurable de la transición socialista. Pero conviene igualmente subrayar la presencia de la representación, incluso en esta forma excepcional de autogobierno popular.

Un régimen exclusivamente consejista y disociado del sufragio universal es tan poco afín a la democracia socialista como el monopartidismo y la ausencia de libertad de opinión. Alguna modalidad de legisladores electos mediante el voto mayoritario constituye un componente deseable y necesario de toda organización política en la sociedad contemporánea.

La tesis consejista de una democracia asentada exclusivamente en los productores a través del gobierno de las fábricas es más afín a la tradición autogestionaria de los anarquistas que al proyecto emancipatorio de los socialistas. Al excluir la dimensión civilizatoria del sufragio universal y postular una asociación de profesiones y comunas, el proyecto presenta un perfil más prohudoniano que marxista. Desenvolver, en cambio, una ciudadanía plena bajo el liderazgo de la clase trabajadora es la mejor vía para aproximarse al comunismo. Este programa presupone avanzar hacia esa meta, a través de progresivas etapas de extinción del Estado y las clases sociales.

Los defensores contemporáneos del consejismo simplemente omiten estos problemas. Exageran el aspecto más incontrovertible de la dictadura del proletariado (dominación de clase), pero desconocen la variedad de regímenes políticos posibles bajo ese sistema y soslayan toda reflexión sobre las dificultades del modelo comunal–soviético.

LOS DEBATES SOBRE EL RÉGIMEN DE EXCEPCIÓN

La dictadura del proletariado presenta una doble acepción: como dominación de la mayoría sobre la minoría durante la transición al socialismo y como régimen de excepción para enfrentar las conspiraciones contrarrevolucionarias.[54] Esta suspensión de las garantías demo-

53 Estas observaciones plantea Artous, Antoine. "Démocratie et émancipation sociale". *Marxisme et démocratie.* París, Sylepse, 2003. Artous, Antoine. "Citoyenneté, démocratie, communisme". *Contretemps*, n° 3, febrero 2002.
54 Sabado, Francois. "Après le Congrès". *Critique Communiste* n° 171, invierno de 2004.

cráticas frente a situaciones catastróficas no fue una invención de los bolcheviques, sino que está contemplada en las normas constitucionales de cualquier régimen burgués.

Todas las grandes revoluciones debieron recurrir al Estado de excepción para derrotar a la reacción y las vacilaciones en el uso de estos instrumentos tuvieron siempre dramáticas consecuencias. Por eso Marx reivindicaba las tradiciones jacobinas y criticó, por ejemplo, la indecisión de los comuneros que al no marchar sobre Versalles ni disolver la asamblea nacional monárquica abrieron las puertas para la feroz venganza de la derecha. Numerosas tragedias del siglo XX (Alemania en 1933, España en 1939, Chile en 1973) fueron también consecuencia de la tibieza del campo popular frente al fascismo.

La experiencia histórica justifica, por lo tanto, la aplicación de un régimen de excepción en los períodos revolucionarios. Pero también es cierto que la legitimidad de estos mecanismos está temporalmente acotada, ya que su perdurabilidad transforma la represión a los conspiradores en una tiranía sobre el conjunto de la población.

Omitir esta segunda consecuencia es tan erróneo como negar la necesidad de esos períodos. Bajo la dinámica del enfrentamiento entre las clases es más fácil instaurar un régimen de excepción que desmontarlo luego de haber derrotado al enemigo. Por eso aceptar que la dictadura del proletariado incluya medidas anormales es válido sólo si se aclara el carácter transitorio e indeseable de estas acciones. A la luz de lo ocurrido en la URSS, no basta incluso con esta afirmación, ni con recordar las diferencias entre el bolchevismo y el stalinismo. Hay que extraer, además, un balance de los errores cometidos por los líderes de la revolución rusa.

Por ejemplo, bajo la agobiante tensión de la guerra civil, Trotsky[55] realizó una reivindicación inadmisible del terror (capturar rehenes, intimidar al enemigo, amenazar con la violencia ejemplar, atemorizar con la aplicación de la pena de muerte, anular la libertad de prensa, perseguir oponentes). Que la guerra obligue a adoptar coyunturalmente esas medidas no justifica convertirlas en modelos de acción política. Aquí Trotsky aceptó equivocadamente discutir en el mismo terreno de los cuestionamientos que planteaba Kautsky.[56] En lugar de limitarse a defender el derecho de los revolucionarios a sostener su régimen frente a la violencia de sus enemigos alabó el terror rojo y olvidó que un marxista jamás ensalza atrocidades de ningún tipo.

También durante el difícil período de 1918-1924 se adoptaron varias medidas erróneas –sustituir los soviets por el partido, vaciar los comi-

55 Trotsky, León. *Terrorismo y comunismo*. Buenos Aires, Ed. Política Obrera, 1965. (Cap. 4).
56 Esta acertada objeción plantean Saenz, Roberto; Cruz Bernal, Isidoro. "Reforma, revolución y socialismo". *Socialismo o barbarie* 13, noviembre 2002.

tés, prohibir las tendencias– que afectaron la tradición no monolítica del bolchevismo (multitud de publicaciones locales, discusiones abiertas, polémicas públicas). El gran defecto de los líderes bolcheviques fue hacer de la necesidad virtud, justificando decisiones que conspiraban contra la democracia socialista. Especialmente negativas fueron las resoluciones que siguieron al levantamiento de Kronstadt y que en algunos casos se aplicaron incluso luego de la guerra civil (prohibir las fracciones, cláusulas secretas de poderes de expulsión, atribuciones desmesuradas al Comité Central, subordinación de los órganos inferiores a los superiores, estructura piramidal).[57]

Más controvertido es el balance de la disolución de la Asamblea Constituyente o de su falta de convocatoria luego del triunfo de la revolución. Esta decisión –que fue muy cuestionada por Rosa Luxemburgo– es interpretada por muchos autores como una profética advertencia frente a la posterior degeneración totalitaria.[58] Pero aquí el problema no radica tanto en un episodio corriente en muchas revoluciones (desconocer instituciones que perdieron su representatividad original o que actúan al servicio de la reacción), sino en la cuestión estratégica de cómo debería integrarse el sufragio universal a un sistema de consejos.

Los líderes bolcheviques omitían este problema, porque originalmente su modelo de democracia socialista se restringía a la democracia soviética directa bajo el comando de un partido único. Pero no es lo mismo rechazar coyunturalmente la Constituyente por la inconveniencia de convocar a esa asamblea en plena guerra, que objetar esta instancia por la superioridad intrínseca de los soviets. Esta segunda argumentación es errónea para un proyecto futuro de democracia socialista.

Pero todos los errores del bolchevismo se explican por la dramática situación que enfrentó la revolución rusa. Transcurridos más de 80 años de esa gesta, promover el Estado de excepción como mensaje de propaganda del proyecto socialista es equivocado y contraproducente. Al remarcar la necesidad futura del terror (sin poder obviamente anticipar la dimensión de esa modalidad)– sólo se incentiva el rechazo de muchos adherentes potenciales al programa socialista. Es muy distinto advertir en general sobre la eventual necesidad de un período de excep-

---

57 Venturini presenta un detallado y acertado balance de estos errores. En la misma línea de análisis se ubican los comentarios de Sabado. Venturini, Juan Carlos. "El mito del centralismo democrático". *Alfaguara* nº 17, Montevideo, mayo 1997. Sabado, Francois. "Révolution et démocratie". *Marxisme et démocratie*. París, Sylepse, 2003. Un correlato de este proceso fueron las "21 condiciones" que adoptó la III Internacional (organización militar, culto a la disciplina, modelos sectarios, excluyente preocupación por la toma del poder). Véase Claudín, Fernando, *La crisis del movimiento comunista*. Madrid, Ruedo Ibérico, 1970.
58 Por ejemplo Cliff, Tony. *Rosa Luxemburg*. Buenos Aires, Galerna, 1971.

ción, que postular un baño de sangre para erradicar al capitalismo. Lo único admisible es mencionar que cualquier violencia será indeseable y surgirá de una decisión popular frente a la agresión de una minoría contrarrevolucionaria.[59]

REVERSIBILIDAD Y DENOMINACIONES

Otro tema más complejo es la potencial reversibilidad de un proceso revolucionario, es decir la aceptación previa de la cesión del poder si el proyecto pierde sostén mayoritario. Quienes promueven esta declaración –de manera implícitamente crítica hacia toda dictadura del proletariado– subrayan que al aceptar una vuelta atrás se evita la tentación de ejercer un poder minoritario.[60]

Pero esta advertencia conduce a la inusual postura de propiciar una acción política alertando sobre su fracaso. Como en general se sobreentiende que batallar por un proyecto propio no implica desconocer el veredicto de la mayoría, la aclaración propuesta parece redundante. Aunque a la luz de lo ocurrido en los países socialistas esta advertencia podría justificarse, conviene evitar los falsos dilemas. Es tan incorrecto avalar el manejo tiránico del poder como rendirse ante un enemigo imperialista. Si es inadmisible fundamentar el primer camino en alguna ley de la historia (inexorabilidad del socialismo) o en postulados paternalistas (el pueblo no tiene suficiente conciencia), tampoco es válido ignorar que las clases dominantes siempre utilizan sus monumentales recursos para socavar las revoluciones populares. Stalin, Ceacescu o Pol Pot ejemplificaron la tiranía a cualquier precio, pero los sandinistas ilustraron un rumbo de capitulación.

La tesis de la reversibilidad sólo podría verificarse con plenitud en un régimen donde se pueda optar efectivamente por cualquier sistema. Únicamente en una democracia de derechos realmente igualitarios regiría esta posibilidad. Por eso ciertas medidas de excepción son indispensables para construir ese escenario. Si, por ejemplo, en Cuba se autoriza la existencia de organizaciones financiadas por la CIA, jamás se podrá implementar esa alternativa de libre opción.

La validez de un régimen de excepción sólo puede discutirse en los términos concretos de cada revolución. Como durante el siglo XX no se

---

59 Al transformar en cambio esta acción en el eje futuro de una dictadura del proletariado, se difunden a veces proclamas de patológico sadismo, que al mismo tiempo no son expuestas de forma abierta ante el gran público. Un ejemplo de esta actitud es el artículo de Guerrero, Alejandro. "Perdón, somos dictatoriales sin querer". *Prensa Obrera* 834, 1-2004.

60 Salesse, Yves. "La révolution et l'état". *Contretemps*, n° 3, febrero 2002. Salesse, Yves. *Reformes et révolutions: propositions pour une gauche de la gauche*. París, Ed Agone, 2001. (Cap. 2).

materializaron las previsiones de Marx y Lenin de victorias estratégicas en los países centrales, todas las transformaciones anticapitalistas se desenvolvieron en circunstancias muy adversas. Predominaron los triunfos revolucionarios en países periféricos, subdesarrollados, carentes de tradiciones democrático burguesas y acechados por conspiraciones permanentes de la reacción. Nunca hay que olvidar que en estas condiciones las medidas de excepción desbordaron ampliamente el alcance imaginado por los socialistas.

En el debate sobre la dictadura del proletariado se plantea finalmente un problema terminológico. Sus partidarios más ortodoxos defienden el uso de esta denominación, a pesar del evidente rechazo que actualmente suscita la palabra dictadura. Pero en la práctica casi no existen corrientes políticas que utilicen esta denominación en su actividad pública. Lo más habitual es sustituir ese concepto por la acepción popular de gobierno de los trabajadores. ¿Pero qué sentido tiene promover una noción cuya difusión se auto proscribe?

Si hay que reemplazar el término porque su enunciado despierta espontáneas resistencias, conviene simplemente reemplazar la presentación negativa de la dictadura del proletariado por su formulación positiva de democracia socialista. Ambas nociones aluden al gobierno de la mayoría, pero el segundo formato realza esta participación, mientras que el primero alude a un indeseado Estado de excepción: ¿por qué insistir entonces con la acepción más adversa e impopular?

Después de la experiencia de la URSS, la consigna de dictadura del proletariado se ha vuelto impronunciable en la práctica política socialista. Es un contrasentido presentar un proyecto emancipatorio desde una descalificada imagen de tiranía. En la época de Marx el término dictadura tenía otro significado, ya que aludía sólo a la vigencia de un poder ejercido con vigor, en un marco incluso compatible con el régimen constitucional. En ese momento la noción no era vista como sinónimo de opresión, ni tampoco como una forma contrapuesta a la democracia. Esa acepción se mantuvo hasta la mitad del siglo XX, perdió vigencia en las décadas posteriores y se tornó inaudible luego del colapso del campo socialista.[61]

Por eso en la actualidad es importante distinguir qué elementos de la dictadura del proletariado perduran (dominación social de clase, validez parcial de un Estado de excepción) y cuáles han perdido vigencia (régimen político exclusivamente consejista, uso generalizado del término). Algunos partidos abandonaron el concepto para publicitar su

---

61 Este balance plantean Dives, J. P. "Socialisme et démocratie". *Carré Rouge* nº 15-16, noviembre 2000. Texier, Jacques. "Révolution et démocratie dans la pensée politique de Marx". *Cent ans de marxisme*. PUF, Congrés Marx International, 1996. Tabak, Mehmet. "Marx´s theory or proletarian dictatorship revisited". *Science and society* vol. 64, nº 3, otoño de 2000.

pasaje a la socialdemocracia y otros lo preservan para mantener cierta fidelidad doctrinaria. Lo más adecuado es ajustar la idea a los argumentos de la democracia socialista.

EL MODELO POLÍTICO LIBERTARIO

Los teóricos libertarios postulan un modelo de organización política poscapitalista basado en la democracia directa. Promueven erigir consejos de trabajadores y consumidores autogestionados, que funcionarían por medio de sistemas interactivos de comunicación. Esta forma de organización descentralizada y cooperativa operaría sin delegaciones y se sostendría en una estructura comunal cimentada en la participación popular. El proyecto permitiría superar las deformaciones de la representación indirecta y la rigidez e inercia de los sistemas políticos burocráticos. Además, mejoraría la eficiencia de la producción, reduciría los costos y aumentaría la calidad de los bienes fabricados.[62]

Esta iniciativa realza acertadamente la importancia del protagonismo popular en una economía poscapitalista. Pero no resuelve el problema de la pérdida de representatividad de las formas asamblearias durante los períodos de reflujo. En estas etapas, la inexistencia de legislaturas incentiva la fractura entre dirigentes y dirigidos, deteriora el potencial democrático de los consejos de productores y consumidores. Como la vitalidad de estos organismos decae junto al reflujo de la movilización, ninguna asamblea, consejo o cooperativa puede sustraerse de este efecto de la marea descendente. Por esta razón hay que superar las expectativas ingenuas en la pureza de la democracia directa. Esta modalidad no constituye una panacea, ni permite resolver las contradicciones de la construcción socialista.[63]

Otro punto oscuro de la democracia directa pura es la sugerencia de mutabilidad permanente de todos los cargos públicos. Aquí se olvida la necesidad de cierta estabilidad de los funcionarios para tornar viable una transición socialista. Por eso hay que distinguir entre las burocracias administrativas y políticas y advertir que no deberían quedar sujetas a mecanismos semejantes de revocabilidad.

62 Albert, Michael; Hahnel, Robin. "In defence of participatory". "Building Socialism theoretically: alternatives to capitalism and the invisible hand". *Special Issue, Science and Society*, vol. 66, nº 1, primavera de 2002. M.A. "Economía participativa". *Caja de Herramientas*. Buenos Aires, Intergalacktica, junio 2003.

63 Estas advertencias plantean Rovère, Michel. "Les enjeux de l'appropriation sociale". *Contretemps*, nº 5, septiembre 2002. Andreani, Tony, *op. cit.* (2da. parte, cap. 3).

Es evidente, por otra parte, que la democracia directa basada en la presencia inmediata y visible de todos los miembros de una comunidad solo puede instrumentarse a escala local. Únicamente en una pequeña ciudad o en un cantón suizo pueden soslayarse las mediaciones de la representación indirecta. Tampoco la elaboración y el control de un plan económico pueden implementarse por vía asamblearia. Requieren la delegación por períodos definidos, a través de modalidades legislativas.[64]

El recurso de consultas y referendums no sustituye esa necesidad de formas políticas indirectas, porque si esos mecanismos son utilizados en forma abusiva pueden convertirse en instrumentos de manipulación plebiscitaria. El peligro de una digitación bonapartista no desaparece con la simple introducción de la democracia directa.

La combinación de mecanismos directos e indirectos ofrece, en cambio, el mejor curso para enfrentar los desafíos de la gestión poscapitalista. Incentiva la participación popular y permite el funcionamiento de organismos que contribuirían al avance de la socialización y la maduración de la conciencia comunista.

Para alcanzar estos propósitos hay que asimilar la experiencia institucional de los últimos siglos y no esperar la autogeneración espontánea de los organismos adecuados para una transformación socialista. La democracia burguesa incluye algunos de estos mecanismos y por eso conviene diseñar cómo transformarlos, en lugar de postular su definitiva sepultura. La separación de poderes otorgando primacía a los legisladores sobre el ejecutivo, la ampliación de las funciones parlamentarias, la preservación de la autonomía de los sindicatos y de todas las organizaciones sociales o la vigencia de una nítida frontera entre los partidos y el Estado son algunos ejemplos de modalidades políticas ya existentes, que podrían renovarse en el futuro.

El socialismo incorporaría formas de democracia directa de vigilancia y control de acción parlamentaria que no pueden desenvolverse bajo el capitalismo. Aunque ciertos mecanismos de esta supervisión ya existen en ciertos regímenes políticos contemporáneos, la concentración del poder en manos de la clase dominante impide cualquier custodia popular efectiva de la gestión pública. Por eso la profesionalización de la política actualmente genera capas de funcionarios tan desligadas de sus representados. Los vínculos de dependencia (o asociación) que establecen los grandes empresarios con la elite de la partidocracia constituyen un componente estructural de funcionamiento del capitalismo que la democracia socialista erradicaría por completo.

---

64 La importancia de esta delegación es subrayada por Collin, Denis. "République et socialisme. La question de la propriété". *Contretemps*, n° 5, septiembre 2002. Texier, Jacques. "Les rapports entre révolution et démocratie chez Marx et Engels". *Carré Rouge* n° 15-16, noviembre de 2000.

Pero incluso este avance no eliminaría cierta tendencia al divorcio entre los ciudadanos y sus representantes. Para superar esta fractura se requieren los instrumentos de control que aportan las formas directas de participación popular.

En esta articulación entre la democracia directa e indirecta se sostendría el proyecto político socialista de eliminar la autocracia (ejercicio del poder desde arriba) para desplegar el pluralismo (control recíproco del poder por parte de distintos sectores) y asegurar la tolerancia y el respeto de las diferencias.

LOS PROBLEMAS DE LA DEMOCRACIA DIRECTA

Algunos críticos[65] de la propuesta libertaria cuestionan el exceso de reuniones que entrañaría una economía popular participativa. Afirman que esta desmesura terminaría obstruyendo la eficacia de la producción. Pero si se toma en cuenta que ese gasto de tiempo ya es muy elevado bajo el capitalismo, puede suponerse que esta actividad se incorporaría a la jornada de trabajo de la nueva sociedad. No habría sumatoria de más reuniones, sino una simple racionalización de la carga laboral ya existente.[66]

También se objeta que el modelo asambleario sería compulsivo, intrusivo y violatorio de los derechos de las minorías. Pero no hay razones para temer estos efectos, si la democracia real se expande sustituyendo el actual despotismo de una minoría por el gobierno de la mayoría.

Los principales problemas de la democracia directa no se ubican en este plano. Derivan de su inoperancia para resolver las dificultades que presenta el funcionamiento de la economía contemporánea y de sus limitaciones para contrarrestar –en ausencia de mecanismos de representación– la fractura entre dirigentes y dirigidos. El modelo de negociación coordinada ofrece, en cambio, un proyecto más sólido para afrontar la multiplicidad de conflictos que caracterizaría a una transición socialista.

Los inconvenientes del modelo político asambleario provienen del intento libertario de eliminar abruptamente toda forma de opresión estatal, saltando las mediaciones históricas requeridas para alcanzar esa meta. El proyecto de la democracia directa inmediata es afín a la propuesta anarquista de crear repentinamente una sociedad comunista, sin

65 Estas objeciones plantea Wesiskkopff, Thomas. "Toward a socialism for the future". *Review of Radical Political Economics*, vol. 24, n° 3-4, 1992.
66 Esta respuesta propone Albert, Michel; Hanel, Robin. "Socialism as it was always meant to be". *Review of Radical Political Economics*, vol. 24, n° 3-4, 1992.

transitar previamente por un largo proceso de socialización. Por eso imaginan también la súbita aparición de formas muy avanzadas de solidaridad humana, que tornarían viable la autogestión económica directa. No reconocen que la declinación del individualismo competitivo requeriría un largo devenir y sólo daría frutos a medida que desaparezcan los padecimientos de la vida cotidiana. Como este proceso no sería un resultado exclusivo del mejoramiento económico convendría procesarlo a través de una democracia socialista.

Es cierto que este último proyecto sufre los efectos del fracaso del socialismo real. Pero el balance histórico de los intentos anarquistas no es tampoco muy auspicioso. La implementación del modelo libertario arrastra una fuerte carga de frustraciones (por ejemplo, la experiencia de España en 1936-1937) reveladora de dificultades, que no se sitúan sólo en el plano teórico.

La expectativa libertaria de gestar abruptamente una democracia autogestionaria de productores desconectada de las formas representativas actuales ha conducido tradicionalmente al rechazo de toda forma de participación electoral. Este abstencionismo es contraproducente porque desconoce la necesidad de un aprendizaje político masivo por parte de los trabajadores para preparar su futuro autogobierno. La democracia socialista se constituiría asimilando las experiencias precedentes de gestión pública. Ignorar este adiestramiento, dando la espalda al ejercicio del sufragio, constituye un gran desacierto.[67]

Para algunos teóricos autonomistas, la democracia directa futura puede prepararse a través de la constitución de contrapoderes paralelos al Estado. Estas modalidades serían anticipatorias de una organización autogestionaria del porvenir.[68]

Pero este proyecto de convivencia con el régimen capitalista presupone que los organismos autónomos puedan desenvolverse sin contaminarse con la dinámica mercantil. Históricamente este tipo de expectativas terminó provocando el efecto opuesto de renovadas ilusiones en el liberalismo burgués. Ciertos analistas contemporáneos del "imperio" y de la "multitud" ejemplifican un caso extremo de este giro, ya que por un lado proclaman el hundimiento definitivo del sistema democrático burgués y por otra parte confiesan su deslumbramiento por el régimen político norteamericano. Alaban el carácter "inclusivo, abierto y con-

---

67 Incluso los partidarios del proyecto libertario cuestionan actualmente esa postura. Véase Pelletier, Willy. "Les anarchistes et la reproduction de l´anarchisme". *Contretemps*, n° 6, febrero 2003.

68 Además contrapesarían la conversión ciudadana de los "hacedores sociales en individuos abstractos". Esta tesis sostienen Holloway, John. "Eso no es democracia, sino revolución". *Herramienta* n° 23, invierno 2003. Hirsch, Joachim. "Poder y antipoder". *Cuadernos del Sur* n° 35, mayo 2003. Mc Cabe, Patricio. "Tesis sobre Latinoamérica". *Dialéctica* n° 12, primavera 2000.

sensual" de un sistema que avasalla la soberanía popular y perpetúa los privilegios de las corporaciones.[69]

Algunas reivindicaciones contemporáneas de la democracia pura en oposición al desarrollo de la ciudadanía plena se inspiran en cierta añoranza de las formas comunales de organización precapitalista. Sus críticas a la democracia representativa expresan fuertes expectativas en las virtudes de la espontaneidad e incluyen una celebración del comportamiento instintivo.

Pero estos enfoques conducen a desvalorizar la enorme contribución histórica que podría cumplir un sistema democrático genuino para desmistificar las creencias que esclavizan a la humanidad. Al combinar la intervención directa con la representación, la democracia socialista ayudaría a erradicar paulatinamente el universo opresivo de alienación gEstado al cabo de siglos de tiranía laboral y fetichismo mercantil.[70]

OBJETIVOS Y REALIZACIONES

El análisis de la democracia socialista apunta a prefigurar el régimen político que podría emerger con la erradicación del capitalismo. Imaginar estos rasgos permite concebir cómo funcionaría el sistema que sustentaría la progresiva declinación del mercado. Esta anticipación brinda además contenido al proyecto de refundar un régimen político genuinamente democrático.

La democracia socialista no es un remedio mágico para los sufrimientos del género humano, ni alcanzaría para resolver todos los obstáculos que, por ejemplo, afrontó la Unión Soviética. Pero es la condición para un progreso emancipatorio, porque coloca los destinos de la sociedad en manos de la mayoría popular.

69 Negri, Antonio; Hardt, Michael. *Imperio*. Buenos Aires, Paidos, 2002. (Cap. 8). Basta solamente recordar la dimensión del abstencionismo, el poder de veto del ejecutivo, las atribuciones descontroladas de la burocracia judicial o la digitación de los colegios electorales que rodeó el ascenso de la presidencia de Bush para ilustrar cómo operan estos mecanismos antidemocráticos. Que uno de los principales teóricos del autonomismo embellezca estas manipulaciones repitiendo las candorosas fábulas del constitucionalismo norteamericano confirma que el radicalismo verbal no es incompatible con las ilusiones liberales. Véase la crítica de Borón, Atilio. *Imperio e imperialismo*. Buenos Aires, CLACSO, 2002.
70 Es muy aleccionadora la polémica sobre el significado de la democracia que entablaron Lowy, Michel. "La cuestión del poder puesta en debate". *Herramienta* n° 23, invierno 2003 y Holloway, John. "Eso no es democracia, sino revolución". *Herramienta* n° 23, invierno 2003.

La articulación entre la democracia directa e indirecta ofrece el modelo político más adecuado para enfrentar el desafío de gestionar un proceso poscapitalista. Al combinar el sufragio con la autoadministración popular permitiría reducir la burocracia, a medida que disminuya el peso de la organización estatal. Con esta mixtura de participación y delegación se extenderían las formas de solidaridad colectivas necesarias para crear una nueva sociedad. La intervención popular y la ciudadanía plena facilitarían la redistribución radical de ingresos, requerida para consumar la socialización del producto excedente.[71]

La democracia socialista asimilaría las experiencias del consejismo, la democracia directa y las formas representativas. Esta síntesis permitiría limitar las tendencias que restringen el despliegue de la democracia al ámbito productivo o al plano ciudadano. Pero cualquier alternativa de desenvolvimiento futuro exige la ruptura inicial y la erradicación posterior del capitalismo, porque la construcción socialista es incompatible con el actual sistema de acumulación y explotación.

Desde la revolución francesa los avances de la democracia se han conquistado en las barricadas. La validez de este principio fue confirmada en las últimas décadas por los triunfos populares obtenidos contra las dictaduras de América Latina, Asia o Europa Oriental. Pero también ha quedado demostrado que en manos de las clases dominantes el régimen constitucional se convierte en un mecanismo de perpetuación de la opresión social. Por eso la democracia socialista constituye un régimen completamente diferente al modelo elitista que prevalece en los países capitalistas. La verdadera democracia exige que la participación popular apuntale la emancipación social.

Este proyecto también implica rehabilitar la política como actividad transformadora de la sociedad y no como mecanismo de administración del orden vigente. La degradación de la política deriva de su conversión en instrumento gerencial del *status quo*. Esta degeneración ha generalizado la retracción de la participación popular y las sospechas hacia cualquier forma de intervención pública. Este rechazo afecta incluso a los partidos y militantes de la izquierda, abiertamente opuestos a los contubernios de la partidocracia.

Por eso la reconstrucción del proyecto socialista requiere ir más allá de la crítica del capitalismo o de la prefiguración de un modelo alternativo. Hay que batallar también contra la resignación y la apatía, especialmente en su actual forma de cínico descreimiento y desvalorización de cualquier acción política.

Un sistema que sólo permite elegir entre lo malo y lo peor, necesariamente amplifica el escepticismo. Pero la aceptación de estas opciones consolida el nuevo tipo de totalitarismo que emerge del vaciamien-

---

71 Mandel presenta un modelo de esta transformación. Mandel, Ernest. *El poder y el dinero, op. cit.* (Cap. 5).

to de la democracia burguesa. La única forma de superar esta nefasta perspectiva es replanteando un horizonte político socialista.[72]

Lo más complejo es encontrar los puentes que conecten la resistencia social con la erección de un proyecto emancipatorio. Este viejo problema estratégico seguirá presente mientras los trabajadores desarrollen formas de conciencia socialista y reproduzcan formas de la conciencia burguesa. Ambas modalidades se recrean en la batalla por los derechos sociales bajo un marco de cotidianeidad capitalista. Renovar la acción política socialista –a través de la movilización práctica y la argumentación racional persuasiva– es la única vía para edificar un porvenir de emancipación humana. ¿Se alcanzará el objetivo de erigir una nueva sociedad?

En la historia siempre prevaleció un desfasaje entre los proyectos y sus resultados.[73] Los puritanos ingleses no construyeron su añorado paraíso bíblico, los jacobinos no instauraron la antigua polis democrática y los revolucionarios norteamericanos no forjaron una sociedad de pequeños agricultores. Tampoco los socialistas lograron hasta ahora gestar un sistema de convivencia basado en la eliminación de la explotación.

Pero bregando por la emancipación se ha conseguido delinear con más claridad qué tipo de sociedad se busca construir. Quizás se alcance esta meta por un camino inesperado. La lucha por el socialismo constituye la mejor práctica para develar este interrogante.

---

72 Bensaïd, Daniel. "La política como estrategia". *Herramienta* n° 24, primavera verano 2003-2004.
73 Losurdo destaca esta fractura. Losurdo, Domenico. "Marx, Christophe Colomb et la révolution d´octobre". *Cent ans de marxisme.* PUF, Congrès Marx International, 1996.

EPÍLOGO

REPLANTEOS Y CONVERGENCIAS

Los debates teóricos sobre el socialismo cambiaron radicalmente en los últimos años. Las discusiones sobre la ley del valor, el cálculo, los incentivos y la innovación se desenvolvieron en función de dos respuestas marxistas a los cuestionamientos neoclásicos: la defensa del modelo centralizado o el esquema descentralizado. Como ambas alternativas constituían las principales variantes de gestión bajo el socialismo real, todas las controversias estaban también asociadas con cursos prácticos de resolución de los desequilibrios que afectaban a las formaciones burocráticas.

Pero el colapso de este sistema también arrastró a sus clásicos voceros y actualmente los partidarios de la economía de comando y del socialismo de mercado han abandonado el escenario teórico. La revisión de los debates que desenvolvían estas escuelas es importante, porque involucra los problemas de la economía planificada y porque un nuevo modelo emancipatorio debe partir del análisis de esos ensayos. Pero ese legado tiene hoy muy pocos defensores.

Los partidarios del totalitarismo centralistas perdieron peso mucho antes de la implosión de la URSS. En cambio, los socialistas de mercado lograron su mayor influencia durante ese agónico período, cuando se pusieron en práctica las últimas reformas de ese sistema. Incluso luego de iniciado el pasaje hacia el capitalismo, esta corriente mantuvo su presencia por la expectativa creada en torno a la economía china. Pero esta esperanza se ha diluido desde que la difusión de bolsas de valores, bancos privados y grandes corporaciones extranjeras en el gigante asiático ha confirmado el curso capitalista. Aunque las autoridades chinas todavía utilicen el término de socialismo de mercado para autodefinir su estrategia económica, es evidente que ese rótulo encubre hoy un giro hacia la restauración.

En este contexto, el socialismo de mercado tradicional se ha disuelto y un sector mayoritario se ha integrado a la heterodoxia keynesiana. En el mejor de los casos, el socialismo subsiste entre ellos como un vago deseo. Al reemplazar el viejo lema de propiedad estatal más coordinación mercantil por el nuevo principio de regulación estatal de la propiedad privada, han renunciado a toda transformación socialista.

La peculiaridad de esa corriente reformadora frente al keynesianismo –que algunos autores[1] ubicaban en la acción anticipada sobre los movimientos del mercado– ha desaparecido. Los antiguos promotores de la gestión descentralizada ya no pretenden actuar *ex ante* sobre el intercambio mercantil. Al abjurar de la administración planificada han aceptado también la guía capitalista de las principales variables de la economía.

Pero esta desintegración de la antigua corriente del socialismo con rostro humano no es uniforme. No todos los herederos de ese proyecto se han sumado al rumbo capitalista. Algunos participan activamente en la reconstrucción de un proyecto emancipatorio y con ellos se ha inaugurado un debate entre socialistas que permite delinear los rasgos de un futuro modelo anticapitalista.[2]

Los teóricos provenientes de esa tradición reformista aportan en la actualidad distintas iniciativas para concebir formas de administración viables en una etapa de transición. Ciertas modalidades de la coordinación mercantil pueden resultar muy útiles como alternativas de optimización de la gestión microeconómica durante un período preparatorio del socialismo.

Los exponentes anticapitalistas actuales del viejo socialismo de mercado convergen hoy en día con los partidarios de la planificación democrática y del socialismo participativo en la defensa de dos medidas indispensables para el debut de un proyecto liberador: la eliminación de la propiedad privada de los principales medios de producción y la supresión de la libre contratación laboral. Esta plataforma constituye un pilar común para elaborar los fundamentos de una perspectiva socialista para el siglo XXI.

Pero el colapso de la URSS representó un shock para todas las escuelas socialistas, por lo que se impone una generalizada renovación. Y este replanteo incluye al amplio espectro de corrientes que promovían

1 Weiskkopff, Thomas. "Toward a socialism for the future". *Review of Radical Political Economics*, vol. 24, nº 3-4, 1992.
2 Ollman destaca este campo de coincidencias. Ollman, Bertrell. *Market socialism, op. cit.*

por caminos revolucionarios la democratización radical de los regímenes burocráticos. La restauración capitalista ha desactualizado el viejo objetivo de una reconstrucción socialista de esos sistemas, y frente a formaciones burocráticas ya inexistentes, el programa de la planificación democrática ha dejado de ser una alternativa. Esta plataforma constituye un pilar de futuros modelo anticapitalistas, pero ya no conforma una propuesta de realización inmediata en los países del Este.

A la hora de concebir alternativas para un futuro proceso de transición al socialismo, el dilema de aceptar o rechazar el uso parcial del mercado se vuelve decisivo. Quienes se oponen a cualquier modalidad de gestión mercantil auxiliar en ese período sitúan su proyecto anticapitalista en una línea más próxima a la tradición anarquista que al proyecto de Marx. Los seguidores de esta última tradición apuntan en cambio su programa hacia una perspectiva igualmente distante del "socialismo ya" de los libertarios y del "socialismo jamás" de los keynesianos.

Un nuevo modelo de transición exige distinguir las actividades que corresponderían a la gestión *ex ante* (necesidades básicas y prioridades industriales) y a la administración *ex post* (necesidades secundarias). Partiendo de esta combinación, el objetivo sería avanzar en la socialización del producto excedente, a medida que mejora la productividad, se expande la producción y maduran los signos de la abundancia. El objetivo es construir un régimen de propiedad socializada gestionado con mecanismos democráticos de negociación coordinada, en un marco de vigencia de distinto tipo de instancias mercantiles.[3]

La transición marcaría el debut de un proceso socialista, a través de una etapa orientada por el plan, influida por la acción del mercado y sustentada en la democracia. El término de transición para denominar a ese período no capitalista puede dar lugar a ciertas confusiones, porque es actualmente utilizado para describir procesos exactamente inversos de regreso al capitalismo. Quizás se podría hablar de un período intermedio o de una fase poscapitalista.

Pero cualquier denominación plantea problemas y precisar los nombres no es tan importante en la actualidad. Durante la vigencia del socialismo real la definición de cada término incluía también un significado polémico que hoy ha perdido trascendencia. Cuando los comunistas y trotskistas discutían la validez de la palabra socialista para caracterizar a los regímenes burocráticos, estaba en juego el contenido concreto de esos sistemas. Con la desaparición de esos sistemas, también se ha diluido esa polémica y por eso resulta posible utilizar con mayor li-

---

3 Mandel desenvolvió algunas ideas de este programa, que pueden ser redefinidas a partir de las tesis propuestas por Devine. Mandel, Ernest. *El poder y el dinero*, op. cit. (Cap. 5). Devine, Pat. "Market socialism or participatory planning". *Review of Radical Political Economics*, vol. 24, n° 3-4, 1992.

bertad distintos términos. No existe, por ejemplo, ningún impedimento para hablar de un nuevo modelo de transición socialista.

Lo importante es recordar que muchas clasificaciones del pasado no permiten responder a los interrogantes del presente. Por eso hay que observar menos las etiquetas y poner más atención al contenido de los distintos planteos que actualmente convergen en un proyecto emancipatorio.

CONCLUSIÓN: CONCEBIR EL NUEVO SOCIALISMO

Los debates sobre el socialismo atraviesan todavía por un cono de sombra. La fuerte secuela de reacción anticomunista que siguió al colapso de la URSS se expresa en este manto de silencio. Las críticas al socialismo ya no asumen la forma de burdas calumnias, sino de un simple ocultamiento.

Durante los años noventa el clima de hostilidad a este proyecto alcanzó niveles insólitos. Reapareció el maccartismo y se difundieron los libros negros sobre el comunismo, mientras los veneradores del neoliberalismo exponían su tosca mistificación del capitalismo. Incluso este término perdió su tradicional connotación negativa y tendió a ser identificado con el progreso y el bienestar. Por eso es común escuchar cómo se asocia el capitalismo con el riesgo y la inversión, omitiendo toda referencia a la explotación o a la crisis. Durante la década pasada se generalizó también la asimilación del socialismo con la ineficiencia y del comunismo con un paraíso inalcanzable. Pero este clima comenzó a revertirse en los últimos años bajo el impacto de dos procesos: la aparición del movimiento por otra mundialización y el desastre económico--social creado por la restauración.

La movilización internacionalista inaugurada por Seattle reintrodujo la crítica popular al capitalismo de manera implícita en las consignas ("el mundo no es una mercancía") y de forma explícita en la acción de las corrientes autodenominadas anticapitalistas. Al señalar la responsabilidad de los banqueros y de los grandes patrones en la miseria del mundo, la protesta global volvió a colocar a los apologistas del capitalismo en una postura de justificaciones más cautas. El auditorio que había conquistado la derecha luego de la implosión del bloque socialista comenzó a diluirse. Las nefastas consecuencias sociales del capitalismo en los países avanzados y la debacle que soporta en la periferia alimentan la disconformidad con este sistema.

El rechazo al capitalismo es también consecuencia del catastrófico resultado de la restauración, especialmente en la ex URSS. Los frutos que el neoliberalismo auguraba una vez transcurrido el shock inicial de privatizaciones no aparecieron en ningún lado y, en cambio, se arrasaron conquistas educativas y culturales, en un contexto de desintegración política, enfrentamientos étnicos y choques militares.

Las acciones del movimiento por otra mundialización y la traumática ampliación capitalista al Este han resucitado los cuestionamientos populares al beneficio, la explotación y la competencia. Pero esta reacción no ha recreado hasta ahora una alternativa socialista sostenida por sectores significativos de las clases oprimidas. Esta ausencia es producto de la frustración creada por el fracaso de la URSS, que introdujo una seria ruptura en las esperanzas desplegadas por la izquierda a lo largo del siglo XX.

El desolador cuadro de avance neoliberal ha quedado contrabalanceado por la movilización juvenil y popular. Pero la nueva generación de trabajadores batalla contra el capital sin retomar aún las ideas y los proyectos del socialismo. Esta herencia es frecuentemente incomprendida o cuestionada con escépticas miradas.

Esta desconfianza explica por qué los debates sobre el capitalismo están más centrados en el diagnóstico que en las alternativas. En lugar de discutir cómo funcionaría un nuevo modelo de sociedad, se reflexiona sobre la capacidad del sistema actual para absorber reformas progresistas. Aunque la crítica al capitalismo conquista nuevos espacios, la sensación de que este régimen es imbatible constituye todavía un dato del cuadro ideológico predominante.

Quizás convenga distinguir entre la decepción que prevalece en la vieja generación y la falta de horizontes que se observa en muchas corrientes juveniles. Son dos situaciones diferentes. La primera está marcada por la frustración y la segunda por una actitud de reserva o descreimiento. El principal obstáculo para renovar la batalla por el socialismo se localiza más en el primer sector, especialmente entre los antiguos activistas que han perdido toda esperanza en la emancipación social.

Bajo el impacto del neoliberalismo y el colapso de la URSS se ha instalado también un significativo pesimismo histórico en muchos círculos intelectuales, que han optado por el retiro hacia la pasividad académica, el abandono de la práctica política y la fascinación por la cultura burguesa. Sus exponentes no registran la crisis de la ofensiva reaccionaria ni la presencia de una nueva radicalización juvenil. En ese ambiente signado por el repliegue y el desinterés por cualquier reflexión sobre un porvenir emancipatorio, la renovación del proyecto comunista se ha vuelto muy difícil.

Pero la influencia de este agobiado sector tiende a quedar neutralizada en los momentos de mayor reactivación de la lucha. Entre los participantes de esa resistencia crece el interés por replantear el socialismo para que otro mundo sea posible. Esta actitud se apoya en tres tipos de experiencias: la lucha política nacional, la acción del movimiento mundialista y la reflexión teórica.

En la acción política nacional, los programas anticapitalistas que promueven distintas organizaciones de izquierda se están perfeccionando con propuestas de ruptura radical con el sistema actual, reemplazo de la prioridad del beneficio por la satisfacción de las necesidades sociales y progresiva extensión de la propiedad pública bajo control social. Esta plataforma supone un proceso de transición al socialismo, sostenido en la gestión planificada para avanzar en la construcción de una sociedad igualitaria.

Este proyecto exige erradicar el capitalismo y apuntalar la perspectiva socialista. En los países periféricos no hay otro camino para superar el atraso, revertir el ahogo imperialista y alcanzar la meta de un nivel de vida semejante al que predomina en los países centrales. En estas naciones, el debut de una transición al socialismo estaría marcado por la conquista de la soberanía económica frente a la dominación comercial y financiera imperialistas y por medidas de redistribución de los ingresos, basadas en reformas impositivas progresivas y la constitución de sistemas financieros públicos unificados.

El desenvolvimiento del proyecto socialista en el plano internacional supone la radicalización de las iniciativas actualmente debatidas en el movimiento de protesta global. Si estas reivindicaciones comenzaran a plasmarse en conquistas populares, las condiciones para la lucha anticapitalista se tornarían mucho más propicias. Pero este escenario requiere crear una nueva correlación social de fuerzas favorable a los trabajadores y no estabilizar el funcionamiento de un modelo antiliberal de capitalismo regulado.

Por eso se impone orientar las reivindicaciones del movimiento por otra mundialización hacia un perfil socialista. Para que la batalla por la Tasa Tobin se convierta por ejemplo en una acción claramente progresista, este impuesto debe ser concebido como un gravamen contra el capital y no como un instrumento de regulación de la actividad financiera. Aquí la meta sería lograr cierta redistribución de ingresos hacia las necesidades sociales más urgentes y no dotar al capitalismo de mecanismos de gestión cambiaria más eficaces.

Este ángulo socialista implica también impulsar la acción por la anulación de la deuda externa a través de una ruptura con el FMI, rechazando las distintas variantes de refinanciación perpetua de los pasivos del Tercer Mundo. Lo mismo vale para las medidas de protección arancelaria de las naciones periféricas. Estas disposiciones deberían favorecer la reconstrucción popular de las economías dependientes y no mejorar los negocios de las clases dominantes.

Para avanzar en un proyecto socialista a escala global hay que imprimirle un sentido radical a las reivindicaciones del movimiento mundialista y por eso los marxistas deben exponer sus ideas sin inhibiciones, en un franco debate con los defensores del capitalismo regulado. En los foros de la protesta global ya se ha creado el marco internacionalista para contraponer una alternativa socialista a las propuestas de reformar el FMI o democratizar la OMC.

Finalmente, a nivel teórico hay que revisar las experiencias del pasado para proyectar nuevos modelos del socialismo, renovando la interpretación de las nociones claves de la herencia marxista: plan, mercado, capitalismo, transición, socialismo y comunismo. El punto más complejo es la definición de los caminos para iniciar la construcción de una nueva sociedad.

Un modelo socialista que contemple la gestión prioritaria del plan y la acción subordinada del mercado –en un contexto de participación popular democrática– podría ser elaborado en la actividad de los marxistas provenientes de distintas tradiciones. Esta convergencia es posible porque muchas oposiciones teóricas y confrontaciones políticas del pasado han perdido sentido en la actualidad.

La imaginación científica se pone nuevamente a prueba en el desafío de concebir la nueva sociedad partiendo de la práctica política nacional, la experiencia mundialista y la reflexión teórica. Sobre estos tres pilares puede reabrirse el horizonte del socialismo. Un programa que condensa dos siglos de historia de la clase trabajadora debe reactualizarse para abrir los nuevos senderos de un porvenir de igualdad, fraternidad y solidaridad. Los militantes que batallan contra la opresión son los principales artífices de este cambio. Vislumbrar junto a ellos la sociedad del mañana es la mejor forma de conjugar los nexos que asocian la tradición, el presente y el futuro del socialismo.

BIBLIOGRAFÍA

Achcar, Gilbert. "The historical pessimism of Perry Anderson". *International Socialism* 88. Londres, 2000.

Adamovsky, Ezequiel. "Lectura en las asambleas". *Página 12*. Buenos Aires, 23-2-03.

———"Octubre de 1917 y la experiencia soviética". *Octubre hoy. El cielo por asalto*. Buenos Aires, 1998.

Aganbeguian, Abel. "Le double défi sovietique". *Economica*. París, 1987.

Albert, Michel; Hahnel, Robin. "In defence of participatory". "Building Socialism theoretically: alternatives to capitalism and the invisible hand". Special Issue, *Science and Society*, vol. 66, n° 1, 2002.

———"Socialism as it was always meant to be". *Review of Radical Political Economics*, vol. 24, n° 3-4, 1992.

Albert, Michel. *Thinking forward*. Winnipeg, Arbeiter Ring, 2002.

Altamira, Jorge. "La crisis mundial". *En defensa del marxismo*, n° 4. Buenos Aires, septiembre de 1992.

Anderson, Perry. "El legado de Isaac Deutscher". *Campos de batalla*. Barcelona, Anagrama, 1998.

———*La trama del neoliberalismo*. Buenos Aires, CBC-UBA. 1997.

———"Le capitalisme après le comunisme". *Cent ans de marxisme*. Congrès Marx International, PUF, 1996.

Andreani Tony. "Le socialisme de marché: problèmes et modelisation". Bidet Jacques, Kouvélakis Eustache. *Dictionnaire Marx Contemporaine*. París, PUF, 2001.

————*Le socialisme est (à) venir*. París, Sylepse, 2001.

————"Les nouveaux modeeles de socialisme". *Cent ans de marxisme*. Congrès Marx International, PUF, 1996.

Anguiano, Rodriguez, M. T. *Reforma económica en China*. Buenos Aires, Sudamericana, 1989.

Artous, Antoine. "Citoyenneté, démocratie, communisme". *Contretemps*, n° 3. París, febrero 2002.

————"Trotsky et l'analyse de l'URSS". *Critique Communiste* n° 157. París, 2000.

Astarita, Rolando. "Guerra fría y régimen soviético". *Reunión* n° 3. Noviembre 1999.

————"La naturaleza de la URSS". *Octubre hoy*. Buenos Aires, El cielo por asalto, 1998.

————"Relaciones de producción y Estado en la URSS". *Debate Marxista* n° 9. Buenos Aires, noviembre 1997.

————"La crisis en la Unión Soviética". *Realidad Económica*, n° 102. Buenos Aires, agosto-septiembre 1991.

Avaro, Dante. "Excavando entre las ruinas: cuatro lecciones propositivas sobre el socialismo de mercado". *Evepeoia*, vol. 1, n° 1, junio 2002.

Baiman, Ron. "Review of Market Socialism". *Science and Society*. vol. 63, n° 4, verano 1999-2000.

Banina, Daniel. "Lucien Séve: la cuestión del comunismo". *Alfaguara* n° 17. Montevideo, mayo 1997.

Barrios, Ernesto. "El horror y la dignidad de nuestra América". *Propuesta*. Buenos Aires, 25-4-03.

Bastida, Benjamín; Virgili, María Teresa. "Technologie et crise: L'Urss". *Est-Ouest. Revue d'Études comparatives*, vol. 17, n° 3. París, 1986.

Beinsten, Jorge. "Cuba". *Crisis, revolución y socialismo*. Cuadernos Marxista. Buenos Aires, Debates, 2002.

Bensaïd, Daniel. "Le domaine publique contre la privatisation du monde". *Contretemps* n° 5, 2002.

———— *Le sourire du spectre*. París, Ed. Michalon, 2000. (cap. 1, 2, 3).

———— "Les questions d'octobre". *Inprecor* n° 418, noviembre de 1997.

———— *Marx l'intempestif*. París, Fayard, 1995, (cap. 2).

———— "Marx y la modernidad". *El cielo por asalto* n° 3. Buenos Aires, verano 1991-1992.

Bensimon, Guy. "L'Économie socialiste". Di Ruzza, Renato; Fontanel, Jacques. *Dix débates en économie politique*. Grenoble, PUG, 1994.

Berger, Denis. "Socialisme et burocratie réellement existente". *Science Politique*, n° 2-3. París, 1993.

Bernabé, Rafael. "Cuba en debate". *Desde los Cuatro Puntos* n° 52, junio-julio 2003.

———— "Notas sobre Cuba y la democracia socialista". *Convergencia socialista*, n° 17. México, mayo-junio 2003.

Bettelheim, Charles. "Formas y métodos de la planificación socialista". En Guevara, Ernesto. *Escritos Económicos*. Córdoba, Cuadernos de PYP, 1969.

———— *Planificación y crecimiento acelerado*. México, FCE, 1965.

Bidet, Jacques. "Le socialisme". *Cent ans de marxisme*. Congrès Marx International, PUF, 1996.

——"Teoría de la modernidad. La forma contrato". *El cielo por asalto*, n° 3. Buenos Aires, verano 1991-1992.

Blackburn, Robin. "Putting the hammer down on Cuba". *New Left Review* n° 4, julio-agosto 2000.

———— "La tradición socialista y los desafíos del presente". *Octubre hoy*. Buenos Aires, El cielo por asalto, 1998.

————. *La trama del neoliberalismo*. Buenos Aires, CBC-UBA, 1997.

Boron, Atilio. *La trama del neoliberalismo*. Buenos Aires, CBC-UBA, 1997.

———— URSS-CEI. *¿Hacia dónde?* Buenos Aires, Tesis 11, 1992.

Bowles, Paul; MacLean, Brian; Setterfiel, Mark. "Socialist economics. Which way now?" *Review of Radical Political Economics*, vol. 24, n° 3-4, 1992.

———— Dong Xiao, Yuan. "Éxitos actuales y desafíos en las reformas económicas de China". *URSS y Rusia. Adónde va China*. Buenos Aires, Actuel Marx, 1988.

Bowles, Samuel; Gintis, Herbert. "Ha pasado la moda de la desigualdad". *Razones para el socialismo*. Barcelona, Paidos, 2002.

Brus, Wlodzimierz; Lski, Kazimierz. "Le socialisme garde-t-il un pertinence quelconque pour les sociétés post comunnistes? Chavance, Bernard; Magnin, Eric; Motamed-Nejad, Ramine; Sapir, Jacques. *Capitalisme et socialisme en perspective*. París, Editiones La découverte, 1999.

———— *Economía y política en el socialismo*. Buenos Aires, Amorrotu, 1973.

———— *Problèmes généraux du fonctionnement de l'économie socialiste*. París, Maspero, 1968.

Bujarin, Nicolai. *Sobre la acumulación socialista*. Buenos Aires, Materiales Sociales, 1973.

Burkett, Paul. "Reviewed book". Chattopadhyay, Paresh "The marxian concept of capital and the soviet experience". *Review of Radical Political Economy*, vol. 27, n° 4, diciembre 1995.

Buster, G. "Le parti communiste chinois et la transition au capitalisme". *Inprecor*, n° 483. París, julio 2003.

————— "Élargissement de l'Union et nouvelles restructurations neo-liberales en Europe Centrale". *Inprecor*, pp. 472-473. París, julio-agosto 2002.

Buzgaline, Alexander. "Rusia en un cruce de caminos". URSS *y Rusia. ¿Adónde va China?* Buenos Aires, Actuel Marx, 1988.

Callinicos, Alex. "On G.A. Cohen, Ronald Dworkin and John Roemer". *Historical Materialism* vol. 9, invierno 2001.

————— "Où va le marxisme anglo-saxon?" Bidet, Jacques; Kouvélakis, Eustache. *Dictionnaire Marx Contemporaine*. París, PUF, 2001.

————— "History, explotation and oppression". *Imprints* vol. 2 , n° 1. Londres, 1997.

————— "Socialismo y tiempos modernos". *El cielo por asalto*, n° 3. Buenos Aires, verano 1991-1992.

————— *Making history*. Londres, Polity Press, 1989.

Campbell, All. "Cuba: realities and debates". *Science and Society*, vol. 67, n° 2, verano 2003.

————— "Democratic planned socialism". "Building Socialism theoretically: alternatives to capitalism and the invisible hand". Special Issue, *Science and Society* vol. 66, n° 1, primavera 2002.

Carcanholo, Nakatani. *Cuba socialismo de mercado o planificación socialista*. San Pablo, VI Encontro Economía política, 14-16 junio de 2001.

Carnota, Oscar. "La cuestión del mercado en la Unión Soviética". *Realidad Económica*. Buenos Aires, n° 96, 5to. bimestre 1990.

Carranza Valdez, Julio; Gutiérrez Urdaneta, Luis; Monreal González, Pedro. "La petite et moyenne entreprise à Cuba". *Cahiers des Amériques Latines* n° 31-32. París, IHEAL, 1999.

Castells, Manuel. "El comienzo de la historia". *El socialismo del futuro* vol. 1, n° 2. Madrid, 1990.

Cervantes Martínez, Rafael. "Cuba". "Crisis, revolución y socialismo". *Cuadernos Marxista*. Buenos Aires, Debates, 2002.

Chattopadhayay, Paresh. "Reviews on B. Ollman adn M. Howards". *Historical Materialism*, vol. 10, Issu 1, 2002.

————— "Market socialism: a capitalist alternative to capitalism". *Congres Marx International II*. París, 30 septiembre-3 octubre 1998.

————— "The economic content of socialism. Marx vs. Lenin". *Review of Radical Political Economics*, vol. 24, n° 3-4, 1992.

Chauvier, Jean-Marie. "La Russie et la guerre globale americaine". *Inprecor* 475-476. París, octubre-noviembre 2002.

————— "Le pari stratégique de Vladimir Putin". *Inprecor* 468-469, marzo-abril 2002.

Chavance, Bernard; Magnin, Eric; Motamed-Nejad, Ramine, Sapir Jacques. "Introduction". *Capitalisme et socialisme en perspective*. París, Editionés La découverte, 1999.

Chavance, Bernard. "Le capitalisme et le socialisme comme espèces systémiques". París, Editions La découverte, 1999.

Cockshott, Paul; Cottrell, Allin. "Value, markets and socialism". *Science and Society* vol. 61, n° 3, otoño 1997.

———— *Towards a new socialism*. Inglaterra, Spokesman, 1993.

Coggiola, Osvaldo. "Para la reconstrucción de la cuarta internacional". *En defensa del marxismo*, abril 1995.

Cohen, G. A. "Vuelta a los principios socialistas". *Razones para el socialismo*. Barcelona, Paidós, 2002.

———— "¿Por qué no el socialismo?" *Razones para el socialismo*. Barcelona, Paidós, 2002.

Corcuff, Philippe. "Notes hétérodoxes sur la question". *Contretemps*, n° 5, septiembre 2002.

Cottrell, Allin; Cockshott, Paul. "The relation between economic and political instances in the communist mode of production". "Building Socialism theoretically: alternatives to capitalism and the invisible hand". *Special Issue, Science and Society* vol. 66, n° 1, primavera 2002.

Darch, Marcel. *La crise dans le pays de L´Est*. París, Editions La découverte, 1984.

Davidson, Carl. "Anti-market mystifications". *Socialism and democracy*, primavera 1999.

Deutscher, Isaac. Trotsky. *El profeta desterrado*. México, Era, 1969.

Devine, Pat "Socialism as social transformation", en Cangiani, Michele ed. *The Milano Pappers: esayss in societal alternatives*. Montreal. Black Rose Books, 2002.

———— "Participatory planning through". "Building Socialism theoretically: alternatives to capitalism and the invisible hand". *Special Issue, Science and Society* vol. 66, n° 1, 2002.

———— Adaman, Fikeret. "Reponse to Hodgson". *Economy and society* vol. 30, n° 2. Londres, mayo 2001.

———— Adaman, Fikret. "On the economic theory of socialism". *New Left Review*, n° 221. Londres, enero-febrero 1997.

———— Adaman, Fikret. "The economic calculation debate: lessons for socialist". *Cambridge Journal of Economics* vol. 20, n° 5, 1996.

———— "Market socialism or participatory planning". *Review of Radical Political Economics* vol. 24, n° 3-4, 1992.

Dietrich, Hanz. "Entrevista" *Página 12*. Buenos Aires, 7-5-01.

Dilla Alfonso, Haroldo. "Cuba: la compleja coyuntura". *Herramienta* n° 24. Buenos Aires, primavera-verano 2003-2004.

———— "Camarades et investisseurs: Cuba, une transition incertaine". *Cahiers des Amériques Latines* n° 31-32. París, IHEAL, 1999.

Dobb, Maurice. *Ensayos sobre capitalismo, desarrollo y planificación*. Madrid, Tecnos, 1973, (Sección v, cap. 1, 2, 5, 8).

———— "Los economistas y la teoría económica del socialismo". *El cálculo económico en una economía socialista*. Barcelona, Ariel, 1970.

Draper, Hal. "Six variantes du socalisme a partir d'enhaut". *Al'Encontre* n° 10. Lausana, Suiza, 2002.

Dumenil, Gérard; Levy, Dominique; Lew, Roland. "Cadrisme et socialisme. Une comparaison URSS-Chine". París, Congres Marx International II. Septiembre-octubre 1998.

Ellman, Michael. "L'ascension et la chute de la planification socialiste". Chavance, Bernard; Magnin, Eric; Motamed-Nejad, Ramine; Sapir, Jacques. *Capitalisme et socialisme en perspective*. París, Editiones La decouverte, 1999.

Elson, Diane. "Socialismo de mercado o socialización del mercado". *La crisis de la economía soviética*. Buenos Aires, Imago Mundi, 1992.

Engels, Federico. *El Anti-Duhring (tercera parte)*. Buenos Aires, Claridad, 1972.

Epstein, Barbara. "Anarchism anti-globalization". *Monthly Review* n° 4, vol. 53. Nueva York, septiembre de 2001.

Escaith, Hubert. "Cuba pendant la periode speciale: ajustement ou transition?" *Cahiers des Amériques Latines* n° 31-32. París, IHEAL, 1999.

Eyal, Gil; Szelényi, Iván. Townsley Eleanor. "The theory of post-communist managerialism". *New Left Review* 222. Londres, marzo-abril 1997.

Fan Lau, Yu. "Chine: un pays en voie de privatisation". *Inprecor* 443-444, enero-febrero 2000.

Febbro, Eduardo. "La vuelta de los marxistas". *Página 12*. Buenos Aires, 15 de octubre de 1995.

Fejto, François. *Historia de las democracias populares*. Barcelona, Ed. Martínez Roca, 1971.

Gargarella, Roberto; Ovejero, Félix. "El socialismo todavía". *Razones para el socialismo*. Barcelona, Paidós, 2002.

Garmendia, Osvaldo. "Del catastrofismo económico al reformismo funcionalista de la regulación". *Bandera Roja* n° 18. Buenos Aires, 6 de noviembre de 1995.

———— "Sobre los regímenes stalinistas y su derrumbe". Mimeo, noviembre 1995.

Godelier, Maurice. "¿Hay que hacer tabla rasa con el pasado?" *URSS y Rusia. Adónde va China*. Buenos Aires, Actuel Marx, 1988.

Godement, Francois. "Desafío taiwanés para Pekin". *Le Monde Diplomatique* n° 10, abril 2000.

Godio, Julio. "Consideraciones sobre el punto de inflexión en la historia del socialismo". *Herramienta* n° 24. Buenos Aires, primavera-verano, 2003-2004.

Goussev, Alexei. "La clase imprevista: la burocracia soviética vista por León Trotsky". *Herramienta* n° 7, invierno 1998.

Graziano, Ricardo. "La naturaleza de la URSS". *Octubre hoy.* El cielo por asalto. Buenos Aires, 1998.

———— "Prólogo". *La crisis de la economía soviética.* Buenos Aires, Imago Mundi, 1992.

———— "Agotamiento, crisis y reestructuración del régimen de acumulación soviético". *Realidad Económica* n° 96, 5to. bimestre. Buenos Aires, 1990.

Greenfeld, Gerard. "Viet-Nam: les cadres, les mineurs et le marché". *Inprecor* 442. París, diciembre 1999.

Guevara, Ernesto. "Consideraciones sobre los costos de producción", "Sobre el sistema presupuestario", "Sobre la concepción del valor", "La planificación socialista". *Escritos Económicos.* Córdoba, Cuadernos de PYP. 1969.

Guillén, Rubén. "Las experiencias de las economías centralmente planificadas". *Realidad Económica* n° 103. Buenos Aires, enero 1991.

Gunn, C. "Markets against economic democracy". *Review of Radical Political Economics* vol. 32, n° 3, septiembre 2000.

Habel, Janette. "Cuba: L´escalade". *Inprecor* n° 482. París, mayo-junio 2003.

———— "Cuba". *Viento Sur,* n° 50, junio 2000.

———— "Cuba dix ans aprés la chte du mur de Berlin". *Cahiers des Amériques Latines* n° 31-32. París, IHEAL, 1999.

Halliday, Fred. "El significado del comunismo, la guerra fría y la dimensión internacional". *Octubre hoy.* Buenos Aires, El cielo por asalto, 1998

Harman, Chris. "L´URSS: un capitalisme d´État". *Quatriéme Internationale,* n° 37-38, agosto-octubre 1990.

Haynes, Mike. "On rethinking the soviet collapse". *Historical Materialism,* vol. 10, n° 4. Londres, 2002.

Herrera, Remy. "Cuba et le projet communiste". Bidet Jacques, Kouvélakis Eustache. *Dictionnaire Marx Contemporaine.* París, PUF, 2001.

Hobsbawn, Eric. "El final del socialismo". *URSS y Rusia. ¿Adónde va China?* Buenos Aires, Actuel Marx, 1988.

Hoffman, B. "Transformation and continuity in Cuba". *Review of Radical Political Economics* vol. 33, n° 1, 2001.

Howard, M.C.; King, J. E. *A history of marxian economics* vol. II, Princenton, 1992 (cap. 18).

Husson, Michel. *Misère du capital.* París, Syros, 1996.

Itoh, Makoto. "Money and credit in socialist economy". *Capital and Class* n° 60, 1996.

Kagarlitsky, Boris. "Rusia y América Latina". *El Rodaballo* n° 10, verano 2000.

———— "Moscow´s second chechnya war". *Against the current* n° 85, marzo-abril 2000.

———— "Entrevista". *Reunión*, agosto 1999.

———— "La experiencia histórica de la URSS vista desde adentro". *Octubre hoy*. Buenos Aires, El cielo por asalto, 1998.

————"Ou va le Parti Comuniste de Russie". *Inprecor* 425, junio 1998.

Kai, Zhang. "Coment le PCCC reforme les entreprises étatisées." *Inprecor* 443-444. París, enero-febrero 2000.

Kang, Liu. "Quelle alternative à la mondialisation. Le débat sur la modernité en Chine". Bidet, Jacques; Kouvélakis, Eustache. *Dictionnaire Marx Contemporaine*. París, PUF, 2001.

Katz, Claudio. "Tecnologia e socialismo", en *Globalizaçao e socialismo*. San Pablo, Xamá Editoria, 1997.

Kohan, Néstor. "Diálogo con Orlando Borrego". *Cátedra Ernesto Che Guevara*. Buenos Aires, 2 de julio 2003.

Kojima, Reeitsu. "Logros y contradicciones en la reforma económica de China". *Realidad Económica* n° 104. Buenos Aires, noviembre 1991.

Kornai, Janos. "Du socialisme au capitalisme". Chavance, Bernard; Magnin, Eric; Motamed-Nejad, Ramine; Sapir, Jacques. *Capitalisme et socialisme en perspective*. París, Editiones La découverte, 1999.

———— *Du socialisme au capitalisme*. París, Le débat-Gallimard, 1990.

Kotz, David. "Socialism and innovation". "Building Socialism theoretically: alternatives to capitalism and the invisible hand". Special Issue, *Science and Society* vol. 66, n° 1, 2002.

———— "Is Russia becaming capitalist? Reply". *Science and society* vol. 66, n° 3, 2002.

———— "Is Russia becaming capitalist? *Science and society*, n° 2, vol. 65, 2001.

———— "Lessons for a future socialism from the soviet collapse". *Review of radical political economy* vol. 27, n° 3, septiembre 1995.

Kowalewski, Zbigniew. "Introduction a l'étude de la restauration". *Critique Comuniste* n° 146. París, 1996.

Laclau, Ernesto. "Identidad, epistemología y política". *Octubre hoy*. Buenos Aires, El cielo por asalto, 1998.

Laibman, David. "Democratic coordination". "Building Socialism theoretically: alternatives to capitalism and the invisible hand". Special Issue. *Science and Society*, vol. 66, n° 1, primavera 2002.

———— "Is Russia becaming capitalist? Comment". *Science and society* vol. 66, n° 3, otoño 2002.

———— "Contours of the maturing socialist economy". *Historical Materialism* n° 9. Londres, 2001.

———— "Conceptual foundations for socialist renewal". *Science and society* vol. 63, n° 3, 1999.

———— "Argumento en favor de un socialismo abarcativo". *Realidad Económica* n° 133. Buenos Aires, julio 1995.

Lange, Oskar. "Démocratie, capitalisme, socialisme..." *Inprecor* n° 487, noviembre de 2003.

———— *Economía política*. México, Fondo de Cultura Económica, 1974, (cap. 4).

———— "El papel de la ciencia en la sociedad socialista". *La economía en las sociedades modernas*. México, Grijalbo, 1966.

———— "Introducción". *La economía en las sociedades modernas*. México, Grijalbo, 1966.

———— *Problemas de economía política del socialismo*. México, FCE, 1965, (cap. 1, 2).

Lawler, James. "Market socialism", (Ed.) Ollman, Bertrell. *Market Socialism*. Nueva York, Routledge, 1997.

Lenin, V. *El Estado y la revolución*. Buenos Aires, Anteo, 1993.

Lequenne, Michel. "Thèses sur la nature des états nomanklaturistes". *Critique Communiste* n° 157, 2000.

Lew, Roland. "Quel régime pour la Chine?" *Inprecor* 478-479, enero-febrero 2003.

———— "Tensions entre le régime et les ouvriers". *Inprecor* 472-473, julio-agosto 2002.

———— *La Chine Populaire*. París, PUF, 1999.

———— "Les incertitudes de l'après Deng". *Inprecor* 413, mayo 1997.

Lewin, Moshe. *Le siècle sovietique*. Fayard-Le Monde Diplomatique. París, 2003.

————"Anatomía de una crisis". URSS *y Rusia ¿Adónde va China?* Buenos Aires, Actuel Marx, 1988.

Liberman, Evsei. "Plan, beneficio y primas". *Plan y beneficio en la economía soviética*. Barcelona, Ariel, 1968.

Loge, Yves. "Les ordinateurs sovietiques". *Est-Ouest. Revue d'Études Comparatives* vol. 18, n° 4. París, 1987.

Löwy, Michael. "Le socialisme de Ernesto Che Guevara". *Inprecor* 475-476, octubre-noviembre 2002.

———— "La significación metodológica de socialismo o barbarie". *Socialismo o barbarie* n° 6. Buenos Aires, abril 2001.

———— *La trama del neoliberalismo*, Buenos Aires, CBC-UBA, 1997.

Magdoff, Harry. "Creating a just society: lessons from planning in the USRR". *Monthly Review*, vol. 54, n° 5. Nueva York, octubre 2002.

Magnin, Eric. "La contribution des économies post-socialistes à la diversité du capitalisme". Chavance, Bernard; Magnin, Eric; Motamed Nejad, Ramine; Sapir, Jacques. *Capitalisme et socialisme en perspective*. París, Editiones La découverte, 1999.

Maidanik, Kiva. *La revolución de las esperanzas*. Buenos Aires, Dialéctica, 1988.

Maitan, Livio. "Un congrès sans surprises". *Inprecor* 477, diciembre 2002.

——— "Chine: odysée 2001". *Inprecor* n° 455, febrero 2001.

——— "Guerre et restauration capitaliste en ex Yugolsavie". *Inprecor* 435, mayo 1999.

——— "Chine: une nouvelle phase". *Inprecor*, 436, junio 1999.

——— "Un nouvelle phase, dix ans après Tien Anmen". *Inprecor* 436, junio 1999.

——— "À propos du communisme chinois". *Inprecor* n° 423, abril 1998.

——— "Un échec majeur du capitalism". *Inprecor* 427, septiembre 1998.

——— "L'éléphant dans la piscine". *Inprecor* n° 419, diciembre 1997.

——— "Chine 1994-1995". *Inprecor*, n° 405, septiembre 1996.

Malewski, Jan. "Guerre: une victoire au lendemains incertains". *Inprecor* n° 482, mayo-junio 2003.

——— "Le siécle sovietique." *Inprecor* n° 482, mayo-junio 2003.

——— "Celui qui analysa la société du mesonge déconcertante". *Inprecor*, n° 449-450, julio-septiembre 2000.

Mandel, David. "Dossier Russie". *Inprecor* 443-444, enero-febrero 2000.

———"La lutte des mineurs". *Inprecor* n° 427, septiembre 1998.

——— "Accumulation privè, vol et crime". *Inprecor* 413, mayo 1997.

——— "Révolution et contre-révolution en Russie". *Inprecor* 418, noviembre 1997.

Mandel, Ernest. *Trotsky como alternativa*. San Pablo, Xamá editora, 1995.

——— *El poder y el dinero*. México, Siglo XXI, 1994.

——— "Une théorie qui n'á pas resisté a l'épreuve des faites". *Quatrieme Internationale* n° 37-38, agosto-octubre 1990.

——— "As leis do movimento da economía sovietica" en Mandel, Ernest. *Alem da perestroika*. San Pablo, 1989.

——— "The myth of market socialism". *New Left Review*, n° 169. Londres, mayo 1988.

——— "In defense of socialist planning". *New Left Review*, n° 159. Londres, septiembre 1986.

——— *Cien años de controversia en torno al Capital*. Madrid, Siglo XXI, 1985. (P. IN-11 III-10,11).

——— "La solución de recambio de R. Bahro". *Crítica al Eurocomunismo*. Madrid, Fontamara, 1978.

——— "Las categorías mercantiles en el período de transición". *Cuadernos de Pasado y Presente* n° 5. Buenos Aires, 1969.

——— "Anticipation and hope as categories of historical materialism". *Historical Materialism* vol. 10. Londres, n° 4.

———— "El gran debate económico", "Las categorías mercantiles en el período de transición". En Guevara, Ernesto. *Escritos Económicos*. Córdoba, Cuadernos de PYP, 1969.

———— *Traité d´économie marxiste*, (cap. 15,16,18). París, Union Générale D´Éditions, 1969.

———— "El gran debate económico". En Guevara, Ernesto. *Escritos económicos*. Córdoba, Pasado y Presente, 1969.

———— "La economía del período de transición". *Ensayos sobre neocapitalismo*. México, Era, 1969.

———— "La reforma de la planificación soviética y sus implicancias teóricas". *Ensayos sobre neocapitalismo*. México, Era, 1969.

Marconi, Virginia. "50 años de la revolución China". *Herramienta* n° 11, primavera-verano 1999-2000.

Martínez Heredia, Fernando. "El Che y el gran debate sobre la economía en Cuba". *Reunión*, 30-6-2003.

Mathieu, Alain. "Leçons de la restauration capitaliste". *Critiques Communistes* n° 167. París, otoño 2002.

Menshikov, Stanislav. "Russian capitalism today". *Monthly Review* vol. 51, n° 3. Nueva York, julio-agosto 1999.

. Molnár, Miklos. *La démocatie se léve à l´Est*. París, PUF, 1990.

Motamed-Nejad. "Le capitalisme et le socialisme". Chavance, Bernard; Magnin, Eric; Motamed-Nejad, Ramine; Sapir, Jacques. *Capitalisme et socialisme en perspective*. París, Editiones La découverte, 1999.

Nayeri, Kamran. "Market socialism". Book Review. *Review or Radical Political Economy* n° 3, vol. 35, verano 2003.

Nemchinov, V. S. "Objetivo planificado e incentivo material", en Liberman, Evsei. *Plan y beneficio en la economía soviética*. Barcelona, Ariel, 1968.

Nieddu, Martino. "Déliberation démocratique et changement tecnologique rapide". París, Congrès Marx International III, 26-29 septiembre 2001.

Nove, Alec. "Markets and socialism". *New Left Review* n° 161. Londres, enero 1987.

———— *La economía del socialismo factible*. Madrid, Siglo XXI, 1987.

———— "Quién le teme al socialismo". *Ciudad Futura* n° 4. Buenos Aires, marzo 1987.

Ollman, Bertrell. *Inteview on market socialism*. Nestcape, Negah Journal, 2002.

———— "Market socialism revisited". *Science and Society*, vol. 64, n° 4, verano 2000-2001.

———— "On market socialism". *Socialism and democracy*. Otoño 2001.

————— "Market mystification in capitalist and market socialist societies". Ollman, Bertrell, *Market socialism*. Nueva York, Routledge, 1997.

Oviedo, Luis. "Una cruzada contra el socialismo". *En defensa del Marxismo* n° 23, marzo 1999.

————— "El carácter social de la Rusia actual". *En defensa del marxismo* n° 18, octubre 1997.

————— "China: principal fuente de acumulación capitalista mundial". *En defensa del marxismo* n° 5, abril 1996.

Paillard, Denis. "Le siècle sovietique". *Herramienta* n° 24. Buenos Aires, primavera-verano 2003-2004.

————— "La russie de Ziouganov". *Critique Communiste* n° 146. París, 1996.

Panitch, Leo; Gindin, Sam. "Rekindling socialist imagination". *Monthly Review* vol. 51, n° 10.

Papiin, Herland. "Viet Nam". *Le Monde Diplomatique* n° 8, febrero 2000.

Paulo, Balanco. "O mercado no socialismo: a teorizaçao de Trotsky para a industrializaçao soviética com integraçao ao mercado mundial". San Pablo, VI Encontro Economía política, 14-16 junio de 2001.

Pearson, Ted. "Models of socialism". *Science and Society* vol. 67, n° 2, verano 2003.

Pellicani, Luciano. "La antieconomía colectivista", en *Socialismo del futuro* vol. 1, n° 2. Madrid, 1990.

Piva, Adrián. "Problemas de la planificación". *Documento de trabajo*. Buenos Aires, Facultad de Ciencias Sociales, enero 2000.

Post, Charles. "Ernest Mandel and the marxian theory of bureaucracy". Amsterdam, Ernest Mandel Seminar, IIRE, julio 1996.

Potel, Jean Ives. "Les contradictions de la transition au capitalisme". *Critique Comuniste* n° 146. París, 1996.

Preobrazhensky, Eugen. *La nueva economía*. Barcelona, Ariel, 1970.

Ramirez, Roberto. "Trotsky y un balance del derrumbe del Este y la URSS". *Socialismo o barbarie* n° 15. Buenos Aires, noviembre 2002.

Rieznik, Pablo. "Román Rosdolsky y la "economía socialista". *Prensa Obrera* n° 772. Buenos Aires, 2001.

Roemer, John. "Estrategias igualitarias". *Razones para el socialismo*. Barcelona, Paidós, 2002.

Roemer, John. *Un futuro para el socialismo*. Barcelona, Crítica, 1995.

Roemer, John. "¿Puede haber socialismo después del comunismo?" *Revista Buenos Aires*. Buenos Aires, diciembre 1995.

Romero, Aldo. "1989, diez años después". *Reunión* 3, noviembre 1999.

————— *Después del estalinismo*. Buenos Aires, Antídoto, 1995.

————— "Estados burocráticos y revolución socialista". *Bandera Roja* n° 18. Buenos Aires, 6 de noviembre de 1995.

Rosdolsky, Román. *Génesis y estructura de* El capital *de Marx*. México, Siglo XXI, 1979.

Rovere, Michel."Les enjeux de l´appropiation sociale". *Contretemps*, n° 5. París, septiembre 2002.

Sachs, Jeffrey. "Rusia no se ha reformado". Buenos Aires, *La Nación*, 16-9-1999.

Sala Itala, María. "Corea del Norte. Un país petrificado". *Le Monde Diplo*, noviembre 1999.

Salama, Pierre. *La trama del neoliberalismo*. Buenos Aires, CBC-UBA, 1997.

Samary, Catherine. "Pays de L´Est: un élargissement cache misère". *Critique Communiste* n° 168, primavera 2003

———— "La nouvelle Europe en quête d´une autre Europe". *Inprecor* n° 487, noviembre 2003.

———— "L´investissement étranger en Europe de l´Est et en ex URSS. Quel bilan". *Inprecor* 466-467, enero-febrero 2002.

———— "Del pseudosocialismo al capitalismo real". *Desde los cuatro puntos* n° 28. México, noviembre 2000.

———— "L´élargisement a l´Est". *Inprecor* 452, noviembre 2000.

———— "Mandel et les problèmes de la transition au socialisme". *Le marxisme d´Ernest Mandel*. París, PUF, 1999.

———— "Crise financière et réalité de la transition" *Inprecor* n° 427, septiembre 1998.

———— Kosovo: "Dans l'Imbroglio des questions nationales". *Inprecor* n° 423, abril 1998.

———— "Les réalites de la transition". *Inprecor* 427, septiembre 1998.

———— "De la crise des sociétés réellement existantes a l'utopie socialiste". *Congrès Marx International II*. París, 30 septiembre-3 octubre 1998.

———— "La crise des sociétés dites socialistes". *Cent ans de marxisme*. Congrès Marx Internacional, PUF, 1996.

———— "La restauration capitaliste en Europe de l'Est". *Critique Communiste* n° 146. París, 1996.

———— *Le marché contre l´autogestion*. La Brèche, L´expérience yougoslave, 1988.

Sapir, Jacques. "Le capitalisme au regard de l´autre". Chavance, Bernard; Magnin, Eric; Motamed-Nejad, Ramine; Sapir, Jacques. *Capitalisme et socialisme en perspective*. París, Editiones La découverte, 1999.

———— "Le chaos russe". *Critique Communiste* n° 146. París, 1996.

———— *L´ Urss au tournant, Critique Communiste* n° 112-113. París, noviembre 1991.

———— *L´ Économie mobilisée. Essai sur les economies de types sovietique*. París, La découverte, 1990.

Sazbón, José. "Organización política, subjetividad y prácticas culturales". *Octubre hoy*. Buenos Aires, El cielo por asalto, 1998.

Schumpeter, Joseph. *Capitalismo, socialismo y democracia*. Barcelona, Folio, 1984.

Schweickart, David. "¿Son compatibles la libertad, la igualdad y la democracia? Sí, pero no bajo el capitalismo. Gargarella Roberto, Ovejero Félix. *Razones para el socialismo*. Barcelona, Paidós, 2002.

———— "Historical materialism and the case for (one kind of) market socialism". París, Congrès Marx International III, 26-29 septiembre 2001.

———— "Market socialism". (Ed.) Ollman Bertrell. *Market Socialism*. Nueva York, Routledge, 1997.

———— "Socialism, democracy, market". *Review of Radical Political Economics* vol. 24, n° 3-4, 1992.

Séve, Lucien. "La cuestión del comunismo", *Tesis XI*, año 1, n° 2. Montevideo, junio 1997.

Sheppard, Barry. "Lessons of theory and history". *Against the Current* n° 4, septiembre-octubre 2001.

Silva, Ludovico. *La alienación en el joven Marx*. México, Editorial Nuestro Tiempo, 1979.

Smith, Richard; Holmstrom, Nancy. "The necessity of gangster capitalism". *Monthly Review* vol. 51, n° 9. Nueva York, febrero 2000.

Sobrino, Francisco. "Socialism, democracy and Cuba". *Against the Current* n° 94, septiembre-octubre 2001.

Tablada Pérez, Carlos. *El pensamiento económico de Ernesto Che Guevara*. La Habana, 1987.

Tarcus, Horacio. "Organización política, subjetividad y prácticas culturales". *Octubre hoy*. Buenos Aires, El cielo por asalto, 1998

———— "Ernest Mandel: el último de los marxistas clásicos". *El Rodaballo* n° 3. Buenos Aires, verano 1995-1996.

———— "Las lecturas del socialismo real. Un inventario crítico". *Realidad Económica* n° 98. Buenos Aires, 1er bimestre 1991.

Therborn, Goran. *La trama del neoliberalismo*. Buenos Aires, CBC-UBA, 1997.

Ticktin, Hillel. "Russia's crisis: capitalism in question". *Against the current* n° 77, noviembre-diciembre 1998.

———— "Market socialism". (Ed.) Ollman Bertrell. *Market Socialism*. Nueva York, Routledge, 1997.

Trotsky, León. "The soviet economy in danger". *Writings*, 12 november 1932. New York, Pathfinder Press, 1973.

———— *La revolución traicionada*. México, Ediciones del sol, 1969.

Tuan. "Viet Nam. Entretien". *Inprecor* n° 455, febrero 2001.

Udry, Charles André. "Socialismo". *Viento Sur* n° 50, junio 2000.

US News World Report. "A scientific bazaar", marzo 4, 1992.

Venturini, Juan Carlos. "Democracia obrera o dictadura burocrática". *Debate Marxista* 11. Buenos Aires, noviembre de 1998.

——— "Lucien Seve: camino al capitalismo". Montevideo, *Alfaguara* n° 18, septiembre 1997.

Wesiskkopff, Thomas. "Toward a socialism for the future". *Review of Radical Political Economics* vol. 24, n° 3-4, 1992.

Westra, Richard. "Marxian economic theory and an ontology of socialism: a Japanese intervention". *Capital and class* '78. Londres, 2002.

Wonnell, Christopher. "Roemer and market socialism". *Review of social economy* vol. LVI, n° 1, 1998 .

Wright, Erik Olin; Brighouse, Harry. Reviews Equality Callinicos. *Historical Materialism* vol. 10, 2002.

Wright, Erik Olin. "Propuestas utópicas reales para reducir la desigualdad de ingresos y riquezas". *Razones para el socialismo*. Barcelona, Paidós, 2002.

Zardoya Loureda, Rubén. "Cuba. Crisis, revolución y socialismo". *Cuadernos Marxistas*. Buenos Aires, Debates, 2002.

ÍNDICE

INTRODUCCIÓN 7

CAPÍTULO I
COMUNISMO, SOCIALISMO Y TRANSICIÓN   17

Metas y fundamentos 17
El objetivo comunista 19
El debate antropológico...21
¿Un comunismo ya?..23
Visiones del comunismo 25
La actualización teórica..26
El proceso de socialización..28
El socialismo no es "economía mixta" 29
El socialismo no es solo redistribución..31
El accionariado no conduce al socialismo......................................32
Fundamentación ética...34
¿Un segundo mejor? 36
¿Un socialismo con mercado? 38
El problema de la transición 41
Transición en la periferia..43
Los tres pilares de la transición...44
Modalidades del plan..46
Necesidad y límites del mercado...48
La importancia de la democracia 49

CAPÍTULO II
DE LA EXPECTATIVA SOCIALISTA AL PADECIMIENTO CAPITALISTA   51

¿Regímenes socialistas?...52
Capitalismo de estado 55
Interpretaciones de la burocracia 59
Estados obreros burocratizados...61
Formación burocrática 65
Algunas conclusiones..68

Criterios de restauración 70
Rusia: capitalismo en formación 73
China: capitalismo en perspectiva..77
El contraste entre Rusia y China..83
Restauración avanzada en Europa Oriental..86
El capitalismo frenado en Cuba..90
La democracia socialista..98

CAPÍTULO III
MODELOS, ENSAYOS Y BALANCES DEL SOCIALISMO   101

Dos opciones de la transición..102
La síntesis posible..104
El modelo centralizado 106
Las justificaciones desarrollistas...108
Las nuevas versiones de la "economía de comando" 111
¿Subdesarrollo informático? 113
El modelo descentralizado 115
La autogestión yugoslava..116
Las reformas en Hungría...119
El fracaso de la "Perestroika"..122
Falsas conclusiones...125
¿Transición corta o larga?..128
Capitalismo y mercado 132
El planteo libertario..135
Mercado y cooperativas...138
Balances y perspectivas...141

CAPÍTULO IV
PROBLEMAS TEÓRICOS DEL SOCIALISMO   145

La teoría económica del poscapitalismo 145
La simulación del cálculo en Lange 149
El fundamento en la ley del valor...153
La respuesta de Dobb..154
La oleada neoliberal 156
La opción informática y el cálculo participativo....................................159
Los bonos de trabajo...160
El modelo futuro..163
El debate sobre los incentivos..167
Escasez, abundancia y necesidades..169
Los incentivos en la transición 171
El problema de la innovación 174

La innovación en la transición..177
Centralismo, burocracia e innovación..179
La opción de los "austriaco–socialistas" 182

CAPÍTULO V
DEMOCRACIA SOCIALISTA   185

El significado de la democracia...186
Los mitos del liberalismo..187
Vaciamiento y mutilación 190
El doble significado de la ciudadanía 192
Desprestigio, burocratización y desencanto...194
Resignación y adaptación socialdemócrata..195
Simplificaciones dogmáticas...198
Un modelo para el porvenir 200
Democracia directa e indirecta...203
Modelo piramidal y partido único 206
Las razones del multipartidismo...208
Consejismo y dictadura del proletariado 211
Los debates sobre el régimen de excepción 214
Reversibilidad y denominaciones..217
El modelo político libertario...219
Los problemas de la democracia directa...221
Objetivos y realizaciones 223

EPÍLOGO   227

Replanteos y convergencias..227
Conclusión: concebir el nuevo socialismo..230

BIBLIOGRAFÍA...235

p 150 attacks on Mises for identifying
war economy of civil war with "planning" — but
does not see same applies to his five year plan-

p 152 criticism of trying to identify any Soviet
model with socialism

p 167 — "Bureaucratic manipulation of prices"
comes out of nowhere!!

(NB) (p 181) — at last reference to "competition with
capitalist world"!!!
reference to "useless weight" in US!
— the "competition conspires against both principles
of economy & the participative
& popular control of economy"
— but described as "ideological"
distortion

p (95) — His criticism of people who concentrate on
growth of bureaucracy in west! (He doesn't
see implications for USSR etc)

p (204-205) — He accepts 2 class notion
from LCR (Avreas, Samary, Ben Said)

p 208) "Direct Democracy" in Cuba!?!
— seems to call Cuba a "communist" regime!!

p 213) — He agrees "communism will be organised"

p 216) — Misquote Cliff on Rosa's position (&
does not mention Rosa's dye of [critan]
see Cliff vol 1 p 96-97

he does shift between seeing actuality of acc^n p
Just talking in turn of "private" ownership p.p.l of pt
(cy p28)

Does he begin to slip back to soc^m in one cty?(p 43-4)

"socialist accumulation" p44

p45 - ignore the sheer speed of acc^n

p49 - Mandel's notion of what motivates

p 53 - 54 Buenas

A given state econ p 56

p58 - He asserts importance of question of state econ - but
draws wrong conclusion - ie does not see key qu not
if valid essay - tends tendency to slide into own
of developmentalism in one country

- A lot of waivers, odd theory pp 61-64

Capture of processes of "value system" and
"competitive accumulation"
p721

on Michael Albert p 136-137

p141 - he can still write about "capitalist
restoration in the ex-socialist bloc"
- and speaks of "centralisation" o "industrialism"
in USSR - see p141

p142 - he half goes towards our view, says in vanguard in
Soykhain of Preobs (Guin) v Bukharin (harmony) - only

Se terminó de imprimir en noviembre de 2004
en Artes Gráficas Leo, Remedios de Escalada 3152
Valentín Alsina, Provincia de Buenos Aires, Argentina
possible high "Michel

p143 - still case of "Democracy" -
"real socialism"